ACADÉMIE D'ARRAS

# Congrès
### DES
# Sociétés Savantes

TENU A ARRAS

les 7, 8, 9 et 10 Juillet 1904.

DOCUMENTS — DISCOURS — RAPPORTS

ARRAS
Imprimerie ROHARD-COURTIN, F. GUYOT Successeur.

1905

ACADÉMIE D'ARRAS

# CONGRÈS DES SOCIÉTÉS SAVANTES
tenu à ARRAS les 7, 8, 9 et 10 juillet 1904.

ACADÉMIE D'ARRAS

# Congrès

DES

# Sociétés Savantes

TENU A ARRAS

les 7, 8, 9 et 10 Juillet 1904.

DOCUMENTS — DISCOURS — RAPPORTS

ARRAS
Imprimerie Rohard-Courtin, F. Guyot Successeur.

—

1905

## ACADÉMIE D'ARRAS

# CONGRÈS DES SOCIÉTÉS SAVANTES

### 7-11 Juillet 1904

NOMS DES ADHÉRENTS

MM.
ACHART, rue des Vieux-Quartiers, Dunkerque.
ACREMANT G., rue des Récollets, Arras.
ALAYRAC, rue d'Amiens, Arras.
BARBIER V., rue du Marché-aux-Filets, Arras.
BARRY (général), Arras.
BAUVIN N., Grand'Place, Arras.
BECTHUM Eug., place St-Etienne, Arras.
BENOIT François, Faculté des Lettres, Lille.
BERGER Rudolf, professeur au Lycée de Berlin.
BERGMANS Paul, rue de la Forge, 49, Gand (Belgique).
BLANCHOT, rue Georges-Sand, 30, Paris.
BLONDEL Fr., rue du Tripot, Arras.
BONNAULT (baron de), place du Palais, 4, Compiègne.
BOULANGÉ H., rue du Saumon, Arras.
BOYARD E., boulevard Daunou, 3, Boulogne-sur-Mer.
BROCHART A., rue des Baudets, Arras.
BUGGENOMS (de), place de Brouckard, 19, Liège (Belgique).
CAPPE DE BAILLON G., rue d'Amiens, Arras.
CAPPELLE A., rue Terrée-de-Cité, Arras.
CARLIER E., rue de la Coignée, Arras.
CARLIER L. (Mme), Croisilles (Pas-de-Calais).
CARY (général), rue des Portes-Cochères, Arras.

MM.
CAVROIS DE SATERNAULT (baron), place de la Préfecture, Arras.
CAVROIS DE SATERNAULT (baronne), place de la Préfecture, Arras.
CAVROIS DE SATERNAULT Alex. (baron), place de la Préfecture, 13, Arras.
CHEVALLIER Raymond, Bois de Lihus, par Estrées-St-Denis (Oise).
CLAUDON, palais de St-Vaast, Arras.
CLERMONT-TONNERRE A. (baron de), 6, place de Chérisy, Abbeville (Somme).
COLIN Gustave, rue Victor-Massé, 17, Paris.
COLLINET Paul, rue Nationale, 78, Lille.
COMHAIRE Charles, rue St-Hubert, 13. Liège (Belgique).
DEBIEVRE Eug., rue du faubourg de Roubaix, 201, Lille.
DECROOS, Grand'Place, St-Omer.
DELAIR (colonel), rue du Tripot, Arras.
DELEBECQUE (abbé).
DEMASUR Henri, avenue de la République, 9, Beauvais (Oise).
DEPOTTER (chanoine), doyen de Laventie (P.-de-C.).
DESMONS (docteur), rue Dorez, Tournai (Belgique).
DOUBLET (Mgr), rue Jeanne d'Arc, Arras.
DUBOIS Pierre, rue Pierre-l'Ermite, 24, Amiens.
DUBRULLE Henry (l'abbé) Roubaix.
DUFLOT (chanoine), place la Préfecture, Arras.
DUPONT Henry, rue Gambetta, Arras.
DUQUESNOY Paul (abbé), rue des Augustines, Arras.
DURÉAULT, Préfet du Pas-de-Calais.
DURIAU (docteur), rue Royer, Dunkerque.
DURIAU Charles, rue de Soubise, Dunkerque.
DUSAUTOIR (abbé), rue Carnot, St-Omer.
EDMONT, boulevard Carnot, 13, St-Pol-sur-Ternoise.
ENLART C., rue du Cherche-Midi, 14, Paris.
FAVIER Al., rue St-Jean, 12, Douai.

MM.

FINOT, rue du Pont-Neuf, 1, Lille.
FLEURY Elie, Petite-Place, 2, St-Quentin (Aisne).
FLIPO Louis, Deulémont (Nord).
FOURNIER (abbé), Place St-Jean, St-Omer.
FOURNIER G. (abbé), rue Emile-Lenglet, Arras.
GERMINY (général, comte de), Arras.
GERMINY (abbé de), rue des Teinturiers, Arras.
GHELLINCK WAERNEWICK (vicomte de), château d'Elseghem, près Audenarde (Belgique).
GIARD R., rue Royale, 2, Lille.
GUERARD J., rue des Gauguiers, Arras.
GUERIN-PELISSIER, 75, rue des Stations, Lille.
HALLENCOURT (Sinoquet d'), châlet du Poëte, Cayeux-sur-Mer (Somme).
HAMY (docteur), membre de l'Institut, Paris.
HARDUIN DE GROSVILLE, Rivière (P.-de-C.).
HAUTECLOCQUE (comte G. de), rue des Trois-Visages, Arras.
HERICOURT (marquis de Servins d'), rue Colbert, Versailles (Seine et-Oise).
HERVIN (chanoine), rue d'Amiens, Arras.
HOGUET (abbé), à l'Evêché d'Arras.
HOLLART Ch., rue des Gauguiers, Arras.
HOTEL M. (d'), boulevard Carnot, Arras.
HUBERT Joseph, rue Terre du Prince, 21, Mons (Belgique)
HUBLARD Emile, avenue d'Havré, 20, Mons (Belgique).
LANCIEN Armand, rue des Pyramides, 39, Lille.
LANCRY (docteur), rue Emmery, Dunkerque.
LANGLADE Emile, allée d'Orgemont, 3, Sannois (Seine-et-Oise).
LAROCHE, rue Terrée-de-Cité, Arras.
LECLAIR Edmond, rue de Puébla, 17, Lille.
LEFEBVRE Alph , Grande Rue, 8, Boulogne-sur-Mer.
LEGRAND Charles, rue Gambetta, 5, St-Omer.
LEHEURTEUR,

MM.
LELOUP, rue Victor-Hugo, Arras.
LENGAIGNE, rue St-Bertin, St-Omer.
LEQUIEN Ach., rue Emile-Lenglet, Arras.
LESUEUR DE MORIAMÉ, Etrun (P.-de-C.).
LEURIDAN (abbé), boulevard Vauban, 60, Lille.
LEVÉ, rue du Cherche-Midi, 11, Paris.
LOISNE (comte de) château de Beaulieu, Busnes(P.-de-C.).
LOSSEAU Léon, rue de Nimy, 37, Mons (Belgique).
MASURE Emile, rue de Turenne, 34, Lille.
MATTHIEU Ernest, Enghien (Belgique).
MICHAUX (abbé), curé de Wismes, par Nielles-lès-Bléquin (P.-de-C.).
MINELLE, maire d'Arras.
MINET A., rue des Pierres, 7, Dunkerque.
MOREL G., place Ste-Croix, Arras.
NANCEY P., sous-préfet à Dunkerque.
NORMAND, Hesdin (P.-de-C.).
PAGNOUL, rue Jeanne-d'Arc, Arras.
PAJOT Henri, rue Patou, 28, Lille.
PARENTY H., rue du Pont-Neuf, Lille.
PARIS, rue des Gauguiers, Arras.
PAS Ch. (de), rue de l'Œil, St-Omer.
PAS Justin (de), rue Omer-Pley, 10, St-Omer.
PELLENC Léon, Attichy (Oise).
PETIT Em., rue des Fours, Arras.
PIN DE LA GUERIVIERE, (vicomte E. du) rue Notre-Dame, Arras.
PLANCOUARD Léon, Cléry-en-Vexin (Seine-et-Oise).
PONCELET Ach., rue Cuvelle, 5, Douai.
POTEZ Henri, rue du Grand-Bail, 50, Douai.
POTEZ Henri (Mme), rue du Grand-Bail, 50, Douai.
PRUVOST Th., rue Auguste-Comte, 17, Paris.
PUISIEUX Alf. (de), rue Ducange, 21, Amiens.
QUARRÉ-REYBOURBON L., boul. de la Liberté, 70, Lille.
QUENAIDIT (cap.), rue Baudimont, Arras.

MM.

QUINION-HUBERT, rue des Foulons, 29, Douai.
RAMBURE (chanoine), boulevard Vauban, 60, Lille.
RICOUART, rue de l'Arsenal, Arras.
RIVIERE Jules, avenue Vauban, 15, Toulon (Var).
RODIERE Roger, Montreuil-sur-Mer.
ROHART (chanoine), rue de Jérusalem, Arras.
SAINT-LEGER (de), rue de Paris, 60, Lille.
SENART, membre de l'Institut, 18, rue François Ier, Paris.
SENS, rue de l'Arsenal, Arras.
SENS Georges, rue de l'Arsenal, Arras.
SOIL DE MORIAMÉ, rue Royale, 45, Tournai (Belgique).
TERQUEM A., rue Royer, 12, Dunkerque.
THERY Louis, avocat, Lille.
TIERNY Alph., rue de la Charité, Arras.
TIERNY Alph. (Mme), rue de la Charité, Arras.
TIERNY P., Sautricourt, près St-Pol (P.-de-C.).
VAN KEMPEN Ch., rue St-Bertin, St-Omer.
VAYSON, Chaussée d'Hocquet, Abbeville (Somme).
VILTART Léonce, rue des Capucins, Arras.
VISEUR, boulevard Faidherbe, Arras.
WAVELET A., rue d'Amiens, Arras.
WICQUOT, rue des Capucins, Arras.
WILLEMSEN G., rue de la Station, 15, St-Nicolas-Waes (Belgique).
WILLIEZ (S. G. Mgr), Evêque d'Arras.
WILLOX (abbé), curé de Brebières (P.-de-C.).

# Programme général du Congrès de 1904

### Jeudi 7 Juillet, deux heures et demie :
#### SÉANCE PUBLIQUE ANNUELLE DE L'ACADÉMIE
#### dans les Salons de l'Hôtel-de-Ville.

I. *Discours d'ouverture*, par M. le B<sup>on</sup> Cavrois de Saternault, Président. — II. *Rapport sur les travaux de l'année*, par M. Victor Barbier, Secrétaire-Général. — III. *Rapport sur le Concours d'Histoire, et le Prix Braquehay*, par M. l'Abbé Duflot, Membre résidant. — IV. *Rapport sur le Concours de Littérature*, par M. Gustave Acremant, Secrétaire-Adjoint. — V. *Rapport sur le Concours de Poésie*, par M. Jean Paris, Membre résidant. — VI. *Rapport sur le Concours de Sciences*, par M. le B<sup>on</sup> Alexandre Cavrois de Saternault, Membre résidant.— VII. *Proclamation des noms des Lauréats et Distribution des médailles.*— VIII. *Lecture du programme des Concours de 1905.*

### Vendredi 8 Juillet, dix heures du matin :
#### Première Séance de Travail
#### Salle des Concerts
## HISTOIRE DE L'ART DANS LA REGION

M. Henri Potez : *La Capitale de la Poésie Française au XIII<sup>e</sup> siècle.*

M. Parenty : *Les premiers Créateurs de l'Art flamand.*

M. Levé : *Caractères français de l'œuvre du peintre Jean Bellegambe.*

M. Michaux : *Caractères architectoniques de l'Eglise de Wismes.*

#### Après-Midi, deux heures et demie :
#### même local, Deuxième Séance de Travail

M. Leuridan : *Les Etudes historiques dans la Région du Nord.*

    I. Résultats obtenus. — II. Résultats à poursuivre, notamment Fédération d'Histoire locale entre les Sociétés savantes (Rapports présentés par la Société d'études de la Province de Cambrai.)

M. le Docteur Lancry : *Autre Etude sur la Fédération amicale des Sociétés savantes de province.*

**Samedi 9 Juillet**, dix heures du matin :

même local, Troisième Séance de Travail

QUESTIONS DIVERSES :

M. COLLINET : *Sources et Auteur du* Coutumier d'Artois.
M. EDMONT : *Sujet de linguistique ; Etude des Patois.*
M. NANCEY : *Voyages de Bonaparte et de Napoléon à Dunkerque, en 1803 et 1811.*
M. Th. PRUVOST : *Le Général Deplanque.*
M. le C<sup>te</sup> DE LOISNE : *De l'origine des communes et hameaux du Pas-de-Calais*

APRÈS-MIDI, deux heures et demie :

même local, Quatrième et dernière Séance.

M. DE ST-LÉGER : *Enquête industrielle de 1781-82 dans l'Intendance de Flandre et d'Artois.*
M. Alph. LEFEBVRE : *La Colonne milliaire de Desvres.*
M. Roger RODIÈRE : *Les Monuments historiques du département du Pas-de-Calais.*

Promenade archéologique dans Arras et visite de l'Exposition.

---

**Dimanche 10 Juillet**, à quatre heures

*Salle des Concerts* :

Conférence de Clôture

Sous la Présidence de M. SÉNART, membre de l'Institut, membre honoraire de l'Académie d'Arras

M. ENLART, Directeur du Musée du Trocadéro : *Nos Cathédrales disparues : Térouanne, Arras, Boulogne.*

A six heures, B A N Q U E T

# ACADÉMIE D'ARRAS

*Séance du 20 Juillet 1905.*

## SUJETS MIS AU CONCOURS POUR 1906

### HISTOIRE ET ARCHÉOLOGIE

Histoire d'une Ville, d'une Localité ou d'une Abbaye du département du Pas-de-Calais.

Monographie d'une Eglise cathédrale ou paroissiale, d'une maison conventuelle, d'une Maison hospitalière, d'une Institution civile ou religieuse de la ville ou de la Cité d'Arras.

### LITTÉRATURE

Une pièce ou un ensemble de poésie de deux cents vers au moins. Tout en laissant le choix libre, l'Académie verrait de préférence les concurrents s'inspirer de quelque sujet intéressant les provinces du Nord : Artois, Flandre et Picardie.

### BEAUX-ARTS

Histoire de l'Art ou de l'une de ses parties dans l'Artois.
Biographie d'artistes artésiens.
Expositions tenues à Arras et dans le Pas-de-Calais.

## SCIENCES

Une question de Science pure ou appliquée.

Statistique industrielle du Pas-de-Calais, avec carte à l'appui.

Etudes anthropologiques sur les races que l'on rencontre dans le Pas-de-Calais.

---

## PRIX BRAQUEHAY

Une rente de 400 fr. provenant d'un legs fait à l'Académie d'Arras par M. A. Braquehay pourra être décernée en prix aux auteurs des meilleurs ouvrages historiques, archéologiques ou autres, concernant Montreuil et la partie de son arrondissement ayant ressorti à la Picardie.

Les personnes qui présenteront un ouvrage au Concours d'histoire sont priées d'indiquer si elles entendent prendre part au Concours général d'histoire ou au Prix Braquehay.

A défaut d'indication, l'affectation sera faite par l'Académie.

---

En dehors du concours, l'Académie recevra tous les ouvrages inédits (*Lettres, Sciences et Arts*) qui lui seront adressés, pourvu qu'ils intéressent le département du Pas-de-Calais. Des médailles dont la valeur pourra atteindre 300 fr., seront décernées aux lauréats de chaque concours.

---

## CONDITIONS GÉNÉRALES

Les ouvrages envoyés à ces concours devront être adressés (*francs de port*) au Secrétaire-Général de l'Académie, et lui parvenir avant le 1er juin 1906. Ils porteront, en tête, une épigraphe ou devise qui sera reproduite sur un billet cacheté, contenant le nom et l'adresse de l'auteur, et l'attestation que le travail n'a pas été présenté à un autre concours. Ces billets ne seront ouverts que s'ils appartiennent à des ouvrages méritant un prix, une mention honorable ou un encouragement ; les autres seront brûlés.

Les concurrents ne doivent se faire connaître ni directement, ni indirectement.

Les ouvrages inédits seront seuls admis.

Les Membres de l'Académie, résidants et honoraires, ne peuvent pas concourir.

L'Académie ne rendra aucun des ouvrages qui lui auront été adressés.

Fait et arrêté en séance, le 2 juin 1905.

*Le Président,*
Bon CAVROIS DE SATERNAULT.

*Le Secrétaire-Général,*
VICTOR BARBIER.

# Discours d'Ouverture

PAR

M. le B<sup>on</sup> CAVROIS DE SATERNAULT

*Président.*

---

Mesdames. Messieurs.

Notre séance publique annuelle revêt aujourd'hui une solennité exceptionnelle, puisqu'elle inaugure le Congrès des Sociétés savantes que l'Académie a organisé, à l'occasion de l'Exposition du Nord. Je remercie particulièrement M. le Maire d'Arras d'avoir bien voulu nous honorer de sa présence.

La Capitale de l'Artois avait-elle jamais été le théâtre d'une réunion d'hommes éminents, venus de tous les points de la France et de la Belgique, pour tenir les assises pacifiques auxquelles nous allons assister ? Le fait est assez rare et extraordinaire pour être sorti de la mémoire de plusieurs. Notre histoire ancienne mentionne bien un *Congrès d'Arras*, resté célèbre dans nos annales nationales, mais intervenu dans des circonstances toutes différentes : il s'agissait alors de mettre un terme à cette meurtrière guerre de cent ans, qui avait ensanglanté chez nous la plaine d'Azincourt, et de faire cesser, sous la garantie de toutes les Puissances européennes, la rivalité de l'Angleterre que la campagne victorieuse de Jeanne d'Arc avait rendue moins orgueilleuse. C'était aussi au commencement du mois de juillet, en l'année 1435. La chronique artésienne a raconté avec complaisance l'éclat des fêtes qui eurent lieu à cette occasion : elle évalue au chiffre de huit à neuf cents le nombre des personnes faisant partie des ambassades, et affirme que plus de dix mille étrangers furent attirés chez nous dans cette circonstance.

Nos Congrès modernes n'ont pas cette importance et ne sont pas appelés à résoudre de si graves problèmes ; mais ils exercent aussi une influence salutaire ; ils remplacent la rivalité par l'émulation, et s'ils n'ont pas d'inimitiés à détruire, ils arrivent à créer des relations amicales entre hommes faits pour se comprendre, puisqu'ils ont les mêmes goûts et les mêmes aspirations. C'est ce qu'avait intelligemment pensé l'illustre M. de Caumont, Créateur et Directeur de l'Institut des Provinces, lorsqu'en 1833 il fonda à Caen l'œuvre des Congrès scientifiques de France, qui depuis cette époque a tenu ses assises sur tous les points de notre territoire. La ville d'Arras eut à son tour le privilège d'être choisie pour siège de ces réunions : c'était en 1853. Notre vaillante Académie assura le succès de ce Congrès, dans lequel je suis heureux de retrouver, comme Secrétaires de Sections, les trois Doyens de notre Compagnie qui me permettront bien de les nommer, M. Pagnoul, M. Sens et M. Wicquot, afin de leur adresser nos félicitations pour avoir donné un aussi noble emploi à leur jeune activité, et l'hommage de nos respectueux compliments pour être restés, pendant plus de cinquante années, fidèles à une Société justement fière de les compter parmi ses membres.

Observation curieuse à noter : — Le Congrès de 1853 organisa une Exposition des produits agricoles et industriels. Par une réciprocité qui prouve la bonne entente qu'on retrouve toujours lorsqu'il s'agit de l'intérêt supérieur de notre chère cité, c'est l'Exposition de 1904 qui a suscité l'idée du Congrès actuel.

Mais avant de vous en parler, nous n'aurons garde

d'oublier la seconde étape que nos solennités littéraires ont franchie en 1880, grâce encore au dévouement de notre Académie, mais cette fois sous la direction de la Société française d'Archéologie. J'ai nommé l'Archéologie : on était à une époque où il était de mode d'en parler avec ironie. Aussi celui de nos collègues qui souhaita la bienvenue aux Congressistes, dans le langage poétique qui lui est familier, leur avait dit :

>............ « Du mot Archéologue
> On a fait un sarcasme, et chacun d'un ton rogue
> A raillé vos tessons, vos débris, vos vieux clous :
> L'Antiquaire, une dupe en pâture aux filous,
> Entassant au logis toute une friperie,
> Cent ans servit de cible à la plaisanterie ;
> Et le dédain public, assistant les rieurs,
> Laissa bien clair-semés les obstinés chercheurs. » (1)

Aujourd'hui les « obstinés chercheurs », dédaignant avec raison des moqueries sans valeur, loin d'être clairsemés, sont devenus *Légion*, et ils envahissent les académies que nous avons conviées à notre « festivité », comme on disait jadis. J'hésite à vous les nommer toutes, en raison de leur nombre ; mais vous conviendrez que cette énumération aura le double avantage de plaire aux intéressés et de nous fournir l'occasion unique d'offrir nos sincères remerciements aux Sociétés qui nous ont fait la gracieuseté de nous député leurs Délégués. Ce sera comme la Revue des compagnies qui vont défiler devant vous. C'est d'abord, dans ce département, la *Société académique de Boulogne*, et la *Société des Antiquaires de la Morinie* à St-Omer. De la Ville de Lille : la *Commission historique du Nord*, le *Comité flamand de France*, la *Société des Sciences de Lille*, la *Société d'Etudes de la Province de Cambrai*. Puis la *Société Dunkerquoise*, la *Société d'Agriculture, Sciences et Arts de*

(1) Compte-rendu du Congrès de 1880 : Poésie de M. Ricouart, p. 79.

Douai, la *Société Archéologique d'Avesnes*, la *Société d'Emulation de Cambrai* ; — l'*Académie d'Amiens*, la *Société des Antiquaires de Picardie*, la *Société d'Emulation d'Abbeville* ; — la *Société académique d'Archéologie, Sciences et Arts de l'Oise* à Beauvais, la *Société historique de Compiègne* ; — la *Société Académique* de Laon, la *Société Académique de St-Quentin* ; — l'*Académie de Reims* ; — la *Société des Antiquaires de France* à Paris ; — et enfin l'*Académie du Var*, à Toulon, qui mérite assurément le prix d'éloignement !

La Belgique, de son côté, a bien voulu nous envoyer des adhérents pour représenter : *l'Académie royale de Bruxelles*, l'*Académie d'Archéologie d'Anvers*, le *Cercle archéologique d'Enghien*, la *Société d'histoire et d'archéologie de Gand*, l'*Institut archéologique de Liège*, la *Société des sciences, Arts et Lettres du Hainaut* à Mons, le *Cercle archéologique du Pays de Waes*, et enfin la *Société historique et littéraire de Tournai*.

Quatre séances de travail occuperont les deux journées qui vont suivre. Sans vouloir déflorer les communications qui nous sont annoncées, nous nous contenterons d'en faire ressortir l'intérêt et l'importance. Au moment où l'attention publique se fixe sur « *Les Primitifs* », nous débuterons demain par l'histoire de l'Art dans notre région : la peinture, la sculpture et l'architecture ont trouvé dans notre pays du Nord des interprètes dignes de notre admiration. C'est en étudiant leurs œuvres qu'on se forme le goût et qu'on élève son esprit au dessus du terre-à-terre de la vie matérielle. Si nous n'avons pas eu pour inspirer nos artistes le ciel bleu d'Italie qui poétise les couleurs, leur imagination féconde a suppléé aux tons moroses et rarement ensoleillés de nos brumeux paysages. Après les monuments figurés viendra l'étude des richesses littéraires accumulées dans nos archives. C'est dans cette mine inépuisable et inexplorée que les Sociétés savantes nous invitent surtout à travailler, et pour nous encourager dans ce labeur et décupler nos forces par l'association, j'entends parler de projets de fédération sur lesquels il sera fort intéressant de s'expliquer. — Samedi, nous pénétrerons plus intimement dans l'histoire locale et parcourrons rapidement nos villes et nos bourgades, dont on nous indiquera les lois, le langage, les célébrités, les industries, les monuments existants, en attendant que, dans la conférence de dimanche, présidée par un membre de l'Institut, un éminent archéologue nous parle de nos cathédrales disparues.

Nous avons annoncé une promenade archéologique dans Arras. Notre point de départ sera notre vieux et splendide Beffroy qui rappelle bien le temps où l'Artois faisait partie des dix-sept provinces des Pays-Bas. Nous montrerons ensuite avec orgueil aux étrangers nos Places si pittoresques et sur le style desquelles il existe des divergences d'opinions. Pendant le Congrès de 1880, M. Edmond Lecesne y faisait spirituellement allusion quand il disait :

> On nous fit *des pignons* ; nous eûmes *des arcades*,
> Des colonnes de grès portèrent *nos façades* ;
> De volutes fleuries on nous enjoliva,
> Et jusqu'en nos greniers la guirlande monta.
> Mais sur ces changements un doute se présente :
> Sont-ils de quinze cent ou de seize cent trente ?
> Viennent-ils de l'Espagne ou bien des Pays-Bas ?
> Ce qu'on sait de plus clair, c'est qu'on ne le sait pas ! »

Il me semble qu'on pourrait concilier toutes les opinions en disant que nous n'avons pas eu besoin d'emprunter à d'autres peuples le système de galeries couvertes que nous admirons sur nos places, et qu'il a pu venir naturellement à l'esprit de nos aïeux pour se protéger contre la pluie (triste privilège de nos climats), comme il est pratiqué dans le midi pour se garder des ardeurs du soleil. Et comme ces constructions ont été inventées lorsque l'Artois appartenait à l'Espagne, on a cru, probablement à tort, que c'était une importation espagnole.

Nous ne quitterons pas la Grand'place sans visiter une de ses caves monumentales à voûtes ogiviques et portées sur piliers monolithes.

Une des gloires de notre ville est assurément le Palais de St-Vaast, gigantesque ensemble qui présente le type idéal des constructions monastiques et n'a pas son pareil dans le Nord de la France.

Nos églises anciennes et modernes offrent aussi un intérêt au point de vue architectural, et, parmi les objets d'art mobiliers, je placerai au premier rang la Custode du Saint-Cierge, en argent niellé du XIII<sup>e</sup> siècle.

D'autres curiosités attireront nos regards, mais cette brève description suffit à justifier l'énoncé de notre programme.

J'aurais fini, Messieurs, si revenant à l'Académie, et parcourant les rangs de nos honorables collègues, je n'avais à remarquer le vide immense qui s'y est produit à la fin de la dernière année. Un fauteuil est devenu vacant par suite du décès prématuré de M. Paul Lecesne, à qui notre Compagnie n'a pas encore payé le tribut de son affectueux souvenir, pour respecter le silence qu'il nous avait imposé sur sa tombe ; mais ici nous retrouvons la liberté de notre parole. Un jour viendra où la physionomie de notre ami regretté nous sera présentée dans son intégrité : aujourd'hui je ne puis qu'en tracer une ébauche rapide.

Le fils de notre ancien Président débuta dans ses hautes études en conquérant le diplôme de Docteur en droit à une époque où ce titre n'était ambitionné que par un petit nombre de privilégiés, parce que n'étant exigé pour aucune carrière, il n'était accessible qu'à l'élite des étudiants.

Paul Lecesne devint bientôt Conseiller de préfecture à Arras, sa ville natale qu'il aimait et qu'il ne voulut jamais quitter. Aussi il s'assimila son histoire à tel point qu'il pouvait utilement donner son avis sur toutes les questions qu'elle soulevait. Sa vaste érudition faisait de lui ce que j'appellerai volontiers une Encyclopédie vivante, et pour agrandir toujours le cercle de ses connaissances, il se tenait au courant de toutes les publications nouvelles, il faisait des voyages instructifs, il cultivait les arts en véritable dilettante dans leurs diverses applications : peinture, musique, céramique. Au risque de pénétrer dans le domaine réservé de la famille, n'était-il pas touchant de le voir s'occuper lui-même de l'éducation de ses enfants ! Car, si M. Edmond Lecesne a éminemment pratiqué l'*Art d'être Grand'Père,* son fils avait admirablement compris à son tour les devoirs de la paternité. Pourquoi faut-il que de cruelles épreuves aient assombri ses dernières années ? Elles n'ont fait que mettre en relief les sérieuses qualités qui le distinguaient : la bonté, l'indulgence, la patience, et enfin, pour tout dire, la résignation chrétienne dont il nous a donné un si courageux exemple ! S'il fut très attaché à sa famille naturelle, il donna aussi une bonne part de son cœur à sa famille administrative, comme à sa famille académique, si je puis employer cette trilogie, et je résumerai son éloge en disant que toutes les trois ne cesseront jamais de rendre à sa mémoire l'affection qu'il leur avait vouée.

Maintenant il est temps que je me souvienne de l'avertissement de Montesquieu : « Ce qui manque aux orateurs en profondeur, ils vous le donnent en longueur. » Comme il est plus facile d'éviter ce dernier défaut que d'atteindre la vertu dont il est le pastiche, je vais me hâter de conclure, et, sans plus de circonlocutions, je me décide à prononcer le mot sacramentel dont ce discours était le prélude obligé : *Le Congrès est ouvert !*

# DE L'INFLUENCE
# DE L'EXPOSITION RÉGIONALE

SUR LES

## Travaux Académiques de l'Année

Par M. V. BARBIER

*Secrétaire Général du Congrès.*

---

Mesdames, Messieurs,

Une enquête minutieusement poussée par M. Rodière sur le Prieuré de Maintenay, un Mémoire posthume de M. Louis Blondel sur le rôle social d'une Académie, une très consciencieuse étude de son frère François sur la Radioactivité des corps, l'analyse approfondie, par M. l'abbé Duflos, d'un récent travail sur le Clergé de France, de l'Exil au Consulat, une Histoire fortement documentée des Cent Jours dans le Pas-de-Calais par M. le comte de Hauteclocque, voilà, sans déclamations superflues et sans inutiles guirlandes, le bilan de notre année académique, écourtée d'un mois pour faire concorder cette séance avec l'ouverture du Congrès.

J'allais oublier, omission déplorable que je tiens à réparer de suite, une intéressante Promenade de l'autre côté des Alpes par notre Président, M. le baron Louis Cavrois de Saternault ; mais l'Italie, à vrai dire, nous devait bien cette compensation, car ses richesses et la douceur de son climat furent tellement goûtées, l'autre hiver, des Académiciens d'Arras, qu'il me vint, un instant, l'idée de les convoquer à Rome ou à Florence, avec plus de chances d'atteindre le *quorum* réglementaire qu'en les réunissant au Palais Védastin, théâtre ordinaire de nos séances.

Mais, direz-vous, six lectures, dont une d'outre-tombe et une autre d'un correspondant, ce n'est vraiment pas du surmenage pour une Académie qui n'a qu'un siècle et dix fauteuils de moins que la Maison mère du Pont des Arts ! A cela je ne répondrai qu'un mot : L'Exposition !

Oui, Mesdames et Messieurs, l'Exposition du Nord de la France est l'unique cause de la disette exceptionnelle de nos communications ; elle a perturbé la placide population arrageoise, on ne parle que d'elle et, si puissante est la contagion, que, ne vous en déplaise, c'est d'elle, d'elle encore, d'elle seulement, d'elle toujours que je vais avoir l'honneur de vous entretenir.

Oubliant nos lares, désertant nos pénates, nous passons nos jours et la meilleure partie de nos nuits aux *Promenades* cloisonnées de productives réclames, déambulant de palais en palais, émerveillés toujours des richesses minières, industrielles et agricoles qui sollicitent nos regards. J'en sais même, parmi nous, d'assez téméraires pour franchir résolument la passerelle, en béton Télin armé, et se risquer jusqu'aux fossés de la Citadelle, où les Beaux-Arts du septentrion, militairement casernés, présentent leur front de bataille, sous un gigantesque vélum outrageusement bicolore.

Tout, du reste, en cette nordiste exhibition, nous vient du Nord ou s'y rattache par un fil plus ou moins ténu. Du Nord, le blanc caravansérail élevé, sur l'instance du puissant et fastueux successeur des deys d'Alger, Ali-ben-Jonnart, de Fauquembergues, près du moulin à vent de nos pères, condamné à périr avec les dernières œillettes au mauve turban !

Du Nord encore, les lascifs Sénégalais, venus au *Pays noir* de la houille, avec l'espoir d'y trouver la Terre promise aux Croyants et l'Eden-Salon que leur garantit le Prophète !

Du Nord aussi, peut-être, les calissons et les nougats, onctueux présents que le Midi nous glisse en douceurs, sous le pavillon de la betterave et de la bienfaisance, en d'officiels décors d'Eugène Chigot, peintre ordinaire du Ministère de la Marine.

Galvanisés par ces spectacles insolites, fascinés sur place par le défilé ininterrompu d'illustres visiteurs : Chef d'Etat, Ministres, Membres de l'Institut, Directeurs des Beaux Arts et de la Comédie-Française, poètes, littérateurs, peintres, statuaires, affiliés aux groupes rosatiques, architectes, ingénieurs, chimistes, cadis, puériculteurs, hygiénistes, agronomes, jockeys, chauffeurs, jardiniers-fleuristes, pompiers. musiciens, orphéonistes, pêcheurs, archers, paumistes, *coqueleux*, tous bicyclistes et photographes, les vrais Artésiens d'Arras, ceux qui se croient seuls autorisés à porter ce titre et se fâchent tout rouge quand on les appelle Arrageois, ne reviennent pas de leur surprise et hésitent à se reconnaître chaque fois qu'ils se croisent autour du kiosque fraîchement repeint de M. Léonce Curnier, de mélomane mémoire.

D'honnêtes bourgeois, qui trouvaient trop longs les cinq jours de liesse que nous ramène annuellement l'anniversaire de la levée du siège d'Arras par l'immortel Turenne, font, sans broncher, la fête depuis trois mois, et se demandent avec anxiété ce qu'ils deviendront, quand, à la fatale échéance d'octobre, les fontaines cesseront de jaillir en gerbes lumineuses.

Des gens bien pensants, de gros contribuables, qui, l'an dernier, se seraient laissés mourir de soif plutôt que de franchir le seuil des cafés les plus recommandables de la place de la Comédie, s'attablent, aujourd'hui, clandestinement, avec leurs épouses, à la terrasse des Music-Hall, et s'oublient volontiers aux *petits-chevaux*, pendant que leur géniture *califourchonne* le dromadaire, ou *toboggannuse* ses fonds de culotte, avec une satisfaction immédiate qu'on ne pouvait attendre jadis que de l'usage instructif et prolongé des bancs du collège.

La ville n'est pas moins transformée que ses habitants et présente un aspect méconnaissable pour ceux qui ne l'ont pas fréquentée en ces deux derniers lustres.

Des fausses-portes en treillages légers occupent l'emplacement des antiques poternes dont le démantèlement ne nous a laissé que le souvenir. Un mail circulaire, bordé d'élégantes villas et orné d'une double rangée de platanes, s'est substitué à la formidable enceinte commencée par Philippe Auguste et achevée par Vauban. Une voie de garage, où stationne du matin au soir un unique railway, barre transversalement la Grand'Place, si digne d'admiration et de respect par le merveilleux ensemble qu'elle présente avec sa sœur cadette.

Partout, de haut en bas, de large en long, des lampions et des drapeaux, des festons et des oriflammes masquent les édifices, et les rues principales sont coupées de banderolles dont les annonces, en langue vulgaire, ne méritent pas d'être relevées par l'Académie des Inscriptions. Sur les trottoirs élargis, le bitume a remplacé les pavés difformes, et les gens qui ont pignon sur rue, n'ont plus besoin de veilleuse depuis l'adoption du bec Kern.

De gothiques façades ont voulu se rajeunir en se fardant de rose-saumon, de vert-pomme et de bleu de lessive, et le gris d'argent des caduques murailles disparaît sous une débauche de céruse et de chaux, qui va grimpant jusqu'aux cadrans du Beffroi et lui donne un faux air de Pierrot aux quatre visages.

Il était temps que vous arriviez, Messieurs les Congressistes, pour nous sauver du ridicule et nous rappeler à la raison.

Vos savantes recherches historiques et archéologiques,

vos lumineuses dissertations artistiques et littéraires suffiront, je pense, à nous remémorer que la ville d'Arras n'a pas attendu pour prendre l'essor la baguette de fer de l'enchanteur E.-O. Lami, qu'elle a derrière elle tout un passé de gloire et qu'elle n'entend pas disparaître de la carte de France, lorsque les bancs de bois des Allées auront repris, sous les grands ormes, leurs places coutumières, et quand les noctambules, sans autre orchestre que la plaintive chanson de Philomèle, pourront, comme autrefois, librement divaguer au Square, sans avoir à se garer du tramway électrique, ni à redouter les brusques fulgurations des lampes à arc, moins discrètes que les pâles rayons de l'indulgente Phébé.

Je crois pouvoir en terminant, et sans me montrer optimiste, vous garantir, Messieurs, procès gagné, grâce aux intelligences que nous avons déjà dans la place.

Pourquoi vous cacher que l'infatigable Président de l'Exposition, M. Narcisse Bauvin, a bien voulu prendre rang parmi les Membres du Congrès, que M. Minelle, le si dévoué Maire d'Arras, a bien mérité de l'archéologie arrageoise, en arrachant aux greniers des Invalides pour l'instaurer à Saint-Vaast, le plan en relief de notre Ville, construit en 1716, par l'ingénieur La Devèze, et qu'enfin, M. Duréault, le plus aimable des préfets, s'est souvenu fort à propos qu'il était le Président-né de la Commission des Monuments historiques, pour obtenir du Conseil Général du Pas-de-Calais les crédits nécessaires à la préservation et à la conservation des tours jumelles, un instant menacées, de l'ancienne Abbaye de Mont-St-Eloi.

# LA CAPITALE POÉTIQUE DE LA FRANCE

## AU XIIIe SIÈCLE

### Par M. H. POTEZ

*Docteur ès-letttres,*
*Membre résidant de la Société d'Agriculture, Sciences et Arts*
*de Douai.*

Messieurs,

Boileau se déclarait :

> Ami de la vertu plutôt que vertueux.

Je suis forcé d'avouer que je suis un ami du moyen-âge, et non un médiéviste. Le champ de mes études ordinaires est ailleurs. Certes, si vous aviez devant vous M. Bédier, ou M. Guesnon, ou M. Guy, ou M. Ernest Langlois, vous pourriez attendre des révélations sur le passé poétique d'Arras. Je n'ai à vous raconter que l'excursion d'un « amateur » dans ces régions lointaines où il y a encore tant de « terræ incognitæ ». Mais qu'un simple lettré se croie autorisé à considérer un instant les ménestrels artésiens au XIIIe siècle, qu'il ne se pense pas le droit d'ignorer Jean Bodel et Adan de le Hale, c'est là un fait caractéristique ; cela prouve qu'il y a là plus que de la matière scientifique, et que nous sommes devant un grand fait littéraire qui ne doit échapper à « nul homme entendant », comme eussent dit nos pères.

Je ne vous entretiendrai pas longtemps. Si ma science n'est pas longue, le temps qui m'est mesuré est également très court. Il y a une harmonie entre les deux. Aussi, Messieurs, vous n'attendez pas que je discute devant vous la biographie si obscure et si énigmatique de nos deux grands ménestrels, ni que je touche aux problèmes si nombreux que soulève l'histoire de la poésie en Artois. Je viens de relire les principales œuvres des trouvères Artésiens en les éclairant par les beaux travaux des savants que j'ai nommés tout à l'heure. J'ai, par la pensée, remis ces poèmes dans l'âge lointain où ils ont vécu. Et j'ai éprouvé nettement cette impression, que le XIII$^e$ siècle artésien est, dans notre littérature médiévale, une « époque », au sens où Bossuet entendait ce mot. L'histoire des jours évanouis nous apparaît comme un remuement obscur et confus, une agitation indistincte : de temps à autre, une vision plus nette, plus lumineuse surgit, qui replonge le reste dans une ombre plus profonde. Tel Arras au temps de saint Louis.

Je n'ai pas besoin de rappeler la richesse légendaire de la cité dont le nom, en Italie et en Angleterre, est devenu synonyme de ces tapisseries qui déployaient, par les habitations seigneuriales, des cortèges splendides, des joûtes et des batailles. Dans cette ville laborieuse, opulente, tumultueuse, héroïque, la vie plus qu'ailleurs était ardente. La sève humaine y bouillonnait avec plus d'énergie. On y était capable de grands vices et de grandes vertus. On y gagnait beaucoup d'argent, ce qu'on a toujours su faire dans le Nord français. Les banquiers arrageois, les Louchart, les Crespin, prêtaient leur monnaie aux rois, aux bonnes villes. Et l'on voyait quelquefois le Diable assis sur leur coffre-fort.

Si ces grands bourgeois — enlevez au mot le sens qu'il a pris au cours des siècles — savaient entasser des écus, ils savaient aussi les dépenser noblement. Les poètes éprouvèrent leur générosité. Aussi le gai savoir fleurit-il bien vite en Arras. Il s'y fit plus de chansons, de motets et de jeux partis qu'il ne neige d'aubépines en mai dans les venelles d'Artois. Notre-Dame descendit du Ciel pour apporter la sainte chandelle à deux jongleurs. Dieu le Père lui-même, s'ennuyant au Paradis, car on se lasse des meilleures choses, vint à l'hôtel du Prince du Puy pour apprendre à faire des motets et s'y divertir. Les membres de la Confrérie exécutèrent devant lui des tours qu'on ne peut guère raconter qu'en latin.

Mais ces poètes ne se contentaient point de rimer des couplets galants et de se livrer à de stériles jeux d'esprit. La vie était devant eux. Elle s'offrait à leur humeur narquoise. Elle excitait leur sens dramatique. Elle choquait parfois leur vigoureux bon sens. MM. Guy et Jeanroy ont édité, en 1898, un groupe de satires extrêmement remarquables, et par l'ingéniosité du cadre, et par la verve du développement, et par la finesse de l'observation.

A tout seigneur, tout honneur. Les échevins et les riches sont bien partagés. Aussi ne l'avaient-ils pas volé. Prévaricateurs dans le commerce des laines, usuriers émérites, lorsqu'il s'agissait d'asseoir la taille proportionnelle et que chacun devait faire la déclaration de ses ressources, les gros négociants et banquiers se faisaient plus pauvres que Job et donnaient de faux « brevets ». Ils trouvaient dans les échevins, à qui revenait de vérifier leurs dires, des compères et des complices. Les loups ne se mangent pas entre eux. Et le pauvre abbé de Saint-Vaast, qui devait diriger toute l'affaire, se trouvait souvent dans un embarras cruel. — Nos trouvères s'indignent, surtout parce qu'Arras, la ville courtoise, le seigneur du pays, « Arras li biaus », se trouve par leur fait honni et avili, précipité dans la « cendrée ». Et leur colère est souvent bien spirituelle. Ainsi le roi, un jour, fait paraître un édit qui défend de dire la vérité. Quel deuil pour ces bons contribuables, si honnêtes d'habitude et si loyaux! Mais il faut se résigner. Et alors commence le défilé solennel des menteurs d'Arras, qui s'appauvrissent et déçoivent le fisc en gémissant ! Parmi eux, on distingue des femmes, car, comme Guichardin devait le constater plus tard, elles aussi sont propres à négoce et marchandise.

Heureusement, même s'ils échappent à la justice du roi, le supplice des avares commence ici-bas. Quand les souris trottent, ils croient ouïr des larrons, et ils craignent toujours que le feu ne prenne à leur hôtel. Ces pince maille, qui relèguent leurs parents pauvres à l'hôpital Saint-Jean, au lieu de les relever jusqu'à trois fois comme font les Juifs, finissent par faire de grandes aumônes *in extremis*, lorsqu'ils ne peuvent plus jouir de leurs biens. Ils ressemblent à la vieille de Guémappe, qui voyant une truie emporter sa galette, en fait le sacrifice à Dieu, pour l'âme de son défunt mari.

Leur bile n'est pas toujours si amère ; et ils s'attaquent parfois à de moindres vices. Ainsi Jean Auris célèbre ironiquement les miracles de Saint-Tortu, patron des buveurs. Quand on a baisé saint Tortu, on devient jeune si on est vieux, d'humeur accommodante si on est femme, on a envie de cabrioler quoique prud'homme, on a des araignées dans les yeux, on voit trois objets pour un, on trouve les rues trop étroites et on « fait du grand markié ruelle », on est très tendre avec sa parenté, puis on l'injurie. Telles sont les merveilles accomplies par le saint. L'indulgence de Jean Auris est visible. N'oublions pas, Messieurs, que nous sommes dans le vieil Artois, et que les vins loyaux ne faisaient pas encore d'alcooliques, mais de simples, inoffensifs et joyeux ivrognes.

Cette ville de luxe et de richesse où affluaient les étoffes de prix et les joyaux précieux, n'était pas faite pour engager les dames à se montrer modestes dans leurs ajustements. Pour mainte d'entre elles,

> Quand elle est vestue et parée
> Lors est se tete si dorée
> Bien saule image ou crucifix.

Elle va « cembillant de l'œil » (distribuant des œillades), « coliant de la tête », (la tournant de tous côtés), secouant ses tresses fausses « entées comme la queue d'un épervier », prenant soin de montrer, si elle est joliment chaussée ; or

> N'est mie au gré de l'Apostoile
> Que femme passe de l'ortoile
> Si elle ne cloce par nature.

Le ménestrel est austère ! Il s'élève contre les ceintures à créneaux :

> Sacies, malement se desvoie
> Feme qui a cretiaus se loie
> C'est li castiaus de l'enemi
> Je l'ai bien esprové à mi

Il avait été à bonne école, il faut croire. D'ailleurs un autre renforce la leçon. Il nous apprend qu'à Arras, au XIIIe siècle, parmi cette foule drue et serrée dans l'enclos des murailles, les mauvaises langues allaient leur train.

> Cil viniers vent vin à mestrait
> Cil boulenghiers pain a retrait
> Cil macelier car sousamée
> Et me voisine s'est clamée
> De Cabillau le pisonnier
> Ki li vendit tel pisson ier
> On i peust mengier le mort.

Naturellement on glose avant tout sur les femmes. Si une dame est bien parée, elle est « amie à prestre ». Son baron le sait, et en profite. « Il en reçoit mainte goulée ». D'autre part, si elle est papelarde, on connaît sen « père en Diu », et comment elle est confessée. Quel remède à cela ? tenir le milieu entre la coquette et la bigote, « ne trop béghine ne trop baude. » Il suffit de se confesser cinq fois l'an, car il est imprudent de trop souvent se conseiller à un homme. On incrimine même ceux qui hantent avec assiduité leur sœur ou leur nièce.

Ces belles et honnêtes dames qui tant aimaient les atours,

étaient fort difficiles à gouverner. Même quelques-unes d'entre elles portaient le haut de chausses. Pour leurs époux, un de nos rimeurs imagine d'instituer la « carité » ou confrérie des Auduins. De cette florissante sodalité, voici quels étaient les principaux statuts. Si la dame est prise « de mal a sen cief », de migraine, le prud'homme doit lui faire un massage, puis après pleurer et prier Dieu à deux mains qu'il guérisse sa compagne, promettre pèlerinage à Notre Dame de Lens, faire le silence autour d'elle. Il doit généralement ne point parler haut chez lui, filer doux quand sa « douce amie » est furieuse, ne pas faire marchandise sans le congé de sa femme, accepter d'être repris et même frotté, porter le psautier de son épouse jusqu'au moutier, boire de la bouillie pour lui laisser le vin, car le vin donne quelquefois à la mégère l'humeur plus douce.

Le malin trouvère énumère ensuite les membres de la Confrérie. Rome lui a accordé un privilège. Tout Auduin qui déchausse sa femme avant le coucher (c'est encore une de ses attributions), devra lui frotter l'orteil. Il sera ainsi assuré de passer sans encombre la journée du lendemain. La « Carité des Auduins » demeura très prospère après le temps dont nous parlons. Guichardin au milieu du xvie siècle trouve dans les Pays-Bas les femmes « par trop impérieuses et maistrisantes ». Taine, aux environs de 1860, fit la même constatation autour de Douai. Mes documents ne vont pas jusque là ..

Louange, Messieurs, louange à ces antiques et aujourd'hui vénérables commères ! Les épouses désagréables annoncent toujours les civilisations puissantes. Les Orientaux n'ont presque jamais rien fondé de durable. Voyez d'autre part les Romains ! Voyez les Anglais ! Nous pouvons bien, Messieurs, l'avouer sans calomnier notre sexe : quand la prime jeunesse est passée, nous avons un goût désastreux pour la tranquillité, le repos, l'inertie. Si toutes les femmes avaient ressemblé à Sainte Godeleine ou à Griselidis, Dieu sait dans quelle torpeur et dans quel engourdissement fût tombé le monde! Heureusement les Arrageoises n'avaient garde de les imiter. De leur temps, comme le dira Chaucer à la fin du siècle suivant, « Griselidis était morte et sa patience aussi. Toutes deux gisaient en Italie. » Je ne parle pas des Auduins. Tout combat a ses morts. Mais les autres, les vainqueurs de cette lutte intérieure et domestique, pouvaient désormais affirmer leur maîtrise dans la grande bataille des intérêts et des civilisations. Ils étaient entrés fer dans le mariage, ils y devenaient acier.

Toutefois, si salutaire que fût cette discipline, il se rencontrait des âmes craintives pour ne pas vouloir en goûter. On trouvait à Arras des vieux garçons, des « vallets de quarante ans et plus ». Alors nos trouvères d'imaginer un ban du pape qui force les célibataires endurcis à se marier ou à partir pour une autre guerre, celle que le Saint-Siège va mener contre l'Empire. Excellente occasion aussi de dauber sur les vieux « vallets » d'Arras!

Ceci est en faveur des femmes, assez visiblement. Il ne faudrait d'ailleurs pas prendre nos satiriques pour des misogynes. Les fabliaux sont autrement grossiers et cyniques. L'héritière du péché d'Eve, leur semble digne de tous maux. Ici la femme est sagement et doucement conseillée, et nulle part on n'avertit l'homme d'employer l'*argumentum buculinum* pour lui réformer le caractère. On veut qu'elle soit fidèle à l'homme, mais que l'homme lui soit fidèle aussi :

> Et cil se tiegne a se femcle
> Dont li est cose bone et bele.

Pareillement, il doit à celle qu'il épouse toute sa jeunesse, sa force et sa vigueur. *Turpe senilis amor!*

> Vieille amors soit honie...
> Certes c'est laide cose
>   Et mout grands descors
> Quand jouenes cuers repose
>   Par dedans viel cors.

Le poète fait la constatation que fit à ses dépens le trop vieil époux de la sémillante Armande Béjart, qui se condamna lui-même, et distribua généreusement les conseils que Panurge, vieillissant et grisonnant, reçut de toutes parts.

Aussi bien la sagesse gauloise, celle de Rabelais, de Molière, celle de La Fontaine, règne en ces satires. Elle réprime la frivolité et l'insubordination de la femme ; elle lui conseille comme Chrysale de prendre garde à « se maisnie » d'avoir l'œil sur ses gens. Mais elle lui veut un mari point trop vieux et qui lui soit fidèle. Contre la règle mondaine, elle témoigne d'une sévérité notable et fait songer à Dumas fils. Enfin le mot suprême de cette philosophie pratique est celui ci :

> Moiiens sens et moiiens avoir.

L'excès en tout est un défaut. Cette sagesse va même trop loin. Elle pèche, elle aussi, par un excès, excès dans la juste mesure. Elle se défie des aventures intellectuelles,

> Miex vaut uns boins moiiens clers veules (vide)
> Que trop savoir por cauper geules.

Pour conclure, retenons cette remarque de M. Guesnon, elle est très grave : « A en juger par les échantillons connus, — mais sans pour cela méconnaître qu'une foule d'œuvres semblables, nées de circonstances non moins éphémères, ont dû retomber dans l'oubli du lendemain avec l'actualité qui en faisait l'intérêt, — on se croirait autorisé à soutenir que les trouvères d'Arras appliquèrent les premiers les divers genres de littérature critique aux incidents journaliers de la vie communale, ainsi qu'aux faits et gestes des notabilités, la classe dirigeante. » Cette critique de la vie haute et moyenne, cette peinture et ce « castoiement » du monde, ce désir de féliciter les gestes de l'homme pour les corriger et les améliorer, qu'est-ce autre chose qu'une aspiration vers une vie supérieure et un désir de se dépasser soi-même ?

Dans la Grèce antique, lorsque la vie devint plus intense et plus libre, les cités prirent conscience d'elles-mêmes et célébrèrent leurs origines, leurs traditions, leurs légendes ; les individus prirent conscience d'eux-mêmes et chantèrent leurs passions et leurs sentiments De là naquit la poésie lyrique. Plus tard les hommes regardèrent encore autour d'eux comme aux temps épiques, mais avec plus de sérieux, plus de détachement, plus de réflexion. De là sortit le drame, comique ou tragique.

C'est ce qui s'est passé dans la capitale du Nord. En même temps qu'ils flétrissaient les menteurs et les fourbes qui déshonoraient « Arras li biaus » les poètes songeaient à leurs douleurs personnelles. C'était Adan de le Hale qui partant pour Paris afin d'y étudier, adressait à son amie ces très tendres adieux :

> Bele tres douche amie chière
> Je ne puis faire bele chière
> Car plus dolant de vous me paret
> Que de rien que je laisse arrière
> De mon cuer serés trésorière
> Et li cors ira d'autre part
> Apprendre et querre engien et art.

C'est Baude Fastoul, qui, forcé de quitter la ville, parce qu'il est atteint de la lèpre, se courbe sous la main de Dieu, espérant trouver son salut dans ses tortures et finissant son long Congé, par ces deux vers sinistres, où il montre l'attente de ses confrères en « meselerie » :

> Cil de Biaurain et de Graudval
> Dient que j'ai trop demouré

C'est le plus grand de tous (j'entends pour la poésie lyrique), Jean Bodel, dont le cri suprême est si déchirant, qui peint ses tourments avec un réalisme si terrible et qui regrette avec tant d'éloquence de n'avoir pu voguer vers le pays des prouesses héroïques, vers l'Orient. Les strophes de Bodel se soulèvent et s'abaissent avec le rythme d'un cœur qui souffre, comme les versets des psaumes bibliques. Et l'on regrette bien, à les lire, que l'esprit classique, représenté dans l'espèce par un gentillâtre de Normandie, ait tué sous lui le lyrisme pour des siècles.

Mais la gloire du théâtre aussi éclata, gloire unique et singulière au moyen âge, car avant les « jeux » artésiens nous avons peu de chose : le drame d'Adan avec quelques jolis vers du diable, et après, jusqu'au Cuvier et jusqu'à Patelin, nous n'avons plus guère que les raides et gauches miracles de Notre-Dame, et les interminables et ennuyeux mystères. — Des œuvres peuvent avoir disparu. Mais il n'est pas moins vrai que la survie des manuscrits attestent le succès et la valeur de celles qui restent.

Je ne vous parlerai longuement, ni de Bodel, ni d'Adan.

Je vous rappellerai seulement les traits généraux de leur génie. Et je n'hésite pas à employer ce mot dans le sens qu'il a pris aujourd'hui.

Le jeu de saint Nicolas est merveilleux d'élévation, de réalisme et de vérité. Tantôt, c'est le pittoresque épique dans le défilé des émirs orientaux, tantôt dans une scène de bataille, ce sont des accents qui rappellent les plus hauts épisodes de la Chanson de Roland, et qui annoncent les plus beaux vers du Cid ; ailleurs encore, c'est une scène de taverne, enluminée comme un tableau des petits maîtres flamands. Le vin qu'annonce le crieur,

Le vin aforé de nouvel,

bien qu'il soit vieux de huit siècles, n'a pas encore perdu son arôme et son bouquet.

Quant à Maître Adan le Bossu, c'est peu de dire, avec M. Guy, qu'il reste pour nous « le type du ménestrel accompli ». Il est surtout grand en ce qu'il dilate, amplifie et dépasse l'art de menestrandie. Il communique à la chanson plus de fermeté qu'elle n'avait avant lui. Il frappe, en ses œuvres, des vers fermes et pleins comme ceux où s'exerçaient les poètes gnomiques de la Grèce ancienne. A l'endroit de la femme, la poésie courtoise est conventionnelle ; la poésie satirique est dure et injurieuse. Adan, en son jeu de la Feuillée trace de Maroie un portrait exquis et naturel, tout enveloppé de nature printanière, encore séduisant, malgré les siècles écoulés. Combien les dames des poètes de la Pléiade nous paraissent roides, dures et métalliques auprès de la délicieuse Artésienne. Et si Adan a su peindre d'une manière définitive l'illusion éternelle qui enchante les jeunes hommes, il a peint avec plus de discrétion qu'on ne l'eût attendu, la fréquente désillusion. Là encore, nous sortons des formules, des lieux communs et de la déclamation pour entrer dans la réalité, parfois charmante et parfois mélancolique.

Et quelle poésie dans le cadre de cette pièce aristophanesque ! Elle est nocturne, comme le sont souvent les drames de Shakespeare. Elle est tout enveloppée des mystères et des prestiges de l'obscurité. L'heure la plus inquiétante des ténèbres amène une apparition magique. Puis les buveurs reviennent et, dans les premiers frissons de l'aube, sont dispersés par l'Angélus argentin de Saint-Nicolas.

Court est le jeu de la Feuillée, et il est extrêmement rempli.

Les gestes, les grimaces, les discours s'y multiplient comme chez les grands humoristes. Ce n'est pas de la vie, c'est de l'élixir de vie. Et songeons à l'incontinence des écrivains du moyen âge. Lorsqu'ils trouvent un développement, ils ne le lâchent qu'après en avoir dilué, délayé, étendu et allongé la matière de tout leur pouvoir. Le Bossu n'ennuie pas son monde :

> Loin d'épuiser une matière
> Il n'en faut prendre que la fleur.

Mais surtout, avec M. Guy, il faut le louer d'avoir été un poète populaire. Il a ainsi puisé à la source profonde de toute grande inspiration. Dans son jeu de Robin et de Marion, si frais et si champêtre, il a mis les refrains et les jeux des paysans. Il a animé et dramatisé la froide pastorale de ses devanciers. Il y a fait souffler l'air des bois et répandu les odeurs de la vie rustique. Dans ses motets, il a accueilli Bayard, le cheval des quatre fils Aymon, celui qu'on entend toujours hennir dans la forêt des Ardennes ; il a donné place au bonhomme Noël, riant dans sa barbe de neige. Dans son jeu de la Feuillée, parmi la musique et les parfums, descendent trois dames du bois : Morgue, Arsile et Magloire, et elles y font des souhaits comme dans la Belle au Bois dormant. Ah ! pauvres fées ! elles ne devaient pas avoir une bien brillante destinée dans notre littérature. Elles se sont faites bien raisonnables et cartésiennes chez le bon Perrault. Elles se sont même anémiées au point de n'être plus que les rimes que Boileau poursuit dans son jardin d'Auteuil. Mais qu'elles sont donc devenues glorieuses en franchissant la Manche ! De quelle lumière elles ont resplendi sous les ombrages prédestinés de Strafford On-Avon où un élu les attendait ! Et aujourd'hui, reculant jusqu'à l'extrémité du monde occidental, elles rayonnent de nouveau dans les chants des poètes qui rêvent au bord des mers irlandaises. On entend aussi chez Adan le tumulte inquiétant de Hellequin et de sa « maisnie », de sa suite, le génie de la tempête dans la nuit. C'est la grande chasse qui galope à l'horizon de tant de légendes rustiques, et qui a fini par jeter une ombre gigantesque dans la plus étonnante imagination des temps modernes, je veux dire celle de Victor Hugo, lorsqu'il a écrit : « Bauldour et Pécopin. »

Ainsi dans les vers des grands poètes d'Arras, l'humanité se mirait elle même, avec ses passions, ses travers, ses plaisirs, ses souffrances et ses songes, de même que les plaintes délicates de la patrie, la grâce de ses femmes, la finesse du sourire français se montraient dans les œuvres des bons imagiers qui décoraient les églises ogivales. Après les interminables mêlées barbares, le genre humain reprenait peu à peu conscience de lui-même. Ceux qui l'y ont aidé méritent de vivre immortellement dans nos mémoires, qu'ils s'appellent Dante, Giotto, Pétrarque, Chaucer, saint François d'Assise ou saint Louis. Nos vieux ménestrels sont moindres, mais ils appartiennent à la même famille. Si on ne doit pas voir dans la Renaissance, un petit fait philologique, elle a commencé bien avant le quinzième siècle. Si on s'est plus tard reconnu dans les écrits de l'antiquité, c'est que l'humanité avait peu à peu remonté au niveau des civilisations disparues.

Messieurs, Cartyle dit que l'humanité ordinaire et moyenne est comme un tas de bois mort et que les héros sont la torche qui en fait un bûcher splendide. Arras au XIII siècle, a été une flamme et une lumière dans l'Occident chrétien, « l'école de tout bien entendre ». Selon la grande parole du penseur anglais, Arras a été un héros.

Aussi, lorsque nous savons son histoire, nous ses visiteurs et ses hôtes, voyons-nous avec une souriante émotion ses longs clochers qui s'approchent, et, à mesure qu'ils grandissent sous les nuées, croyons-nous percevoir à leur pied un concert de violes, de théorbes et de clavecins. Ce m'est une joie véritable de venir parler des vieux poètes artésiens en cet endroit même, qui est un des lieux sacrés de l'ancienne Europe. Bodel et Adan n'en reconnaîtraient pas une pierre, j'en suis sûr. Mais ils aimeraient l'élan de cette tour géante et de ces toits pointus. Ne seraient-ils pas heureux de nous voir nous pencher pieusement sur leur cendre et nous entretenir quelques instants de leur impérissable génie ? Et puis, ce qui est mieux encore, ne reconnaîtraient-ils pas en nous des compatriotes, Artésiens, Flamands, Picards ? Les individus passent comme les feuilles, mais la race demeure, car le tronc est robuste, malgré des années et des années de centralisation et d'uniformité. Ne sommes-nous pas toujours les mêmes, « tertous ? »

# LA RENAISSANCE
# D'ARTOIS ET BOULLENOIS

### LE CHATEAU DE HESDIN EN ARTOIS
Berceau effectif des Artistes et des Arts de la Renaissance Flamande

PAR

### M. PARENTY

*Lauréat de l'Institut.*

---

*a)* **Le Sceau de Thomas de Parenty.**

Un signe matériel auquel je me garderais d'attribuer à priori quelque valeur démonstrative, le sceau de *Thomas de Parenty,* symbolise l'étude comparée d'archives permettant d'établir un lien familial continu entre les constructeurs du « Chastel de Hesdin », en Artois au XIII$^e$ siècle et les maîtres les plus illustres de la « Renaissance flamande ». Ces maîtres occupèrent héréditairement les charges artistiques des maisons de Flandre, d'Artois et de Bourgogne, enfin de la cour des Pays Bas, jusqu'aux règnes de *Charles Quint* et *Philippe II.*

*Thomas de Parenty,* 72$^e$ abbé de l'abbaye de S$^t$-Vaast d'Arras ✝ en 1576, était le fils de l'orfèvre de la « Toison d'or » *Jean de Parenty, Parentin* ou *Pentin,* valet de chambre de *Charles Quint.* L'empereur daigna l'adopter à la mort de son père et l'offrit au Seigneur au monastère de S$^t$-Vaast.

En 1573 les moines l'élurent abbé par acclamation, ce que *Philippe II* considéra comme un hommage délicat à la mémoire de son glorieux prédécesseur. En 1848 les restes de *Thomas de Parenty* furent trouvés avec plusieurs autres nobles sépultures en un caveau secret de la nouvelle abbaye et inhumés par le Cardinal de la Tour d'Auvergne en la chapelle St-Louis de la Cathédrale d'Arras.

Ce personnage appartient sans aucun doute à la corporation des artistes de la Cour des Pays Bas. Or, dans une pièce scellée de nos Archives départementales (1) il écartèle les armes de son illustre contemporain *Robert de Parenty*, prévôt de la Corporation des drapiers et maieur de Boulogne, qui sont « d'azur au Chevron d'or », du contre écartelé : « d'argent au lion de sable et d'or à la croix de gueules. ». Ce contre écartelé peut désigner un artiste de la Cour des Pays-Bas au XVIe siècle. Au XIIe siècle il marque l'alliance de *Guillaume 1er de Fiennes* avec *Agnès de Dommartin* sœur de *Renaud*, comte *de Boulogne*. Aux XIVe et XVe siècle, ces pièces, réunies ou séparées, s'appliquent à des membres de la famille ou corporation des maîtres du château de Hesdin, appartenant comme je le montrerai à la descendance de *Fiennes*, de *Dommartin* et de *Boulogne*.

### Robert II d'Artois.

Au XIIIe siècle, le château de Hesdin appartenait à la maison *d'Artois*. *Robert Ier d'Artois*, frère de St Louis, mourut en 1250 à la Croisade. *Robert II*, son fils posthume, le plus vaillant et le plus téméraire des généraux de France, perdit son fils unique *Robert* en 1297, à la bataille de Furnes, où il écrasa les Flamands, et périt lui-même en 1303, dans le désastre de Courtrai. Il résida en Italie de 1285 à 1289,

---

(1) Archives du Pas-de-Calais B. 725, fonds de St-Vaast, 17 février 1576, arch. de la famille *Parenty* en Boulonnais p. 115.

(2) Chanoine *Dehaisne*, histoire des arts dans les Flandres.

comme régent de son cousin le duc *d'Anjou*, roi de Naples et de Sicile, prisonnier à Barcelonne, et ce séjour en Italie coïncide précisément avec l'essor qu'il donna aux constructions et aux services artistiques de son palais d'Artois.

### Guissins tailleur de Coutel et garde des engins plaisans.

Pendant la période de construction d'un édifice, les architectes et maçons précèdent les charpentiers, les couvreurs, les plombiers et les sculpteurs. Les peintres décorateurs viennent ensuite, puis les verriers, les tapissiers, les carreliers. C'est exactement ce que nous observons à Hesdin de 1299 à 1306 (1), les comptes présentent le nom du sculpteur en titre *Guissins*, aux gages de II sous par jour, et de nombreux collaborateurs ainsi que lui « tailleurs de Coutel » : *Baudin de Wissoc, Jean* et *Guillaume de S<sup>t</sup>-Omer, Gilles d'Audenehen, Jean* et *Thomas de Vrechot*, etc. Un autre sculpteur : *Jean de Brekessent*, paraît avoir été affranchi de la direction de Guissins ; il reçoit XII lb. pour tailler VI angélos et VI colombes dans la chapelle. Associés aux orfèvres ciseleurs de métaux et surtout aux peintres enlumineurs, ils construisent entre temps des engins plaisants et des engins de guerre, voire même des instruments pour maître *Perron*, l'astronome. Et *Robinet* (\*) le barbier, pourvoyeur de cet observatoire, achète en même temps que les gants et le missel de « Medame », les cadrans, astrolabes « calendrier novel » et tables scientifiques (1) « l'annuaire du bureau des longitudes », dirions-nous.

### Carriers de Wissant et de Marquise.

Cette corporation devait tirer les marbres d'Italie du port de Wissant, et ceux de Boulonnais des carrières de Ferques,

---

(\*) Cf. Robinet, Gobinet, Gobert Parent, Robert Auri, enfin Portenari (Parent ori).

(1) Arch. du Pas-de-Calais A 178, 10 avril 1802, comptes de l'hôtel d'Artois.

Elinghen et Rety dans le bailliage de Wissant, carrières dont l'exploitation avait été concédée fort anciennement, d'une part au connétable du Boullenois à Austruy, (1) et d'autre part aux abbayes de Lisques (2) à Licques, de Beaulieu à Ferques, canton de Marquise, de N. D. de Boulogne, de St-Bertin à St Omer, etc., pour la construction de leurs églises et monastères. A la fin du XIII<sup>e</sup> siècle ces propriétaires féodaux, avec l'agrément et sous la garantie du comte suzerain *de Boulogne*, gardien des abbayes, rétrocédèrent leurs privilèges aux entrepreneurs des constructions du château de Hesdin, à la charge de certaines redevances ou censives, enregistrées aux terriers de ce temps là et gagées sur les revenus du bailliage, sur les tonlieux de la Vicomtée, sur les biens et héritages des exploitants et sur les fruits de leur exploitation (3). Tous ces carriers, qui s'appelaient *Parent, du Flos, du Val, Le Coc, le Machon*, (4) etc., ont dû fournir des pierres au château de Hesdin, et pour garantir le paiement de leurs redevances ils engagent les tonlieux de la Vicomté de Boulogne dont l'office appartenait à l'orfèvre *Robert Parent*, barbier du Comte d'Artois, enfin ils hypothèquent leurs biens de Wissant et le domaine de Parenty.

### Vente d'une terre à Parenty (5).

N'est-ce pas encore pour se procurer les fonds de son en-

(1) Terrier de Beaulieu et de la connétablie d'Austruy.

(2) Titres de l'abbaye de Licques — Arch. *Parenty*, p. 91.

(3) Archives nationales, trésor des chartes cité par *Baluse*, d'après le chanoine *le Roy*. — Archives *Parenty*, p. 24.

En 1203 *Robert VI*, comte *de Boulogne et d'Auvergne* donne 45 livres de rentes à l'Eglise N. D. de Boulogne avec quelques portions de dimes dans la paroisse de Wissant et le domaine de Parenty, le tout en compensation de certains droits accordés par ses prédécesseurs.

(4) Terrier de St-Bertin en 1305. Dimes de Beuvrequent près Marquise.

(5) Archives du chateau de Parenty. — Recueil historique du Boulonnais t. II, p. 183. — Abbé *Haigneré* publié par *A. de Rosny*.

treprise que *Jean de Thubeauville* (1), l'un d'entre eux, assisté de son frère et seigneur *Baudin de Thubauville* «fils tous deux jadis *Willame de Doudeauville* » (2), et par devant Monseigneur *Thomas de Manneville* (3), seigneur des seigneurs de Parenty, chef de la famille des *Parent,* comme on disait alors, aliène le 10 juin 1304 une parcelle de ce domaine, et vend 15 mesures de bois et prés sis à Parenty, au *S<sup>r</sup> Huon* fils *Wallon des Tombelles* (4). Les témoins, tenans et aboutissans se nomment *Willame, Willame Simon* (5), *Willame du Flos* (6), etc.

Ce sont là dignitaires des cours d'Artois et de Boulogne, Sénéchal, Connétable, Bouteiller, etc. Mais également orfèvres, « faiseurs de Tumbes, » carriers, artistes aussi de la contruction du chastel de Hesdin sous la maîtrise de *Guissins* ou *Vincent de Boulogne,* Seigneur de Fiennes, de Wissant, de Framezelle (7), de Wissoc (8), d'Aldenehen

---

(1) De 1300 à 1306 *Thibaut-Dammart,* orfèvre et valet de chambre du roi de France. — 1303 le m. orfèvre de la Comtesse d'Artois, (Arch. du Pas-de-Calais A 195 49 et *Dehaisne,* Hist. de l'art dans les Flandres, p. 152. — pièces).

(2) *Pierre Dudon,* médecin de *St-Louis (du Cange)* — 1270, maitre *Dœdes* ou *Dodon* orfèvre barbier du Comte de Flandre (Arch. de l'Etat à Gand N<sup>os</sup> 4-7-10 de l'inventaire Gaillard).

Le Sr de *Doudeauville* et le Sr *d'Ordres* sont issus des Comtes de Boulogne *(Malbrancq* t II p. 350 et suiv. Eug. Rosny p. 495).

(3) 1285 *Thomas de Manneville* bouteiller du Boulonnais, Seig. de Selles (Eug. Rosny).

(4) Avant 1285 *Amant de Honvault* (Huon du Val), Sénéchal de Boullenois *(Eug. Rosny* p. 774).

(5) 1309 *Simon Huon* ou *Hue de Courteville,* Sénéchal de Boullenois *(Baluse).*

(6) Le flos sur Reti, carrières.

(7) Les Seigneurs *de Fiennes* résidaient à Framezelle en Audinghen près Wissant.

(8) Wissocq fief à Tournehen près d'Audrehen et de Licques.

(Audrehen) (1), de Verchoc (2), de Longvillers et de Brexent (3) et chatelain héréditaire de S<sup>t</sup> Omer (4).

### Parent et Manneville, bourgeois de Lille conquise.

Après la bataille de Furnes, les armées victorieuses de *Philippe le Bel* et de *Robert d'Artois* chassèrent le comte *Louis de Béthune* de la ville de Lille et s'empressèrent d'attribuer en guise de butin les riches privilèges de la bourgeoisie aux officiers et artistes de leurs maisons. En 1298, l'orfèvre *Henri Partis*, fils du barbier d'Artois *Gobert Parent*, en 1299 le mercier *Jean de Manneville*, que je rattache à son bouteiller *Thomas de Manneville*, sont reçus bourgeois de la ville (5). On peut suivre à Lille même les curieuses destinées des *Menneville* ou *Menreville*. Ces artistes quelque peu soudarts jouaient volontiers de leur instrument de travail « le Coutel » en diverses échauffourées. Ils étaient alors sévère-

(1) 1397 *Jean de Wissant*, héritier de *Morellet de Wissant* S<sup>r</sup> d'Audenehen (Nord B 1861).

(2) Verchocq, canton d'Hucqueliers, sur l'Aa qui y coule vers S<sup>t</sup>-Omer — Famille *de Framezelle*, Seig<sup>r</sup> de Verchocq au XIV<sup>e</sup> siècle.

(3) Brexent, arrière fief de Longvillers.

(4) Les chatelains héréditaires de S<sup>t</sup>-Omer sortent de Fiennes par la maison de Créquy. 1247, *Simon de Wissant*, bailli de S<sup>t</sup>-Omer. Je place ici sur la tête de Guissins ou Vincent de Boulogne, tous les fiefs de sa famille dont ses ouvriers et vassaux portent les noms à l'exclusion de tous autres.

(5) Archives communales de Lille, Registres aux Bourgeois. Il serait aisé d'établir que les mêmes serviteurs furent inscrits en 1295 à Valenciennes, en 1297 et années suivantes à Mons, Tournai, Bruges, en un mot en toutes les villes conquises et à Paris même. A Bruges, le comte de Châtillon, frère du comte de St-Pol, célèbre par ses exactions, dut faire une large part aux vassaux de Tingri. La Seigneurie de Bruges comprenant la charge fiscale de la Gruthuse put échoir à un Français. Le nom de Bruges apparaît à Lille à la même époque. Vers 1300 le chanoine Jean Makiel y lègue un hanap à « mon signeur Jehan de Bruges canone de St-Pierre » (Nord, fond de la Chambre des Comptes de Lille, n° 4350. Ch. Dehaisne, *Hist. de l'Art*, p. 116,

ment bannis, mais s'en tiraient par une forte amende à la caisse municipale ; c'était la jurisprudence du temps. Ils nous mènent par *Jean, Jacques, Nicolas* et *Jean de Menneville*, ces deux derniers sculpteurs des Collégiales S<sup>t</sup> Amé de Douai et S<sup>t</sup> Pierre de Lille, jusqu'aux maîtres les plus illustres de la sculpture flamande.

### Jean de Liège.

*Hennequin du Liéègue* (1), « faiseur de Tumbes demourant à Paris » 1361, auteur du tombeau de *Charles V* à Rouen (2), du tombeau de la reine *Philippine de France* à Westminster, que les Anglais appellent *Hacotin Liège de France* et dont nous faisons bénévolement un flamand. Son nom, qui signifie de la Carrière, peut cependant se rapporter tout aussi bien qu'à Liège en Flandre, à nombre de sites de nos carrières boulonnaises, à Liecque ou Licques, d'abord, dont les Seigneurs de Manneville étaient suzerains, à Liegette mentionné dès 1286 sur les terriers de Beaulieu. Enfin au Liéègue ou Lieéque relevé par l'abbé *Haigneré* en 1654 sur les titres de Mouflon en Audembert, c'est à-dire à Wissant.

### Jean de Merville.

*Jean de Menneville, Menreville* ou *Merreville*, son collaborateur à Rouen, auteur du tombeau de *Philippe le Hardy* à la chartreuse de Champmol, reconstitué au palais de Justice de Dijon. Elève de *Jean du Liéègue*, il eut à son tour pour élèves *Hennequin du Liéègue* (3), dont les sculptures sur

---

pièces). Il va sans dire que ces riches bourgeois conservaient précieusement leurs fiefs et les titres nobiliaires que leur conféraient ces fiefs. La fortune a toujours aidé à maintenir la noblesse.

(1) Voir chanoine *Dehaisne*, Histoire de l'art dans les Flandres.

(2) 3 Décembre 1368, mandement de *Charles V* publié par *Delille*, pièce 479 citée par le Chan. Dehaisne.

(3) 1390, 1391, 1392 (Côte d'Or B 11691 f° 242 v° 1 B 11672 fol. 9, B 1490).

bois sont estimées, *Pierre de Liquerque* (1), *Jean de Bruges, Pierre Beauneveu, Jean de Selles, Pierre de Torcy*, enfin *Claus Sluter*. Je vois en lui *Jean de Manneville*, Sg<sup>r</sup> de Selles.

## Claus Sluter.

*Claus Sluter* ou *Selester*, Seig<sup>r</sup> d'Orlande s'appelle en vérité *Nicolas de Manneville*, bouteiller du Boulonnais, Sg<sup>r</sup> de Selles qui est le fief du bouteiller, seigneur d'Odelan (2), qui est à Licques. Il se confère à *Guillaume de Manneville* (3) en 1387 écuyer ou plutôt éclusier de l'Ecluse en Flandre (Sluis), où il ouvra sous la direction de *Dreue de Dommartin* le maitre maçon en 1384, et d'où il partit en juin 1384 (4) pour aller ouvrer à Champmol d'où le surnom *Sluter*. Ses collaborateurs et élèves prétendus flamands sont en dehors de ceux que j'ai déjà cités comme élèves de *Jean de Merville* : *Nicolas Van de Wierwe* ou plutôt *Nicolas de Wirwigne,* son neveu *Jacques as blans mons de Wire* ou plutôt *Jacques Blamont de Wierre, Jeannin de Honet*, de Honesbourg peut-être (5), *Jacques de la Barre* (6), *Pierre le Mire* (7) ou *le Maire* du Molinet, *Guillaume Semons* (8) que je confère à *Willame Simon* de l'acte Parenty en 1304. C'est toujours le Seigneur *de Selles* « ouvrant » avec tous ses vassaux.

(1) Eglise de Licques.
(2) *François Poucqnes,* Sg<sup>r</sup> de la Lancherie et d'Audelan (*Eug. Rosny*).
(3) 1387 *Guillaume de Manneville* écuyer au chastel de Lescluse en Flandre (titres *de Clérembault* t. 54).
(4) Arch du Nord, supplément, carton 4 n° 61, chan. *Dehaisne* p. 602.
(5) Honesbourg à Outreau.
(6) *De la Barre* Seig<sup>r</sup> de Bois Julien famille de Parenty même. On écrit aussi *de la Barse*.
(7) Cette orthographe *le Mire* se retrouve dans le compte de Tingri en 1458.
(8) 24 janvier 1466 *Jacobus Simonis*, prieur des moines de S<sup>t</sup> Augustin à Bruges (Nord B 2060).

### Jean de Selles.

*Jean de Selles* succède d'ailleurs en 1390 en la Maîtrise de sculpture, à *Claus Sluter*, dont le puits des quatre prophètes à la Chartreuse de Champmol n'a jamais été égalé pendant la Renaissance, même par *Michel Ange*.

### Les Bourgeois de Calais.

On rattacherait facilement à la corporation des artistes de Hesdin, les six héroïques bourgeois du siège de Calais en 1347 qui sont : *Eustache* et *Pierre de S$^t$ Pierre* (1), *Jean* et *Pierre de Wissant*, *Jean d'Aire* (2) et *Aymart de Ferrand* (3).

### Templiers et maçons.

L'ordre des Templiers fut fondé par la maison de Fiennes. En 1302, au moment de la construction du château de Hesdin, il avait pour premier dignitaire en France *Hugues Parent : Hugo de Parendo* (4), visiteur général de la milice du Temple ; les deux autres dignitaires, le grand maître de Jérusalem et le maître de Chypre résidaient à l'étranger. En 1308, on appréhenda en la maison du Temple de Wissant *Pierre de Boulogne* et *Raoul de Thérouanne* que je confère à *Jacques de Boulogne* évêque de Thérouanne † en 1301. Après la défection du grand maître *Mathieu Molé*, *Pierre de Boulogne*, chargé par ses frères de la défense de l'ordre,

---

(1) 1380 *Thomas de S$^t$ Pierre*, médecin du roi Charles VI, dont *Thomas de Boulogne* était chirurgien ; il devint chancelier de l'église de Bayeux en 1397 (du Cange).

(2) 1193 *Renaud d'Aire*, bailli de S$^t$-Omer. *Adam d'Aire* et *Adam*, orfèvres en 1293-1297. Titres *de Clerembault*, reg. III. 1448-1477 *Robert d'Aire* franc.homme de Doudeauville, tenait fief de Courset (plaids de Doudeauville, Eug. Rosny p. 29).

(3) 1322-1328 *Guillaume Aymar*, premier médecin de *Charles IV le Bel (du Cange)*. 1389, *Godefroid* et *Pierre Ferrand*, orfèvres à Hesdin (chan. Dehaisne).

(4) Gallia christiana t. IX, 1090 D.

s'acquitta si éloquemment de ce dangereux office, que l'archevêque de Sens le fit étrangler dans sa prison (1).

La tradition permettrait peut-être de rattacher les templiers de Jérusalem aux maçons de Hesdin. Leurs noms nous donnent tout au moins une transition entre les *de Wissant*, tailleurs de coutel et les *de Boulogne*, peintres du château, leurs successeurs.

### Jacques de Boulogne, maistre des peintures et garde des engins plaisants.

Il n'existe pas de limite bien tranchée entre les « Imagiers tailleurs de coutel » et les peintres enlumineurs. Les uns et les autres ouvrèrent en commun et quelquefois dans les deux genres ; ainsi *Michael de Boulogne, Simon* et *Tassart de Rollaincourt, Simon de St-Omer,* etc. Néanmoins la maîtrise passa des mains de *Guissins* le tailleur de coutel, en celles de *Jacques de Boulogne,* « nostre paigneur » et se maintint pendant plus de 150 ans dans la descendance de ce dernier. Cette période des XIV$^e$ et XV$^e$ siècles correspond à l'apogée de la Renaissance flamande.

*Jacques de Boulogne* apparaît le 25 mars 1292 dans les comptes du château (2). *Laurent I$^{er}$* son fils et successeur prend pour armes parlantes deux pattes en sautoir. Or le radical *pat* signifie *Parent* (3). *Vincent* eut la maîtrise jusqu'en

---

(1) Hist. de France *Henri Martin*, t. IV, p. 488. A noter que le confesseur de Philippe le Bel s'appelait Guillaume de Pary, nom que nous retrouverons plus loin et qui appartient à la région boulonnaise.

(2) Archives du Pas-de-Calais A$^2$ premier Cartulaire d'Artois, fol. 32.

(3) 1383, Louis Pasté, chevalier ; 1387, Jacques Pate, sculpteur de la collégiale St-Pierre associé à des artistes connus à Hesdin (Nord, fonds de St-Pierre) ; Jean Patte, franc homme et lieutenant du Bailli de Doudeauville, 1449-1451, procureur en 1458 de Jacquemars du Bos et autres du Bos, demeurant à Parenty (plaids de Doudeauville) ; 1415, Ansélot Patyc, mercier à Boulogne (Arch. de Boul., Comptes de la Ville, arch. Parenty, p. 74).

1372 et vers 1385, à la mort de *Laurent II* dont les enfants étaient en bas-âge, elle fut confiée à *Pierre du Bos*, de la famille *de Fiennes* et à *Melchior Broerdlam* (1), peintre à Ypres que ses armes parlantes : un pain et un mouton semblent rattacher à cette famille *Mouton*, fieffée à Parenty même au XVI<sup>e</sup> siècle, et si célèbre à Boulogne. *Hugues de Boulogne* succéda bientôt d'ailleurs à ces intérimaires dans la charge de son père, qu'il transmit lui même à son fils *Vincent* et à ses descendants.

### Verriers et Carreliers.

A côté de peintres tels que *Michel Lescot* en 1312, *Jean de Fiennes*, en 1315, je citerai le verrier *Nicolas le Maire* et les carreliers *Colart* et *Jean de Hesdin* dit *le Voleur*. Tous ces noms, si connus en Artois et Boulonnais, confirment mon hypothèse.

### Haut-liciers.

Je m'étais demandé si *Jean de Bruges*, le peintre du roi *Charles V*, un haut-licier puisqu'il composa les cartons des tapisseries de l'Apocalypse à Angers, un artiste de Hesdin puisqu'il y repeint en 1373 les litières de la comtesse d'Artois, ne se rattachait pas à la patrie française. Et voilà que M. *Roger-Rodière*, en sa savante épigraphie du canton d'Hucqueliers, vient de relever les armes de la famille *de Bruges* sur la stalle seigneuriale de la petite église de Zoteux. *Jean de Bruges* était donc fieffé à Zoteux, c'est-à-dire à Parenty, il y résidait peut-être (2).

*Jean Prevost*, barbier de *Jean sans Peur* et garde de ses

---

(1) 1387-1389, Melcior, pointre de Monseigneur, demourant à Hesdin (Archives du Nord, Comptes du bailliage de Hesdin, nombreuses pièces).

(2) Nord B, 2060, 8 avril 1465. Jean Destailleur mari et bail d'Antoinette de Bruges et Georges de Bruges touchent la pension de 40 l. accordée par le duc de Bourgogne aux enfants de défunt Jean de Bruges, leur père. Les Destailleurs, famille maiorale de Boulogne, descendants ou tout au moins héritiers de Henri le Grand, maître

tapisseries (1) possédait en 1406 une maison à Boulogne où il avait épousé *Jeanne Widecoq* ou *Willecot* (2). Les tapissiers de Tournai, ses contemporains, se faisaient appeler *Prevost de Parenty* ou *de Parentin* (3). *Jacques Parent* (4) lui succéda comme barbier de *Philippe le Bon*. Je passe sur d'autres tapissiers tels que *Henri le Grand* en 1330 et *Jean de Heuchin* en 1384 qui portent les armes de Fiennes, et j'en arrive à *Simon de Parenty* (5) frère de l'abbé *Thomas de Parenty*, aide de la Tapisserie de l'empereur *Charles-Quint* qui dirigea dans les ateliers du haut-licier *Pannemaker* à Bruxelles, la confection des tapisseries de la « Conquête de Tunis » et de l' « Histoire d'Esther » (6) destinées à l'Escurial et dont une magnifique réplique « Esther devant Assuérus » constitue le joyau du musée de Lille.

tailleur de la comtesse d'Artois en 1330 (*), possédèrent la seigneurie de Questrecque dont, en 1488, Jean de Parenty tenait le fief de Lubecque, ils avaient, dès 1377, des représentants à Lille. Jean Destailleur, chasublier (Ch. Dehaisne, pp. 175, 448, 477, 502, 506, 507, 556).

Le maître Jean Van Eike, successeur de Jean de Bruges, trouverait un homonyme dans la même région en Jean du Quesne dit Bourgois, vassal de Tingri en 1458.

En tous cas, on voit que les descendants authentiques de Jean de Bruges habitent encore le Boulonnais.

(1) Arch. du Nord, B 1601, f° 18, 24 janvier 14.. transcrit le 5 juin 1413.

(2) Arch. de Boulogne, n° 363.

(3) Archives de Tournai, relevées pour moi par le *comte P.-A. du Chastel de la Howarderie*.

(4) Arch. du Nord, B 1439, B 1991, etc. 12 novembre 1439 6 mai 1446, arch. de la famille *Parenty*, p. 63.

(5) Nord, B 2424, t. v. de l'invent, B 3339, B 2528, B 3508 — de 1541 à 1558. Arch. de la fam. *Parenty*, p. 103.

(6) Nord, B 3508. Tapisseries représentant la conquête du royaume de Tunis (J. Houdoy, Lille, Danel, 1873).

(*) En 1445, je trouve à la cour de Philippe-le-Bon (Nord B 1991) les valets de chambre Jacques Parent barbier, Jean Parentin orfèvre, Guillaume Paritan tailleur (M. le Grand) ; en 1483, à Questrecques : Guillaume de Parenty. Enfin, avant 1400, à Tournai : Guillaume le Prevost dit de Parenty tapissier (Arch. de Tournai).

## Merciers et Orfèvres.

De nombreux merciers et orfèvres des cours de Flandre. Artois et Bourgogne, sortent d'Artois et Boulonnais, parmi lesquels je citerai maistre *Dœdes* ou *Dodon*, orfèvre et barbier du comte de Flandre en 1271, *Thibault de Dommartin*, valet de chambre, orfèvre du roi de France et de la comtesse d'Artois de 1300 à 1306, *Robert Parent*, barbier d'Artois, *Robert Parentin* ou *Puetin* (1), orfèvre et valet de chambre du duc de Bourgogne en 1384. *Robert du Val*, orfèvre en 1391 (2), *Julien de Parenty* (3), *Pierre le Camus* et *Thomas de Parenty* (4), se succédant tous trois de 1496 à 1538 en la charge de mercier de la cour des Pays-Bas, enfin *Anne de Parenty*, fille du tapissier *Simon de Parenty*, garde-joyaux de *Charles-Quint* et de *Philippe II* (5).

## Maîtres chanteurs.

*Josquin des Prés* (6) et son ami *Molinet* (7), *Jean Mou-*

---

(1) Chan. *Dehaisne*, Hist. de l'art dans les Flandres, pp. 487, 606, 608, 635, pièces.

(2) Arch. de la Côte d'Or, B 1486, fol. 3.

(3) *Gœtals*, Miroir généalogique des familles de Belgique, p. 831. — Arch. du Nord, Chambre des Comptes, portefeuille aux lettres-missives du XVe siècle. J'ai trouvé là à la date de 1496 le curieux brevet de mercier accordé par *Marguerite de Bourgogne* à *Julien de Parentin. Parentin* diminutif de *Parenty*, était porté par l'aîné des enfants quand son père vivait. Au XVIe siècle, Julien, Seigr du Rot, fief à Parenty. Le rot est la pièce du métier qui porte la lisse et soutient la chaîne du tissu.

(4) Arch. du Nord, B 3357, fol. 83 ro — B 3359, fo 261, vo, etc. — Arch. de la fam. *Parenty*, p. 101.

(5) 30 janvier 1573, Nord, B 2625, Arch. *Parenty*, p. 105.

(6) Grands musiciens du Nord par *F. de Mesnil*, Paris, Baudoux, 1897. — Le Sr *de Pray*, chevalier de Ponthieu, sans bannière porte de sable au lion d'argent, billeté de même. (Don Grenier, Eug. Rosny, p. 1180). *Bournonville*, Sr *de Pres* porte les mêmes armes.

(7) Les œuvres musicales de *Molinet* sont placées dans la même collection où figurent celles de *Josquin de Pres*. Harmonice musices odhecaton, ottavio Petrucci Fossembrone à Venise.

*ton* (1), *de la Barre* (2), créateurs de l'école flamande de musique sont aussi des membres de la corporation des artistes de Hesdin (3).

## Médecins.

Après les arts il me faudrait parler des sciences et des industries diverses sur lesquelles le château d'Hesdin exerça une influence souveraine. Parmi les médecins et chirurgiens des cours de Bourgogne et de France et depuis S$^t$ Louis, je citerai : *Pierre Dudon* (4), *Jean Podevin, Jean Pitard, Guillaume le Bourgeois* (5), *Thomas de Hesdin* (6), *Thomas de Boulogne, Jean de Hermaville, Eustache Caieu*

---

(1) Est-ce un descendant du peintre Broerdlam à Mouton ?

(2) De la Barre, S$^r$ de Boisjulien, fieffé à Parenty.

(3) Les archives du Nord et du Pas-de-Calais nous offrent d'autres curieux rapprochements entre l' « indiciaire » Molinet d'une part et d'autre part Josquin de Près, prevost du chapitre de Condé-sur-l'Escaut, dont faisait partie le chanoine Augustin le Maire, propre fils de Molinet. Jean de Pary dit Perreal que l'on tend parfois à identifier au peintre le maître de Molin, Michel Colombo le sculpteur, ces deux derniers architecte et sculpteur du tombeau de Philibert de Savoie à Bron, sous la direction de Molinet, leur ami certainement, leur parent sans doute.

Le nom de Pary abonde dans les archives du Boulonnais. Le 1$^{er}$ janvier 1649, Jean Pary signe les registres de catholicité de Wimille ; et dès la construction du château de Hesdin, il y eut un peintre, Mikael de Boulogne, chargé de peindre les angelos et les colombes de la chapelle, un Michel Ange et un Michel Colombo en fonctions et ces titres se perpétuèrent dans la même famille.

(4) Ces personnages peuvent être fort complètement connus par les Cartulaires de l'Université de Paris, *Henri Denifle* et *Emile Chatelain*, 1894, et par les Commentaires de la Faculté de médecine de Paris, dont j'ai compulsé les originaux à la bibliothèque de la Faculté de médecine de Paris.

(5) Arch. du Nord, B 3371, *Guillaume le Bourgeois*, physicien du duc en 1477.

(6) En 1397, Jean de Huesdaing, physicien du duc de Bourgogne. (Nord, B 1266, 1860, arch. Parenty, p. 336).

(*Calculi*), Pierre Droconne, Jacques Saquespée (1), *Michel Goullet, Jacques de Partibus* ou *Desparts* (des *Parenty* de Tournai), *Enguerrand de Parenty*, fieffé à Hourecq, ces deux derniers tour à tour premier médecin des rois *Charles VII et Louis XI* (2), recteurs de l'Université de Paris et créateurs incontestés de la renaissance médicale française, et jusqu'au célèbre *Maréchal*, premier médecin de *Louis XIV*. Tous semblent procéder de Hesdin, où la comtesse *Mahaut* avait établi l'hospice général d'Artois, mais aussi des barbiers d'Artois exerçant leur carrière de dévouement dans les ombreuses léproseries ou Bougeteries (3) de Desvres et de Selles, sur les terres vassales de Monseigneur *de Manneville*, Boutillier du Boulonnais. En 1419 ces barbiers avaient encore pour chef *Jacquemars de Parenty*, le Pareur, Sg$^r$ de la Bougeterie et prevost de la carité N.-D. à Desvres (4).

### Artilleurs.

En temps de guerre les artistes, avons-nous dit, passaient de la construction des engins plaisants à celle des engins de guerre : arbalètes, cordes, arquebuses et canons. La maîtrise des artilleurs de France et de Bourgogne leur

---

(1) Ce nom de *Saquespée*, fort connu à Arras, mais dont le fief est à Selles, appartient au médecin du duc de Bourgogne, maître de *Jacques de Partibus* et d'*Enguerrand de Parenty* qui lui succédèrent en cette charge. *Enguerrand de Parenty* eut lui-même pour disciple *Pierre du Hamel*, son voisin de campagne qui fut recteur à son tour. Hourecq et le Hamel se touchent près de Carly.

(2) Le véritable nom du célèbre Olivier le Daim, barbier de Louis XI, devait être Olivier de Hesdin, ce nom de Hesdin, figure sans interruption, depuis St-Louis, parmi les barbiers et chirurgiens des rois de France et des ducs de Bourgogne.

(3) De bolgia, bouge, fosse des lépreux.

(4) 1406. Archives de Boul. soc. acad. t. VII. — 12 nov. 1419, Arch. du Nord B 1922 n° 40; le sceau de cette pièce a malheureusement disparu, il donnerait les armes *Parenty*. Le nom de Jehenne Corbillonne, femme de ce Jacques de Parenty, se confère à Jean Beauvarlet con dit de Corbie, peintre et architecte en 1379.

appartient avec *Guillaume du Molin de Boulogne* (1) en 1338 et *Guillaume le Bourgeois* (2) en 1430.

### Meuniers.

La meunerie féodale appartint également à ces *du Molin* et *le Bourgeois*, aux *de Boulogne* dit *le Camus* (3), aux *le Maire* du Molinet d'où sortent *Jeanne de Presles* (4), mère du *Grand-Batard* et l'historien *Molinet*, aux *le Maire* de Fourmanoir qui fournirent à Charles-Quint son maître de chapelle, le chanoine Gilles de Fourmanoir (1511), En dehors des moulins « turquois », moulins à vent, conquête des croisades, d'innombrables rigoles sillonnaient la campagne accidentée du Boulonnais, alimentaient les biefs des moulins où l'on écrasait la farine, où l'on foulait aussi les draps de la région, voire ceux des plaines de Flandre. La « houille blanche » abondait alors au milieu des forêts, et le pouvoir en tirait un merveilleux parti.

### Les vassaux du Comte de S$^t$-Pol, à Tingri.

Au XIV$^e$ siècle l'infortuné Connétable *Robert de Fiennes*, ce prisonnier légendaire, transmit ses biens à sa nièce Mahaut de Chastillon, épouse de *Gui de Luxembourg S$^t$ Pol*. La bibliothèque de Boulogne vient d'acquérir le Compte

---

(1) 1380. *Tassart Molin*, charpentier d'Yolande de Cassel. — 1477, *Tassart du Molin*, maréchal heredital de Boullenois. En son testament de 1553 *Robert de Parenty*, héroïque échevin de Boulogne, mentionne *Antoine du Molin* « mon nepveu ».

(2). Ces *le Bourgeois* ou *le Bourgeois* dit *de Parenty* comme on les appelait à Tournai en 1347 et 1354, se confèrent à *Guillaume Bourgeois*, physicien du duc de Bourgogne, en 1411 (Arch. du Nord B 1391, 1600, 3371) à *Jean Bourgois*, écuyer de cuisine du duc, le servant à table en 1411 et 1419 ; à *Jean Bourgois*, chapelain du comte d'Artois au chastel de Hesdin en 1293 (Nord) B. 1593, Arch. Parenty p. 66.

(3) Camerarius Cambier, valet de chambre barbier.

(4) Archives de la fam. Parenty, p. 82.

« *de la Broye* » en 1458, des vassaux de la principauté de Tingri provenant de cet héritage. Cette seigneurie dont le centre géographique est le village de Parenty, placé entre la Chatellenie de Tingry et la forteresse d'Hucqueliers, centres civil et militaire, avait été naguère confisquée à l'archevêque de Thérouanne pour collusion avec l'Angleterre et restituée en 1451 par le duc *de Bourgogne* à son cousin, le comte *de S*$^t$*-Pol*, neveu de l'évêque.

A la tête de ces vassaux du comte *de S*$^t$ *Pol*, le duc *Philippe le Bon* doit payer « un sanglier et un chierf cachiés et prins en la forêt d'Hesdigneul, et Jacques Boulogne « carrie de son car et de ses chevaux les blanques pierres » destinées à reconstruire le chastel d'Hucquelier. L'ensemble des autres noms et prénoms définit le cortège des artistes du Chastel de Hesdin, des maîtres les plus illustres de cette renaissance flamande que, je l'espère, quelques-uns d'entre vous voudront appeler aussi la « renaissance d'Artois et Boulenois » (1).

(1) Je présente ici l'esquisse très écourtée et malheureusement fort aride d'une étude importante en cours de publication, « Les origines de Monseigneur *Thomas de Parenty*, 72$^e$ abbé de l'abbaye de St-Vaast d'Arras.

## Caractères Français

### de l'Œuvre

## DU PEINTRE JEAN BELLEGAMBE

PAR

### M. LEVÉ

MESSIEURS,

Tous, certainement, vous avez conservé le souvenir de cette admirable Exposition de Bruges de 1902, qui fut une véritable apothéose du premier art Flamand.

Or là, figurèrent comme Flamandes, des œuvres incontestablement françaises amenées là par la plus détestable routine, par la plus erronée des traditions.

N'était-ce pas un axiôme naguère encore, que la Peinture française datait du jour où François Ier appela en France Léonard de Vinci, le Primatice et le Rosso. Par suite, on classait comme flamande ou italienne, toute peinture antérieure, suivant qu'elle se rapprochait de l'une ou de l'autre de ces écoles. Le préjugé était si bien enraciné, que le savant qui a le plus étudié l'art de sa région, Mgr Dehaisne, a, par un véritable tour de force, rattaché à l'école flamande les peintures si françaises de l'évêché d'Amiens !

C'était la mode de rejeter en bloc toutes les productions artistiques de notre glorieux moyen-âge. Ce sera la gloire du XIX⁰ siècle d'avoir réhabilité et notre architecture, et notre sculpture, et notre littérature nationales. Je ne doute pas que le XX⁰, s'associant à ce mouvement, ne remette promptement notre peinture à la place d'honneur qui lui est due.

L'Exposition de Bruges, en nous montrant les œuvres françaises, systématiquement confondues avec les flamandes dans les collections publiques et privées, a convaincu beaucoup de ses visiteurs que c'était un devoir, pour les amis de l'art et de la vérité, de réétudier nos primitifs et de réviser leurs attributions.

Chacun a agi dans sa sphère propre, et quant à moi, j'ai été très spécialement frappé de voir partout, dans nos collections publiques, les œuvres du peintre douaisien, Bellegambe, classées dans l'école flamande, malgré leur incontestable caractère français. Je tentai une première revendication le 9 décembre 1902, devant la Commission historique du Nord, et le bienveillant accueil de mes collègues m'a engagé à reprendre cette thèse devant le Congrès.

Vous n'attendez pas ici la biographie du grand maître Douaisien de la fin du XV⁰ et du commencement du XVI⁰ siècle, ni même le catalogue de ses œuvres. Vous connaissez au moins les principales, qui ornent les collections de Lille et de Douai, et vous avez d'ailleurs ici, à la cathédrale, deux tableaux des meilleurs que ce maître ait produits.

Mon rôle, plus modeste, se borne à étudier avec vous les caractères de son œuvre et à vous montrer en quoi elle se distingue des œuvres Flamandes.

Bien entendu nous ne pouvons rencontrer ici ces différences profondes qui séparent des œuvres nées sous des influences absolument opposées : telles, par exemple, que celles qui existent entre les œuvres de Pérouse et de Bruges, d'Athènes du Japon.

De Douai à Bruges, à Tournai, il n'y a que quelques kilomètres, sans frontières naturelles entravant les communications. Ces villes sont flamandes, réunies sous la même autorité, mais avec cette circonstance que Douai avait avec la France, et spécialement avec Amiens, des relations très suivies.

On ne peut donc s'étonner de n'avoir pas à signaler d'oppositions violentes, mais seulement des nuances dont vous reconnaîtrez, je pense, l'importance.

Quels sont les principaux caractères de l'art flamand ?

D'abord son caractère réaliste, son étude de la nature soutenue par ce dessin très ferme, qui souligne tous les contours, les accidents du modèle, amoureux des détails les plus minutieux et les mettant en relief, au risque d'exagérer leur importance ; nous donnant ainsi en pleine valeur de véritables minuties, des plis d'étoffe, des dessins d'ornement. Puis il y a la couleur flamande, caractérisée par ses tons francs, aussi vifs que la composition chimique a pu les produire sans qu'un mélange vienne en rompre l'éclat parfois un peu brutal.

Retrouvons-nous ces caractères dans Bellegambe ? Assurément non.

L'étude de la nature n'y a pas la même intensité, la même affectation de réalisme, elle n'apparaît que comme moyen d'expression, comme manifestation de la vie humaine, et cela est d'autant plus remarquable que ses personnages doivent se diviser en deux catégories distinctes.

D'une part, les portraits, qui nécessitent avant tout la reproduction exacte du modèle, et la ressemblance parfaite.

C'est la partie forcément la plus flamande de son œuvre, encore son dessin manque-t-il de la vigueur, de la fermeté propre à cette école, il ne souligne pas les détails, les particularités du modèle. Il ne copie que l'essentiel.

Et si nous arrivons à la seconde catégorie, aux personnages célestes, la séparation est profonde ; on sent que l'artiste s'éloigne de tout modèle, et qu'il prend avec la réalité les plus grandes libertés.

Il ne manque jamais d'idéaliser ses figures, de les grandir, de leur donner des proportions élégantes qui rappellent les sculptures de la vie de St-Firmin à Amiens, les tableaux du Puys conservés à l'évêché ainsi que le parement de Narbonne au Louvre.

Ce sont bien les mêmes personnages allongés, gracieux, qui vont caractériser, avec Jean Goujon notamment, un des types de notre renaissance française.

Ce choix des personnages, cette recherche d'une manière plus élégante, d'attitudes gracieuses démontre un souci de la composition que les Flamands ont généralement ignoré. Bellegambe triomphe en cela, mais ses efforts, il faut le reconnaître, ne sont pas toujours heureux, ils ont parfois abouti à la mièvrerie, et à l'afféterie : ainsi ces têtes vues d'en bas ou penchées en arrière sans raison, ces attitudes contournées et disgracieuses des grisailles de Douai (S$^{te}$-Anne et S$^t$-Joachim) un ange du *Bain* (volet de gauche) et surtout ses christs émaciés sans forme et sans caractère.

La couleur de Bellegambe, parfois si brillante, notamment dans le *Bain mystique* de Lille, qui a conservé son éclat primitif, diffère sensiblement de celle des maîtres flamands.

Tandis que ces derniers n'emploient d'ordinaire que des tons purs, avec toute leur intensité, le maître de Douai a recouru à des tons habilement mélangés, rompus, très harmonieux, mais d'un éclat moins brutal.

Ici nous devons signaler les paysages toujours bleus, s'écartant ainsi de la vérité, pour nous donner une interprétation harmonieuse de la nature plutôt qu'une exacte reproduction.

Je dois faire encore remarquer les architectures de Bellegambe, si différentes dans leur élégance de celles des Flamands contemporains Lancelot Blondel, Jean Gossaert, etc., etc. Vous y trouvez l'influence italienne, modifiée, transformée par le génie qui devait donner à l'art la Renaissance française.

Mais pour revendiquer Bellegambe à notre profit, il ne suffit pas de constater qu'il se sépare des Flamands, il faut, en outre, le rattacher à nos œuvres certainement françaises.

Rien de plus facile. Je vous ai déjà dit l'affinité de son œuvre avec la légende de S$^t$ Firmin de la cathédrale d'Amiens, mais il y a encore les tableaux du Puys, conservés à l'évêché, qui, par leur dessin, leur composition, rappellent tant le maître de Douai. Mêmes procédés de composition, même recherche de l'élégance pour contribuer à l'effet d'ensemble.

La parenté de ces œuvres s'impose évidente, inéluctable ; et elle s'explique par une origine vraisemblablement commune. Non seulement Douai avait des relations très suivies avec Amiens, mais Bellegambe avait dans cette ville de la famille ; comment, après avoir étudié son œuvre, ne pas admettre qu'il ait trouvé à Amiens ses premières leçons et son initiation à l'art qu'il devait illustrer.

On a remarqué encore que Bellegambe nous représentait presque toujours des personnages aux yeux voilés par une paupière abaissée ; ce caractère se retrouve chez le maître de Moulins, avec une persistance que dénote spécialement l'Exposition des Primitifs Français au Louvre.

N'est-ce pas un nouveau signe de famille ? Le caractère français de notre peintre et ses analogies sont si frappants que, tout en classant Bellegambe parmi les Flamands, Mgr Dehaisne lui a attribué une place à part dans cette école, et l'a présenté comme le trait d'union avec l'école française. Il a signalé avec raison certaines figures plus caractéristiques, qui lui semblaient contredire son classement. Ainsi, le St-Jean du polyptique d'Anchin, les anges si gracieux de la cathédrale d'Arras, la foi, la femme se déshabillant du *Bain mystique*.

On pourrait en signaler bien d'autres, spécialement les anges du polyptique d'Anchin.

Mais j'espère, Messieurs, vous avoir démontré que Bellegambe se sépare trop des Flamands pour être considéré comme un simple trait d'union entre deux écoles ; qu'il faut le rattacher nettement à l'école française.

Je regrette de n'avoir pas eu les œuvres de Bellegambe à

vous montrer, pour donner à ma démonstration toute sa puissance : impossible d'entrer dans les détails, d'insister sur les petits incidents d'un tableau, si caractéristiques soient-ils. J'ai dû rester dans les généralités, que connaissent tous ceux qui ont étudié Bellegambe. D'ailleurs, vous me permettrez de le dire, cette thèse, qui avait son originalité et sa hardiesse quand je l'ai produite, en 1902, devant la Commission historique du Nord et peut-être encore quand je me suis fait inscrire pour le Congrès a, depuis, perdu de son intérêt.

De plus autorisés s'en sont fait les champions, notamment M. le Directeur des Beaux-Arts. Le *Bain mystique*, de Lille, occupe actuellement une place d'honneur à l'Exposition de nos Primitifs Français, et malgré la mention *Ecole flamande* maintenue sur le cadre, le public lui fait fête, comme à une des œuvres répondant le mieux à notre génie français.

Je voudrais voir le Congrès s'associer à ce mouvement d'opinion et lui apporter le concours de sa haute autorité.

UN COLLABORATEUR OUBLIÉ DE DUMONT D'URVILLE

## LE LIEUTENANT DE VAISSEAU MARESCOT-DUTHILLEUL

né à Boulogne-sur-Mer (1809), mort à bord de
l'Astrolabe (1839).

## NOTICE BIOGRAPHIQUE

par M. E. T. HAMY, membre de l'Institut

I

Parmi les nombreux étrangers qu'avait attirés à Boulogne la concentration de la Flotille et de la Grande-Armée, figurait un jeune Normand, originaire de Caen, où il était né le 6 juillet 1772 et répondant aux noms de Auguste Marescot Duthilleul (1). Un proche parent, le général de division Marescot, premier inspecteur général du génie, l'avait placé à titre de secrétaire auprès du sieur Arcabal, commissaire ordonnateur de l'armée.

C'était une nature ardente et sympathique ; il se fit aimer d'une jeune et jolie Boulonnaise, d'une famille de la Haute-

---

(1) Ces Marescot de Caen, aussi bien que ceux de Carcassonne, se réclamaient d'une origine italienne. Ils descendaient, croyaient-ils, d'une famille Marescoti attachée aux Guelfes et passée en France. Michel Marescot, né à Vimoutier, dans le diocèse de Lisieux (10 août 1539) avait été l'un des maîtres du célèbre historien De Thou et médecin de Henri IV qui l'avait anobli. Sa vie a été écrite par Papyrius Masson.

Ville et l'ayant rendue mère, il s'empressa de l'épouser (1). Trois enfant sont issus de cette union : la fille ainsi légitimée, Alexandrine-Augustine-Victoire, née le 5 octobre 1805, et deux garçons, Augustin-Philippe-Adolphe, né le 12 février 1807 et Jacques-Marie-Eugène, né le 26 octobre 1809. Ce dernier est le brillant officier de vaisseau auquel est consacrée la courte notice que l'on va lire (2).

## II

L'enfance d'Eugène Marescot s'est passée dans sa famille maternelle. Arcabal a quitté Boulogne avec la Grande

(1) Marie-Anne-Antoinette Forestier, qui demeure en octobre 1805 rue de la Providence avec sa mère, est née à Boulogne le 21 mai 1781 d'Antoine-Benoît-Maxime-Sébastien, décédé en cette même commune le 28 floréal an XI et de Marie-Anne-Charlotte-Victoire Dusommerard, qui vit encore au moment du mariage de sa fille en 1806. Son frère, Charles-Antoine-Louis-Marie est marchand-brasseur à Boulogne.

Marescot-Duthilleul avait pour père et pour mère Augustin Marescot-Duthilleul et Marie-Catherine Senteigne. Un oncle paternel, aussi de Caen, qui intervient dans un des actes que j'ai consultés, porte le nom de Marescot de Prémare.

(2) Voici l'acte de naissance de Jacques-Marie-Eugène Marescot-Duthilleul.

« L'an mil huit cent neuf et le vingt-sept octobre à onze heures du matin, par devant nous soussigné, adjoint délégué du maire de la ville de Boulogne-sur-Mer est comparu le sieur Jacques-Marie-Antoine Marescot de Prémare, vivant de son bien, demeurant à Caen, oncle paternel du ci-après dénommé et âgé de soixante-six ans, lequel nous a présenté un enfant du sexe masculin, né le jour d'hier à trois heures après-midi, du sieur Jean-Augustin Marescot-Duthilleul, capitaine des grenadiers du premier bataillon de la troisième légion du Pas-de-Calais, âgé de trente-sept ans et de dame Marie-Anne-Antoinette-Alexandrine Forestier, son épouse, et auquel enfant il déclare donner les prénoms de Jacques-Marie-Eugène. Dont acte fait en présence du Sr Charles-Antoine-Louis-Marie Forestier, marchand en cette ville, âgé de vingt-sept ans et oncle maternel de l'enfant et Damaye, employé des vivres en cette ville, âgé de vingt-sept ans, ami des père et mère de l'enfant. Après lecture comparant et témoins ont signé : *Marescot, Forestier, Damaye, Lorgnier*, adjoint.

Armée, et son secrétaire, entré dans la troisième légion du Pas-de-Calais, y est rapidement devenu capitaine de grenadiers ; mobilisé à diverses reprises, il a fait notamment l'expédition de Walcheren.

L'enfant aime la mer, et déclare qu'il veut être marin, mais sa santé est délicate et ses parents s'efforcent d'abord de combattre cette vocation.

On se décide pourtant à le faire entrer, à quatorze ans, au collège Henri IV où il se prépare à l'Ecole navale ; il est en cinquième à la fin de 1823 et en 1825-26 il suit tout à la fois la *classe supplémentaire de phi'osophie* et celle de *mathématiques élémentaires*. Il obtient à deux reprises le prix unique en philosophie et des nominations en mathématiques et en dessin d'académie (1).

Marescot est entré le 12 novembre 1826 au collège de la Marine, à Angoulême et l'année suivante il est élève de seconde classe (7 octobre) sur le vaisseau d'instruction l'*Orion* (16 novembre 1827) (2).

« A bord du vaisseau, dit son biographe (3), il ne tarda pas à être distingué de ses chefs et chéri de ses camarades; il était si studieux, d'un caractère si bon, si doux ! Marescot était d'une petite taille, mais parfaitement prise. Ses longs cheveux noirs bouclés, ses yeux grands et bien fendus, d'un beau bleu d'azur, donnaient à sa physionomie un air de

---

(1) Je tiens ces renseignements de M. Edon, l'historiographe du lycée Henri IV, par l'obligeant intermédiaire de M. Dussouchet.

(2) Ces renseignements et ceux qui suivent sur les campagnes et les services d'Eugène Marescot-Duthilleul sont empruntés aux Registres matricules et autres documents officiels conservés au Ministère de la Marine.

(3) [Barlatier-Demas] *Eugène Marescot du Thilleul (Voyage au Pôle sud et dans l'Océanie sur les corvettes* l'Astrolabe *et* la Zélée *exécuté par ordre du Roi pendant les années 1837-1838-1839-1840 sous le commandement de M. J. Dumont-d'Urville. Historique du Voyage.* t. VIII. *Biographies,* p. 363-372).

douceur à travers laquelle en eût difficilement reconnu l'aventureux, l'intrépide marin.

« Ce fut à bord de l'*Orion*, continue Barlatier, que commença ma liaison avec Marescot. Hélas ! je ne me doutais pas alors que quinze ans après j'attacherais moi-même deux boulets aux pieds de mon pauvre camarade pour le lancer aux requins du Grand Océan.

« Nous suivions avec ardeur nos études, lorsqu'un jour, au milieu d'une de nos classes, nous entendons avec surprise les tambours battre aux champs et nous appeler à nos pièces.

« Il venait de se passer un sublime, un héroïque fait d'armes ; notre brave commandant, des larmes dans la voix et les yeux, brillant d'enthousiasme, voulait nous en faire part et exciter ainsi nos jeunes courages.

« Honneur à la marine française, s'écria le commandant. Un brave officier, Bisson, pris à l'abordage par des bandes de pirates grecs, n'a pas voulu que le drapeau de France fût souillé par de pareils coquins, il a lui-même mis le feu aux poudres et a fait sauter l'ennemi avec lui. C'est un noble exemple, mes enfants; et je ne doute pas qu'en pareille circonstance vous n'en fassiez autant ! »

« J'étais à côté de Marescot, continue Barlatier, son cœur battait à briser sa poitrine, ses yeux étincelaient. Le lendemain, notre professeur de littérature, M. Mathias, nous lut une charmante pièce de vers sans vouloir nous nommer l'auteur ; elle était de Marescot. »

L'époque des examens arriva. Marescot, classé dans un très bon rang, était bientôt après embarqué sur la frégate *la Vénus,* qui se rendait dans la Méditerranée (14 septembre 1828). Le 1er janvier suivant il passait sur la *Victorieuse* et prenait part à une rude campagne de blocus dans les eaux algériennes. Il montait à la fin de la même année (15 décembre) le vaisseau de 80 le *Breslau* et débarquait à Sidi-Ferruch avec le corps de marins chargé de la garde du camp retranché établi sur cette plage désormais célèbre. La dysenterie fit bientôt de terribles ravages, et Marescot, atteint l'un des premiers, demeura néanmoins à son poste. « En face de l'ennemi, disait-il à son ami qui lui conseillait le repos, je ne reconnais qu'une maladie, c'est une balle dans la poitrine. »

Rappelé à bord, il prenait part le 5 juillet 1830 au bombardement d'Alger et Maillard de Liscourt, son commandant, lui donnait *les notes les plus brillantes*.

De retour en France, après l'expédition, Marescot est nommé sur la frégate l'*Artémise* (3 octobre 1830) qui fait le service entre Toulon et la côte d'Afrique. Puis le 14 avril 1831 il réussit à se faire embarquer à bord de la flûte la *Didon* avec laquelle il prenait part à la campagne contre Don Miguel. « Le 19 juin 1831, dit son biographe (1), l'expédition, sous les ordres du contre amiral Hugon fit voile pour le Portugal ; le 2 juillet elle ralliait à l'embouchure du Tage l'escadre de blocus du contre-amiral Roussin, qui prit le commandement des forces réunies. Le 11 à onze heures et demie, le signal du branle-bas de combat montait au mât d'artimon du vaisseau amiral *Suffren* et à midi, les vaisseaux de tête engageaient vivement le feu avec les forts de la passe. A cinq heures nous étions maîtres du fleuve ; la flotte portugaise était en notre pouvoir et nos vaisseaux embossés à portée de fusil de la ville, menaçant de l'anéantir, si prompte satisfaction n'était donnée ; elle ne se fit pas attendre ..

« Dans cette brillante affaire, Marescot fit preuve d'un courage et d'une énergie au dessus de toute éloge ». Le brave Chateauville (2) l'en complimenta devant l'équipage assemblé et « demanda pour lui le grade de lieutenant de frégate. » A cette époque l'avancement des élèves ne se faisait qu'à l'ancienneté et Marescot fut promu à son tour à la fin de janvier 1832.

(1) *Ibid*, p. 366.
(2) Le commandant de la *Didon*.

La frégate revint à Toulon ; elle paraissait destinée à demeurer en réserve et impatient de reprendre la mer, Marescot embarquait dès le 19 octobre 1831 sur la gabare l'*Astrolabe* envoyée à Navarin. Rentré le 18 décembre à Toulon, il passe sur la goëlette la *Daphné* comme second du lieutenant de vaisseau Fréart (8 février 1832).

« Le 8 avril 1832, la goëlette était mouillée sur la rade de
« Mers-el-Kelbir ; la mer, fouettée par un fort coup de vent
« du sud-est était affreuse ; un bâtiment du commerce, la
« *Mathilde*, chassait sur ses ancres et dérivait vers la côte
« garnie de Bédouins, qui attendaient les naufragés, le
« fusil et le yatagan à la main. La mer était trop grosse
« pour qu'il fût possible de porter une ancre ; chacun à bord
« suivait le malheureux navire avec angoisse ; enfin il
« s'arrête sur un haut fond, talonne et se broie. Entre deux
« dangers affreux, celui du yatagan des Arabes et celui de
« la lame, l'équipage n'hésite pas. Tous se jettent à la mer.
« Le ciel est en feu ; à la lueur des éclairs, les Bédouins
« tirent sur les malheureux qui reviennent sur l'eau ..
« Devant cet horrible spectacle, Marescot ne se contient
« plus ; il les arrachera à la mort ou il périra avec eux.
« Avec quelques matelots dévoués, il saute dans un canot,
« et malgré la mer, qui deux fois remplit sa faible embar-
« cation. malgré le feu des Bédouins, qui déjà calculent le
« nombre de têtes qu'ils auront à couper, il sauve tous les
« naufragés et les ramène à bord de la goëlette, où des soins
« de toute espèce leur sont bien vite prodigués (1). »

Un rapport sur cet admirable exemple de courage et de dévouement est adressé au Ministère par Missiessy, qui commande la station navale d'Orient et peu après, Marescot, glorifié par ses chefs, obtient un congé qu'il vient passer dans sa famille qu'il n'a pas revue depuis cinq ans..... Il était à la mer depuis 1827.

(1) Barlatier-Demas, *Ibid.*, p. 967,

Les années suivantes, il est successivement employé sur le brick le *Hussard* (10 avril 1833), le vapeur le *Souffleur* (20 avril 1833) et le cutter le *Goëland* (4 août 1834). Mais, lassé de courir en tous sens la Méditerranée et désireux de visiter d'autres mers, il s'est fait embarquer le 1er novembre 1834 sur la corvette de charge l'*Oise*, chargée de conduire à son poste le marquis de St-Simon, nommé gouverneur de nos possessions dans l'Inde.

L'*Oise* toucha à Ténériffe, à Rio-Janeiro, à Bourbon, à Pondichéry enfin, où Marescot fut rudement éprouvé par le climat. C'était de nouveau ce terrible mal dont il avait déjà souffert en Afrique et qui devait un jour l'emporter au cours d'une croisière lointaine.

« La maladie fit de si rapides progrès, dit Barlatier, que l'on craignit pour ses jours, mais grâce aux soins éclairés et fraternels que lui prodigua M. Revallon, le chirurgien-major de l'*Oise*, Marescot fut bientôt sur pied et put reprendre son service à bord de la corvette avant son arrivée en France. A la fin de 1835 l'*Oise* rentrait au port.

Marescot passa alors sur l'*Egérie*, qui le ramena dans la Méditerranée et fit à bord de ce bâtiment plusieurs campagnes sur les côtes d'Espagne et d'Afrique (1). »

Comme sa santé laissait encore à désirer, il obtint à la suite de cette dernière campagne un nouveau congé de trois mois (février-juin 1837) et il était auprès des siens lorsqu'il apprit que Dumont d'Urville préparait une expédition autour du monde, qui devait partir en septembre.

Dumont d'Urville était assailli de demandes; tous les officiers voulaient accompagner l'illustre navigateur dans cette grandiose exploration. « L'état-major des deux corvettes (l'*Astrolabe* et *la Zélée*) était déjà presque au complet, écrit Barlatier, j'avais eu l'honneur d'être agréé par M. D'Urville;

---

(1) « 1er mars 1836. Toulon, côtes d'Espagne et Algérie. Débarqué à Toulon le 1er février 1837. » *(Reg. matr.)*.

j'en parlai à Marescot, je le trouvai enthousiasmé du voyage que j'allais entreprendre : une campagne comme celle-là avait été le rêve de toute sa vie. En vain je lui objectai que sa santé, à peine rétablie, ne résisterait pas aux privations, aux misères de toute espèce qui accompagnent un voyage de découverte à travers les glaces du pôle austral. Sa décision était fermement arrêtée. Marescot était un excellent officier. M. d'Urville accueillit sa demande avec empressement (1);

« Nous reçûmes bientôt l'ordre de nous rendre à Toulon. Au milieu des travaux toujours pénibles d'un armement, la santé de Marescot s'était fortifiée.

« Le 7 septembre 1837 nous étions sous voiles ; le soir, nous apercevions à peine à l'horizon les côtes de France ; nous les suivîmes des yeux jusqu'à ce que la nuit vint nous les cacher. Nous partions pour une campagne longue et périlleuse. De tous ces forts jeunes gens pleins d'ardeur et de vie, Dieu seul savait combien reverraient le port (2) et chacun de nous envoyait à son pays un dernier adieu...

« Hélas, je devais revenir seul, rapportant tout ce qui restait de mon pauvre camarade, une mèche de cheveux... »

### III

Le voyage autour du monde, auquel Eugène Marescot était ainsi admis à prendre part, allait mettre en valeur les aptitudes spéciales que ses maîtres de Henri IV signalaient déjà chez lui en 1825. Dès la classe de quatrième il figurait en effet, pour le dessin d'académie sur le *palmarès* du lycée, et en *élémentaire* c'étaient, tout à la fois, ses travaux de dessin et de mathématiques qu'on avait récompensés.

---

(1) « Embarqué sur la corvette *l'Astrolabe* le 13 juin 1837. Appareillé le 7 septembre 1837 pour un voyage d'exploration *(Reg. matr.)*.

(2) L'expédition a perdu en deux mois quatre membres de son état-major : Eugène Marescot, 30 ans ; Emile Gourdin, 29 ans ; Ernest Goupil, 26 ans ; Tony de Pavin de la Farge, 25 ans.

Il dessinait fort agréablement et dressait un plan avec adresse et précision. Dès l'arrivée de l'expédition dans les eaux de la Patagonie, le commandant mettait ses talents à l'épreuve en lui confiant le soin de lever dans le canot-major les baies de Cordes et de San-Miguel ; suivant l'expression même de d'Urville, Marescot remplit *honorablement* cette première mission (30 décembre 1837) (1).

Dans la suite (6 et 7 janvier 1838) il le chargea de sonder « malgré le gros temps » (2) l'entrée du Hâvre Peckett. Puis ce furent la baie de Nouka-Hiva, les abords de la Galera (Salomon) le port de l'Astrolabe, dont il lui fit exécuter les levés détaillés (3).

Il esquissait, entre temps, tantôt posément, tantôt aussi « à la dérobée et un peu au hasard » (4), les portraits de naturels des deux sexes, souvent *peu disposés à se laisser faire.* Il prenait ses crayons en arrivant dans chaque nouvel archipel visité par les corvettes françaises et il a accumulé ainsi tout un album océanien d'un réel intérêt. C'était une opération singulièrement délicate, avant l'invention de la photographie, que d'obtenir un portrait d'indigène suffisamment exact et bien rares furent les artistes embarqués dans les grands voyages d'exploration, qui réussirent à fixer d'une manière satisfaisante les traits des peuples sauvages avec lesquels ils entraient en contact. Les naturels ne se décident jamais qu'avec répugnance, et pour obtenir un présent, à se prêter à la reproduction de leur physionomie ; c'est bien souvent pour eux un acte redoutable, qui peut avoir pour résultat, chez quelques-uns, de les mettre dans la puissance de l'étranger qui a réussi à se procurer leur figure. Tous les effraie ; l'immobilité à laquelle on les condamne, le rôle

(1) *Hist. du voy.*, t i. p. 125 et 246.
(2) *Ibid.*, t. i, p. 161.
(3) *Ibid.*, t. iv, p. 19, t. v, p. 25, 29.
(4) *Ibid.*, t. i, p. 279.

mystérieux du dessinateur ou du peintre qui reproduit devant eux leurs traits ou leur couleur, l'aspect des accessoires inconnus qu'il emploie, etc., etc. Il prennent des airs hagards, ferment les yeux, se détournent quand ils ne cherchent pas à se soustraire par la fuite à la terrifiante opération dont on les a fait les complices.

D'autre part l'artiste lui-même, poursuivi par ses réminiscences d'Europe, est invinciblement conduit à donner aux sujets qu'il représente des contours qui lui sont familiers, et à imposer à ses images des aspects qui vont jusqu'à reproduire la physionomie nationale.

Un dessinateur anglais ou français, par exemple, donnera à ses sauvages des aspects, non seulement européens, mais encore anglais ou français. Les exemples abondent et le D$^r$ Boudin a mis jadis le phénomène en particulière évidence.

Eugène Marescot a souvent échappé à ces influences fâcheuses et dans quelques cas il a rencontré des sujets dociles, dont il a poussé les portraits de telle sorte qu'on peut vraiment, sans exagération, les qualifier d'*ethnographiques*. Kongré, par exemple, ce chef Patagon, dont il est longuement question dans l'*Histoire du voyage* et plusieurs autres individus de même race, vus au Hâvre-Peckett, au Port Elisabeth et (1), nous apparaissent sous le crayon fidèle de notre officier-artiste avec les caractères qu'on a tant de fois décrits chez les tribus australes de ce groupe ; le front oblique, le grand nez droit, les lèvres fortes, le menton rasé, l'œil légèrement bridé en dehors, les gros cheveux noirs et raides, etc., etc.

Dans toutes les escales de l'*Astrolabe*, du détroit de Magellan aux Moluques, Eugène Marescot a exécuté de même des portraits ou des paysages d'un dessin attentif et dont l'exactitude n'exclut pas l'intérêt artistique. Ses figures humaines ont nécessité parfois une exécution très-rapide,

---

(1) *Hist. du voy.*, t. i, p. 155, 279.

et ne sont alors que de simples esquisses rehaussées d'ombres légères. Mais lorsque l'artiste a pu pousser plus loin son travail, il a soigneusement modelé les têtes en combinant l'estompe et les hachures adoucies, et tel de ses portraits de Margarévien (Maboui-Koniké) ou de Taïtien supporterait avantageusement la comparaison avec les meilleures figures que l'on possède, aujourd'hui même, des naturels de ces deux archipels (1).

Je suis frappé de la sincérité avec laquelle Marescot a rendu les physionomies caractéristiques de quelques insulaires de Vavao ou de Levouka. Il n'était pas moins exact lorsqu'il crayonnait le détail d'une charpente ou d'une pirogue, ou une vue de village maritime des Tonga ou des Viti.

Marescot tenait en même temps un journal, auquel Dumont d'Urville a fait plus tard de notables emprunts. Les cinq premiers volumes de la *Relation historique* du *Voyage au Pôle-Sud* ne renferment pas moins de quarante-deux notes ou fragments, tirés de ce *journal de Marescot*. Ce sont des descriptions prises dans le détroit de Magellan (ascension au pic de King tout couvert de neige, traversée du Port Famine à la baie Galant, rencontre de Patagons, etc., etc). (2) ou des observations météorologiques variées (thermométrie, aspect de banquises, halo, ruines de glaces, avalanches etc.(3) C'est un mémoire écrit à Talcahuano sur la pêche à la baleine et les abus auxquels donnent lieu les primes depuis 1816 (4) ; c'est une étude historique et ethnographique sur les îles Gambier ou Mangareva (5). On y lit encore le récit pittoresque et bien conté de l'arrivée de l'expédition aux

---

(1) Cf. *Hist. du voy.* t. III, p. 418, etc.
(2) *Ibid.* t. II, p. 211, 222, 250, 249, 274, 297, 334, etc.
(3) *Ibid.* t. III, p. 285-294.
(4) *Ibid.* t. III, p. 429.
(5) *Ibid.* t. III, p. 447.

Marquises (1) ; quelques bonnes pages sur les Viti et sur Vanikoro où il accompagne D'Urville à la recherche des souvenirs de Lapérouse, des notes sur Periadik, sur Mindanao, sur Amboine (2), etc., etc.

Tout en levant ses plans et traçant ses dessins, Marescot faisait à bord de la corvette un excellent service et son illustre chef expose quelque part comment, étant de quart, il sauva l'*Astrolabe* au milieu des brisants où elle allait se perdre (3). Le 21 août 1839, il était promu lieutenant de vaisseau de 2e classe ; il ne devait porter que trois mois à peine les marques de son nouveau grade.

Sa santé, qui avait résisté à la dure navigation dans les glaces antarctiques, s'affaiblissait graduellement sous les tropiques. « Nous avions parcouru les deux tiers de notre longue course, dit Barlatier, mon pauvre camarade changeait à vue d'œil ; je le voyais dépérir sans se plaindre. Au milieu de ses souffrances, il était resté le même ; son caractère si égal et si doux n'avait pas changé.

« Le climat des Moluques le tuait. Nous arrivâmes à Samarang ; Marescot était dans un état de santé déplorable. Un bâtiment de commerce français allait partir pour la France, nous l'engageâmes tous vivement à en profiter. M. d'Urville, qui lui portait le plus grand intérêt, se joignit à nous. Il répugnait à Marescot de quitter l'expédition ; il allait cependant céder à nos instances, lorsque nous apprîmes que le commandant avait l'intention de tenter une seconde exploration dans les mers polaires. Désormais, nous ne pûmes rien obtenir : « Je veux être là, disait-il, pour partager vos dangers ; ce serait une lâcheté que de quitter la corvette ; et, du reste, les latitudes tempérées dans lesquelles nous allons bientôt entrer me remettront, j'en ai la conviction.

---

(1) *Ibid.* t. IV, p. 390, 404, t. V, p. 11, 287-291.
(2) *Ibid.* t. V, p. 309, 245, 382.
(3) *Hist. du voy.*, t. IV, p. 88.

« Nous quittâmes Samarang après dix jours de relâche : Marescot avait repris, nous étions tous pleins d'espoir ; nous en avions fini avec les terribles côtes des Moluques et des îles de la Sonde ; bientôt nous allions nous retrouver dans des latitudes plus saines.

« Le 10 octobre 1839 les corvettes étaient au mouillage au débarquement du détroit de la Sonde, devant un village de la côte de Sumatra. Nous étions tous à terre, lorsque trois coups de canon de l'*Astrolabe* vinrent nous rappeler. Nous crûmes d'abord à une attaque des naturels, et nous nous hâtâmes de regagner la plage ; elle était couverte de sauvages, mais calmes et inoffensifs. Nos canots nous attendaient, et en quelques coups d'avirons nous arrivâmes à bord.

« Le redoutable fléau qui nous menaçait depuis si longtemps (la dysenterie), venait de se déclarer à bord de nos pauvres corvettes. Le commandant, l'attribuant au mouillage que nous occupions, voulait le quitter sur le champ. Il était trop tard, nous emportions la contagion avec nous.

« Marescot fut atteint un des premiers ; ses forces étaient épuisées et la maladie eut bientôt fait chez lui de terribles ravages.

« Cependant les vents s'étaient établis au S.-E. grande brise ; ils nous poussaient avec une vitesse de 60 à 80 lieues par vingt-quatre heures. Le thermomètre était tombé de 15 et 20 degrés. Déjà nous avons atteint les latitudes tempérées; encore quelques jours de cette bonne brise, nous attrapions Hobart-Town. Là nous étions sauvés.

« Mais le vent tomba et nous restâmes en calme, ballottés par les longues houles du grand Océan. Le mal faisait des progrès effrayants. Au milieu de ses affreuses douleurs Marescot avait conservé toute la plénitude de son esprit ; il nous parlait de son père, de sa sœur chérie, de son frère qu'il aimait tant ; il nous disait combien leur douleur serait cruelle ; pour lui, il envisageait la mort avec calme...

Cependant sa jeunesse luttait, avec énergie, mais hélas! ce n'était que pour prolonger son agonie!... »

Sur ces entrefaites, un grain épouvantable assaille les navires. « Quelle nuit, mon Dieu, continue le narrateur, deux officiers, vingt matelots râlaient dans l'entrepont ; chaque coup de tangage, chaque lame qui déferle sur la corvette semble devoir nous enlever un de nos camarades! »

Au jour, Marescot est exténué, les violentes secousses de la nuit lui ont enlevé ses dernières forces, et il est dans une somnolence presque continuelle. Vers cinq heures du soir il paraît reprendre un peu, « c'était la dernière lueur de la la flamme qui s'éteint... J'étais penché sur lui, continue son biographe, il me reconnut et me serrant la main : c'est fini, embrasse-moi, mon ami, me dit-il, puis, faisant un effort, » tu mettras deux boulets à mes pieds, je ne veux pas que les albatros se disputent mon cadavre... Un instant après, je vis ses lèvres s'entr'ouvrir : « Mon père, mon pauvre vieux père !! ».

Ce furent ses dernières paroles, sa vie s'était éteinte avec elles. J'avais perdu mon meilleur ami, et la marine un de ses officiers les plus braves, les plus dévoués.

« A minuit, la mer était encore grosse, le vent soufflait avec un bruit lugubre à travers nos cordes ; la corvette tanguait lourdement. Tout ce qui restait d'hommes valides, tous ceux qui avaient pu se traîner s'étaient réunis, pressés autour d'un sabord, tous chérissaient Marescot.

« Si le jour eût éclairé cette scène, on eût pu voir une larme glisser sous la paupière de toutes les rudes figures des matelots. Au milieu du recueillement général, la dépouille mortelle de notre ami disparut dans le brisant d'une lame... (1) ».

---

(1) Voici en quels termes Dumont d'Urville annonce la mort de Marescot (*Voy*. etc. t. VIII, p. 88). « Le 23 novembre fut une de nos journées les plus funestes. Dans la matinée et à quelques heures

. . . . . . . . . . . . . . . . . . . .

Le 12 décembre suivant les deux corvettes jetaient l'ancre en rade d'Hobart-Town. Un cénotaphe, érigé dans cette ville par les ordres du chef de l'expédition, rappelle à la postérité que quatre officiers *pleins de jeunesse, de mérite et de zèle* et treize maîtres ou matelots de l'*Astrolabe* et de la *Zélée*, ont succombé, frappés par une épidémie cruelle dans cette lamentable traversée de deux mois de Sumatra en Tasmanie.

Je voudrais des honneurs plus individuels pour un de ces hommes d'élite, le premier en grade et le plus ancien en service de ces victimes de la science et du devoir.

d'intervalle la *Zélée* perdit deux de ses meilleurs matelots... Dans la soirée à bord de l'*Astrolabe*, M. Marescot rendit le dernier soupir; la nouvelle de sa mort, répandue tout d'un coup sur le pont, y jeta un deuil général. Cet officier avait su captiver l'affection des matelots, auxquels il inspirait une confiance sans bornes par son mérite et par son savoir. Tous les officiers, ses camarades, le pleurèrent comme un frère. L'état-major de l'*Astrolabe* offrait dans ce moment-là un spectacle touchant. L'union la plus parfaite, qui ne cessa jamais d'exister parmi ce corps d'officiers, se traduisait admirablement dans les regrets amers que chacun exprimait à l'occasion de cette perte douloureuse. M. Marescot, zélé dans son service, entièrement dévoué au succès de la mission, succomba à six heures du soir. Ses yeux étaient à peine fermés que déjà son corps répandait une odeur insupportable; comme tous les hommes qui nous furent enlevés par ce cruel fléau, il fallut se hâter d'envoyer ses restes à la mer. A minuit tous les officiers réunis lui firent leurs derniers adieux; quelques minutes après, la trace laissée à la surface des eaux pendant que le corps descendait au fond de la mer, avait totalement disparu. Pendant cette triste opération, le plus profond silence avait régné sur le pont; aucun honneur militaire n'avait été rendu à ses dépouilles mortelles, car à quelques pas de là nous avions encore plusieurs malades prêts à rendre dernier soupir.

*Il ne fallait pas que nos mourants pussent compter de leur lit le nombre de nos morts!* »

L'habile mouleur Dumoutier (1) qui assistait aux derniers moments de Marescot, s'était hâté de prendre l'empreinte de sa belle tête, altérée déjà par la mort. J'ai retrouvé, bien des années plus tard, dans la collection de ce phrénologiste, acquise par mes soins pour le Muséum de Paris, le plâtre d'une douloureuse fidélité, que l'art exquis du maître sculpteur Fagel a transformé bien vite en un buste élégant.

J'ai reproduit ce buste au début de cette courte notice et je serais heureux qu'on donnât une place à cette belle œuvre dans la salle où la ville natale de Marescot réunit les portraits de ceux de ses enfants qui lui ont fait honneur par leurs actions, leurs talents, leurs vertus.

(1) Dumoutier avait rapporté en Europe avec le moule de Marescot une partie de ses dessins qu'il se proposait d'utiliser dans le volume qu'il devait consacrer à l'*Anthropologie* dans la publication du voyage de *l'Astrobale* et de *la Zélée*, qui n'a jamais existé qu'à l'état d'ébauche. Ces dessins ont été offerts à ma demande en 1892, par M. Gamble, neveu de Dumoutier, au laboratoire d'anthropologie du Muséum où ils sont précieusement conservés.

*Le Wast*, 30 juin 1904.

# LES
# Caractères architectoniques
## de l'Église de Wismes

PAR

M. l'abbé MICHAUX

MESSIEURS,

Aux temps anciens, disent les chroniques, quand les chrétiens construisaient un nouveau temple, les dames portaient les pierres dans leurs robes de soie, et pour glorifier l'édifice, travaillaient avec des truelles d'argent et des marteaux d'or.

Il en dut être ainsi, si je ne m'abuse, des églises bâties en ces grands âges de foi, où les moines étaient artistes, et où les artistes insufflaient la pureté de leur âme à leurs œuvres. Ainsi de Cluny, splendeur de la beauté, ainsi de Citeaux, idéal de la simplicité, ainsi de Fontevrault, nécropole des rois, ainsi de la Chaise-Dieu, nécropole des papes, ainsi de Saint-Denis la royale, du féodal Saint-Germain des Prés, de Saint-Cernin de Toulouse, ainsi, mais dans un cadre plus modeste, de Saint André de Wismes-en-Artois.

Pour arriver à Wismes, on doit quitter à Lumbres, ou à Nielles-les-Bléquin, la voie ferrée qui de Boulogne conduit à Saint-Omer, le long d'une route si enchanteresse, que vous croyez voyager dans une petite Suisse encore inexplorée.

De Lumbres, il faut bien compter deux heures de chemin, jusqu'à Wismes.

Ce petit village de soixante feux, laisse tomber, sur ses flancs, une molle ceinture de vallons et de prés toujours souriants et frais, depuis les premiers rayons du printemps, jusqu'aux dernières lueurs de l'automne.

C'est un rêve de solitude et de paix, à peine interrompu par quelques lointains appels du coucou, par quelque cri, par quelque sifflet de pâtre, par les clochettes des moutons, le rugissement du bétail, ou encore, par les chariots surchargés de gerbes, se hâtant vers les granges, aux cris des essieux qui semblent se plaindre d'un poids trop lourd.

Dans un paysage très verdoyant, sur des prairies parsemées de fleurs, où l'eau s'en va sur un lit de cailloux blancs, toute seule, et comme isolée dans la timide verdure de ses oseraies, s'élève l'église.

Quand on commence à écrire sur les arts, on a l'illusion qu'on découvre une foule de choses, et que les paroles qu'on aligne, sont aussi utiles que définitives, et puis, plus on va, plus on sent amèrement la vérité de ce mot, qu'on ne saurait trop souvent redire : « Les lettres expliquent les arts sans les comprendre. » Lorsqu'on commence à être bien pénétré de la justesse de cet aphorisme, au point d'être beaucoup moins prompt à vouloir expliquer les œuvres d'art, c'est que l'on est arrivé à les aimer beaucoup mieux.

Aussi n'ai-je nullement l'intention d'expliquer ce chef-d'œuvre qu'est l'église de Wismes, ni la prétention de le bien comprendre, mais je m'essaie à lui rendre quelque service, en en faisant connaître l'existence, et en ramenant à la vie et à l'honneur, ce monument d'abord inconnu, puis oublié, puis méconnu.

Si l'art, en effet, est un grand moyen d'union entre les

hommes, si c'est par lui, que de pays à pays, de siècle à siècle, d'âme à âme, s'échappent quelques-uns des grands secrets qui importent le plus à la dignité, au charme, à la douceur et à la noblesse de la vie, n'est-ce pas un devoir de montrer au grand jour de la publicité, les merveilles, qui par la perfection de leur style et le fini de leur exécution, augmentent les richesses morales de l'humanité ?

C'est là mon excuse, d'avoir publié l'année dernière, sous forme de « Lettre à mes paroissiens », une brochure qui a pour titre : « l'Eglise de Wismes », et dont je vous demande la permission de lire quelques extraits.

Nous ne détenons pas de bien véridiques documents sur cet intéressant édifice ; tout au plus, savons-nous, que sa partie la plus ancienne, d'architecture romane, a été construite vers le XII$^e$ siècle, que du XIII$^e$ au XIV$^e$ siècle, on y a ajouté les deux nefs latérales, ainsi que la flèche de son clocher, qu'au XV$^e$, le Chapitre de S$^t$-Omer, à qui il appartenait, ou celui de Thérouanne, dont il relevait au spirituel, firent bâtir en style ogival, le chœur que nous admirons aujourd'hui, et que du XV$^e$ au XVI$^e$, des modifications et des réparations importantes, furent probablement apportées aux voûtes et à la nef principale.

Il serait donc assez naturel de croire que ce furent les chanoines de S$^t$-Omer ou de Thérouanne, et peut être même les délégués de ces deux ordres, qui tracèrent les plans du sanctuaire dont nous nous occupons. A n'en pas douter, ils employèrent à leur exécution, les troupes d'artistes de cette époque, à la tête desquels nous trouvons souvent : l'architecte brugeois *Van den Poële*, et des maçons renommés de S$^t$-Omer, tels que : *Gérard, Ledrut* et *Pier-le-Melel.*

Avec la noblesse solennelle de ses formes, l'extérieur de votre église s'atteste singulièrement imposant, mes chers paroissiens.

Voulez-vous, sous la conduite de votre curé, l'examiner d'un peu près ?

Voyez ces puissants contreforts ! Leur énergie tranquille se joue de l'âpre furie des vents qui balayent les coteaux, rasent les cimes et se concentrent autour de cette chapelle. Ils brisent les efforts de la tempête depuis des siècles. Une niche avec dais et cul-de-lampe est sculptée dans chacun d'eux. Au dire de certains auteurs, les statues des Apôtres auraient été ainsi placées autour du chœur, mais l'Eglise nous enseigne que les Apôtres étaient au nombre de douze, et nous n'avons que dix murs d'appui. Je veux donc bien croire, qu'en réalité, il y avait là des statues de saints, mais non d'apôtres. Et n'était-ce pas plutôt quelques symboles rappelant les dix commandements de Dieu ? La chose, paraît-il, n'était pas rare à cette époque !

Beaucoup d'entre vous, mes chers paroissiens, ont souvenance du vieux château (1) qui existait encore il y a peu

(1) **Le château et la famille Blocquel de Wismes.** — Ce château d'assez médiocre étendue, et depuis plus de deux cents ans, propriété de la famille *de Blocquel*, avait jadis appartenu à la maison *de Montmorency*.

Ainsi, d'après un ancien cahier des centièmes de la commune de Wismes, déposé aux Archives du département, cette terre était encore en 1569, dans le domaine de cette illustre maison. On y lit en effet, à cette date, que : « les château et seigneurie de cette terre, appartenant alors à demoiselle François de Montmorency, demoiselle dudit Wismes et autres lieux, contenaient, compris les fossés et jardinailles à l'entour, trois mesures et demie, ou environ. »

Plus tard, et dans la seconde partie du XVII$^e$ siècle, on retrouve ce château aux mains d'un sieur *Allart de Croix*, mort en 1634, puis héréditairement passé aux mains de la famille de Bloquel. Cette famille, dont les Archives départementales du Pas-de-Calais indiquent l'existence, dès le XV$^e$ siècle, sous le nom de *Bloquel* et en 1614 sous celui de *Robert Bloquel*, mort cette année, escuyer et seigneur de Lamby, s'y trouve ultérieurement rappelée, sans indication d'époque, dans les personnes : 1º de *François de Blocquel* ; 2º de Allart-François *de Blocquel*, escuyer et seigneur de Lamby, comme le précédent, mais comme lui, non encore seigneur de Wismes ; 3º dans la personne de René-Antoine de *Blocquel*, escuyer, né à Lille, en 1657, est-il dit, et seigneur de Wismes, Angres, Liévin, Bullecourt, vraisemblable-

d'années, et faisait face à l'église. Il était caché dans un bosquet de frênes, avec autour, en sentinelles, des peupliers effilés comme des baïonnettes. Or, les seigneurs qui l'habitaient, ayant une place réservée au sanctuaire, y entraient par le petit porche que vous regardez si souvent, et dont les sculptures représentant des feuilles de vigne et des grappes de raisin, sont bien des plus délicates et des plus fouillées, qui aient jamais été façonnées par la main de l'homme.

Et le clocher reposant sur une gracieuse tour à six pans, dardé sa flèche vers le ciel, semblant vouloir atteindre, comme une cible, le cœur même de Dieu !

Et cette flèche dont la base est prise dans un collier orné de feuillages, d'animaux fantastiques et de rinceaux que surmonte une galerie à dessins quadrangulaires, s'élance, aérienne, laissant le ciel entrer dans ses rainures, courir dans ses meneaux, se glisser dans ses entailles, cependant qu'elle monte avec de lentes coquetteries, et comme chassant

---

ment l'un des successeurs d'Allart de Croix, mort en 1634 ; 4° dans celle d'Adrien-Antoine de *Blocquel*, créé chevalier par lettres de 1671, et seigneur de Croix, de Wismes, etc. ; 5° dans celle de René de Croix de Blocquel, seigneur de Wismes et de Saint-Pierre, dont l'existence est constatée en 1684, par les archives de Wismes ; 6° dans celle *d'Eugène-Armand de Blocquel*, chevalier, seigneur de Wismes et député aux Etats d'Artois, sans indication de date toutefois, mais dit-on, siégeant avant 1746, époque où l'on retrouve aux Etats d'Artois, un baron de Wismes ; 7° dans celle de *Blocquel de Croix*, baron de Wismes, est-il dit, dans un autre document des Archives départementales daté de 1757 ; 8° dans celle de *Stanislas-Catherine-Alexis de Blocquel*, baron de Wismes ; et 9° enfin, dans celle *d'Arnoud-Louis-Armand de Blocquel*, qui épousa en 1810, *Bonne-Thérèse de Polignac d'Argens*, dont les armes actuelles portent, d'après les archives, d'argent au chevron de gueules, accompagné de trois merlettes de sable, et dont le titre a été depuis converti en celui de vicomte, comme le domaine du château a été assez fortement agrandi depuis 1717 (Quenson : *Not. hist. et arch. sur l'église de Wismes.*)

Le baron de Wismes, descendant direct de cette famille, habite Nantes.

par sa pointe, dans les nuages, une fumée de prières !

Franchissons maintenant le seuil de votre monument, mes chers paroissiens.

La porte de votre église s'ouvre dans une demi-obscurité qui devient vite pleine de ténèbres, quand les nuées d'orage s'abaissent vers la terre. Très sombre au parvis et dans les avenues des trois nefs, la lumière coule, mystérieuse et sans cesse atténuée, le long de ce parcours aux arches basses pesant sur de lourds piliers, aux épaisses cloisons pleines de terreur et de crainte, aux voûtes armoriées, fleuries de bouquets de marguerites et de chiffres divers, aux chapelles à dais trilobés, à clochetons à denticules, et à fleurons en chicorée fraisée et en feuilles de choux.

En somme, elle est morne et triste, cette partie de votre église, mer chers paroissiens ; mais ne le sentez-vous pas ? Dans le silence de son mystère, elle est enveloppante aussi, discrète et douce.

Sous la majesté formidable de ses voûtes, vous avancez avec respect, baissant instinctivement la tête et marchant avec précaution, jusqu'à ce qu'arrivés au transept, vous vous arrêtiez, éblouis dès les premiers pas, par les clartés crues que laissent passer les vitres blanches du chœur. Que de fois n'avez-vous pas été ravis par la suprême beauté du sanctuaire faussant d'un élan le demi-cercle du cintre, l'allongeant en ovale d'amande, jaillissant, soulevant les toits à quinze mètres, exhaussant la voûte, gazouillant en sculptures somptueuses sur tout son pourtour, et lançant au ciel, ainsi que des oraisons jaculatoires, les fusées folles de ses piles ! (1)

---

(1) **Dimensions du chœur et de l'église.**

*Chœur. — Intérieur.*

| | |
|---|---|
| Hauteur du sol à la voûte : | 15 mètres. |
| Id. aux fenêtres : | 3 mètres. |
| Hauteur et largeur des fenêtres : | 8 mètres sur 2. |

Quel ensemble ! Oui, ce chœur est inouï, avec ses colonnes à canelures prismatiques pareilles à des troncs d'arbre qui s'élevant, vertigineux, du sol, s'élancent d'un seul trait vers le ciel et se rejoignent à des hauteurs démesurées ; avec ses délicieuses arcatures trilobées et couronnées d'un bandeau de sculptures, égales, dit-on, à celles de la S$^{te}$ Chapelle ; avec, enfin, ses grappes de raisin, ses feuilles de vigne, de chêne, de rosier et de fougère s'enroulant le long de l'édifice, côtoyant les contours des piliers, et forçant l'admiration par l'élégance tourmentée de leur structure et la grâce frêle et recherchée de leurs formes.

Considérez ces guipures d'autel, ces mailles de rochets, ces nappes d'église dessinées sur la pierre !

Voyez ces figures à la barbe fluviale, aux cheveux en herbes couchées ; cette tête à trois profils : traduction lapidaire du divin mystère de la Sainte-Trinité ; ce bélier dont les cornes sont prises dans un buisson et qu'immole Abraham; ces deux chefs qui se regardent, tous deux à la physionomie

Profondeur et largeur du chœur,
avec l'abside : 13 mètres sur 8, réduits à 4 vers l'autel.

*Eglise. — Intérieur.*

| | |
|---|---|
| Longueur du fond de la tour au chœur : | 18 mètres. |
| Largeur et hauteur : 1º de la nef centrale : | 6 mètres sur 8. |
| 2º du collatéral de droite : | 2 mètres sur 6. |
| 3º de la nef de gauche : | |
| Chapelle de la Vierge : | 5 mètres sur 6. |
| Chapelle de S$^t$ Maxime : | 6 mètres sur 6. |

*Extérieur.*

| | |
|---|---|
| Elévation : Chœur : | 16 mètres. |
| Eglise : | 11 mètres dont 7 de toiture. |
| Tour : | 15 mètres. |
| Flèche : | 9 mètres. |

D'après le métrage de *MM. Jules et Ernest Azelard.*

vieillotte, au menton pointu, aux grands yeux et au nez effilé ; contemplez ces anges d'une imcomparable pureté de lignes et d'une candeur plus qu'humaine avec leur vue chaste et leur chair blanche ; regardez ces dragons aux griffes aiguës, à la crête hardie et à la gueule sifflante, ces hiboux éplorés et honteux, ces basilics à la huppe flottante et à la queue de scorpion ; et puis, faites le tour ; venez au midi, et tremblez, car c'est ici la région des démons, à la tête de bouc et au rictus voluptueux, à la gueule renversée et au ventre bedonnant, à la face camuse et aux ailes de feu soudées à la chute des reins !

Regardez encore : Sous des dais à claire-voie, délinéant, ce semble, des chapelles, des manoirs et des ponts, se dressent quatre vieilles statues (1) reposant sur des culs-de-lampe que soutiennent des lions ravisseurs, des aigles orgueilleux, des bœufs ailés patients et doux, des anges aimables et modestes. Curieux ces anges ! Leur taille, prise dans un long manteau à courtes manches, est ceinte d'une corde à nœuds de franciscaine, et leurs cheveux retombant en deux bandeaux sur le front, leur couvrent les oreilles et se terminent en chignon !

N'oublions pas surtout les détails de l'admirable piscine que nous avons devant nous, et où les fils de pur lin, les colliers ciselés grains à grains sont artistement et finement unis aux futaines, aux bracelets, et à toutes les fantaisies inimaginables d'un sculpteur hors ligne (2).

Telle est votre église, mes chers paroissiens ».

---

(1) Ces statues sont celles de la Sainte-Vierge, de St-Jean, de St-André et d'un saint dont le nom est inconnu aujourd'hui, mais les niches qui les abritent, devaient être sûrement occupées autrefois par les figures des quatre Evangélistes. Les bêtes du Tétramorphe qui décorent les culs-de-lampe dont il s'agit, le prouvent suffisamment.

(2) **L'obituaire du côté Nord.** — Dans l'une des arcatures du côté Nord, se trouve un obituaire avec les noms et qualités de :

En art, si l'on veut répandre de la vie sur le papier blanc, sur la toile peinte, ou dans le marbre réel, il faut sans cesse, choisir, retoucher, remanier, inventer même. Dès lors, que de temps n'a-t il pas fallu pour orner une seule de ces arcatures si précieuses ! Mais aussi, quelles bonnes heures pour l'artiste ! Comme son enthousiasme raisonné, son ardeur au travail l'empêchaient de sentir la fatigue !

En vérité, cette église est un vrai poëme de pierre. Le choix de la matière y est parfait, l'art de la faire éclater ne

> MESSIRE ALLART
> DE CROIX CHEVALIER
> ET DAME MARGVERITE
> LE PETIT SA COMPAIGNE
> SRS DE WISMES, LIÉVIN
> HANESCAMP, BVLLECOVRT
> ANCRE, FONTAINE, LA RVE
>
> LE. 20. DE    LE II
> JANV    DE SEPT.
> 1634    1632
>
> ONT FONDÉES. EN CE LIEV
> VN OBIT A PERPÉTVITÉ
> POVR LE SALVT DE LEVRS
> AMES. LEQVEL SE CHANTERA
> LE 20 JOVR DE JANVIER
> AVEC . DISTRIBVTION . DVN
> RASIÈRE . DE BLED . CONVER
> TIE EN PAIN POVR LES
> PAVVRES DE CE VILAGE QVI
> ASSISTERONT . AV . DICT . OBIT
> PRIANT DIEV POVR . ICEVX.
> REQVIESCANT IN PACE. AMEN.

Au centre du tableau, sont tracées les armes conjointes des deux époux, et à droite comme à gauche, la série des armoiries respectives de la famille de chacun d'eux. Ainsi à gauche, sous l'écusson croisé des *de Croix*, les armes des *de Candel*, des *Vignon* et des *Allart*; et sous l'écusson des *Le Petit*, représenté sous la forme de Croix de St-André, les armes des *Truart*, des *Lacauchie* et des *Deliques ou mieux de Licques*.

saurait être porté plus loin, et la finesse de la taille est merveilleuse.

On y trouve toutes les qualités que le sentiment éprouve et que les yeux démêlent : la grâce, l'élégance des courbes, la sure et facile harmonie des droites, l'ordre qui repose la vue, parce qu'il est facile à percevoir et la variété qui la sollicite, parce qu'elle lui offre des multitudes de sensations à éprouver.

Ni trop creuser, ni trop envelopper, ne rien oublier, mais ne rien exagérer, mettre en tout, une pointe de finesse, de sourire et d'esprit, tel est le but, et le but atteint, des maîtres créateurs de ce haut chef-d'œuvre.

Les révolutions hélas ! ont passé sur la France, révolutions religieuses et politiques, révolution du goût aussi. L'église de Wismes en a beaucoup souffert.

La perte de ce monument ne serait-elle pas un malheur irréparable pour les générations à venir, une lacune à jamais ouverte dans l'histoire de l'art ?

Sans doute, grâce à la chrétienne libéralité des âmes généreuses dont les noms sont inscrits à toutes les pages du livre d'or de la charité et des arts, il est désormais à l'abri de la ruine; mais aujourd'hui que dans toute l'Europe, une louable émulation invite à courir sus au vandalisme, à empêcher, au profit de tous, les outrages qui menacent les édifices du passé, ne conviendrait-il pas de l'assurer contre les incertitudes du lendemain ?

Du rêve à la réalité, la distance est, par malheur, plus grande que de la coupe aux lèvres, et quelles que soient la bonne volonté et le désintéressement des uns, l'impatience légitime des autres, je crains de n'être pas à la veille de voir ce beau projet prendre corps, mais j'ai foi qu'il se réalisera quelque jour. Sous quelle forme ? Je n'en sais rien ; mais la cigale qui dort dans les profondeurs du sol, avant que d'en percer la croûte, s'inquiète-t-elle de la façon dont elle existera au pays de la lumière? Et pourtant, elle y vivra...

Les œuvres d'art, — (j'ai, Messieurs les membres de la Commission départementale des monuments historiques, le reconnaissant devoir de vous le rappeler), — les œuvres d'art, surtout les œuvres d'art religieux, sont des fleurs délicates, dont il faut respirer le parfum sur plante... Laissez-moi donc le doux espoir de votre visite.

En attendant, labourons et semons. Quand le blé sera mûr, les faucilles viendront bien.

# PROJET

DE

# Fédération d'Histoire locale

entre les Sociétés Savantes de la région du Nord

PAR

M. l'abbé Th. LEURIDAN

Archiviste du Diocèse de Cambrai, Président de la Société d'Etudes.

---

MESSIEURS,

Il est un certain nombre de personnes qui volontiers plaisantent ou parlent avec dédain des sociétés savantes de province. Parfois, ceux-là même qui officiellement leur décernent des éloges, ne se privent pas du malin plaisir de tourner en dérision l'importance que l'on attribue à ces sociétés. Et pourtant les érudits de la province rendent de véritables services à la science. Non seulement ils font des monographies, des études spéciales, dans lesquelles ils redressent les erreurs des écrivains qui ont fait des travaux d'ensemble, et préparent des matériaux et des idées pour les esprits généralisateurs, mais ils conservent, propagent autour d'eux, le goût des choses de l'esprit et l'estime pour ces œuvres de l'intelligence que dédaigne notre siècle avide d'argent et de jouissances matérielles ; ils tournent vers la science l'existence d'un certain nombre d'hommes notables, parmi lesquels se révèlent parfois des écrivains d'une sérieuse valeur scientifique.

Ces lignes, qu'écrivait il y a une trentaine d'années Mgr Dehaisnes, sont bien encore un peu vraies aujourd'hui. Cependant, on peut le constater, de tous côtés on commence à rendre justice à nos sociétés de la province, à reconnaître qu'elles font, en somme, chacune dans sa sphère et selon ses moyens d'action, de bonne et utile besogne.

Toutefois, en dehors de leur cercle local parfois très restreint, elles sont certainement trop peu connues, et, comme on l'a déjà remarqué, leurs nombreuses publications, annales, bulletins ou mémoires, restent encore souvent assimilables à ces vastes nécropoles où gisent dans le silence et dans l'oubli tant de grands hommes, tant de citoyens remarquables par leur génie, leur science, leur bienfaisance. A de très rares intervalles, un promeneur plus curieux ou moins pressé parcourt les inextricables allées de ce *campo santo*, s'arrêtant presque à chaque pas pour demander aux tombes, recouvertes de ronces et de folles herbes, de lui livrer leurs secrets et leurs souvenirs ; mais la plupart des visiteurs ne semblent gratifier ces vestiges du passé que d'un coup d'œil distrait, parfois même dédaigneux.

Il y a donc un premier progrès à réaliser, celui de faire connaître à tous ceux qui n'ont ni le temps ni la constance de feuilleter ces centaines de volumes, les trésors qu'ils contiennent et les ressources immenses qu'ils peuvent offrir aux travailleurs ; en un mot, dresser la bibliographie complète des travaux publiés par les diverses sociétés de la province. Je dis : complète, en ce sens que cette bibliographie ne doit pas se borner à mentionner les travaux importants, les mémoires de longue haleine, mais qu'elle doit aussi relever les articles parfois très courts, les documents isolés même, qui ont toujours leur importance en histoire locale.

J'avais oublié de vous avertir, Messieurs, que je veux

rester exclusivement sur le terrain de l'histoire locale. Le même travail devrait évidemment être exécuté pour les autres branches de la science et de l'activité humaines, la littérature, la philosophie, l'économie politique, la médecine, les sciences, l'industrie, etc. Mais réunir, en une seule bibliographie, ces différentes branches, me paraîtrait de nature à engendrer promptement la confusion, la difficulté des recherches qui deviendraient fastidieuses et souvent même infructueuses ; une bibliographie de ce genre formerait un nouveau dédale, un peu moins inextricable que le premier, je le veux bien, mais qui ne rendrait pas à beaucoup près, les services qu'on serait en droit d'en attendre.

Ces considérations m'ont déterminé à entreprendre la publication d'une bibliographie de ce genre, dont j'avais, depuis de longues années, rédigé les fiches pour mon usage personnel. Le dévoué secrétaire de la *Société d'études* vous a entretenus tout à l'heure de ce travail, auquel la Société a bien voulu donner l'hospitalité dans ses bulletins mensuels. J'ai limité cette première série au département du Nord et à l'ordre topographique ; plus tard, je donnerai une seconde série par ordre de matières, mais également pour le seul département du Nord.

Plairait-il à votre Congrès, Messieurs, d'émettre le vœu de voir publier, pour le Pas-de-Calais, une semblable bibliographie ? Je ne puis d'ailleurs douter que dans la prochaine réunion de la fédération des Sociétés de Belgique, qui se tiendra à Mons vers la fin de ce mois, un vœu analogue ne soit adopté.

Ce sera là une première étape.

Allons plus avant, si vous le voulez bien, Messieurs. A mon avis, il ne suffit pas de savoir ce que les sociétés savantes de notre province ont fait dans le passé ; il faudrait encore connaître ce qu'elles font dans le présent ; je dirai même davantage : il serait désirable d'être renseigné sur ce qu'elles veulent faire dans l'avenir. Je m'explique.

En dehors des Congrès, nos sociétés vivent à côté l'une de l'autre, séparées à peine par quelques kilomètres, mettons quelques lieues ; mais ne vous semble-t-il pas qu'elles sont à peu près étrangères l'une à l'autre, durant le temps qui s'écoule entre deux Congrès ? La périodicité de leurs publications est fort variable ; les unes donnent de temps à autre un volume de Mémoires ; d'autres, plus actives ou mieux partagées sous le rapport financier, envoient régulièrement, chaque année, un volume à leurs correspondants ; d'autres encore y joignent un bulletin trimestriel, ou bien font insérer dans le journal de la localité les procès-verbaux de leurs réunions. Eh bien ! tout cela ne me paraît pas suffisant. Il y a là un manque de cohésion, de compénétration, pour ainsi dire ; bien souvent aussi, une perte de temps considérable, et un éparpillement fort préjudiciable de nos forces. Voyons quelques exemples. Deux amateurs d'histoire locale, étrangers l'un à l'autre, habitant, si vous le voulez, Dunkerque et Cambrai, ont l'idée d'entreprendre l'histoire d'une même institution, ou d'une même époque, ou d'un même personnage. Ils se mettent tous deux au travail, compilent, amassent notes sur notes, et cela pendant un an, deux ans, davantage même, et tout à coup, à la réception d'un volume de Mémoires de la Société locale de Dunkerque, l'amateur cambrésien s'aperçoit qu'un travail, identique au sien, vient d'être publié par son émule ignoré de Dunkerque. Désappointement bien légitime, regrets surtout d'avoir passé un temps si considérable à des recherches désormais rendues inutiles, alors que temps, bonne volonté, science et talents eussent pu être employés à une autre étude d'histoire locale ; alors aussi que les résultats partiels acquis par l'un et l'autre eussent pu être mis en commun et produire un travail évidemment plus complet et plus définitif.

Autre exemple, pas plus imaginaire que le précédent. Un travailleur de Valenciennes a mis sur le métier la biographie d'un personnage célèbre ; il a, croit-il, et non sans quelque raison, épuisé toutes les sources auxquelles il pouvait recourir. Il se décide à livrer son manuscrit à l'impression, et le volume des Mémoires de la Société locale va le porter à un autre travailleur de Lille. A peine ce dernier a-t-il entr'ouvert le volume, qu'il pousse une exclamation de regret. Il possède dans sa collection de nombreux documents sur le personnage dont il a sous les yeux la biographie ; il conserve même une bonne partie de sa correspondance. Ah ! s'il avait su que son collègue inconnu ou ignoré de Valenciennes préparait cette biographie, avec quelle joie et quel empressement il lui eût communiqué ses trésors. Que faire? Les publier à part et sembler ainsi vouloir rectifier et corriger le travail de son collègue ? Les lui envoyer pour une seconde édition ? Mais bien souvent ce genre de travail n'en comporte point. Pour un appendice ? Mais il faudra attendre le prochain volume de Mémoires qui ne paraîtra que dans un an, peut-être deux. Bref, on ne fait rien, et ces documents intéressants restent inutilisés.

Je pourrais multiplier ces exemples, y ajouter même d'autres exemples vécus. Mais est-il vraiment nécessaire d'insister davantage ? Cette opportunité de communications plus fréquentes entre les sociétés savantes d'une même région, s'occupant toutes avec autant de zèle que de succès de notre histoire locale, est un fait constaté partout et par tous ; leur absence constitue une situation regrettable dont nous gémissons tous et de laquelle, tous, nous désirons nous voir sortir.

Est-ce bien difficile ? Je ne le crois pas et j'ai caressé l'espérance de voir cette question résolue par ce premier congrès régional provoqué par l'Académie d'Arras, qui est, je crois bien, notre aînée à tous. Me permettrez-vous donc de vous soumettre en toute simplicité, un projet de fédération d'histoire locale entre toutes les sociétés de notre région ?

Il y a, ce me semble, un double écueil à éviter : 1°) un surcroît de besogne pour les dévoués secrétaires de nos sociétés régionales ; 2°) une dépense trop considérable pour leurs non moins dévoués trésoriers. Je vous dirai tout à l'heure ce que j'entends par dépense trop considérable.

Je ne sais si je m'illusionne, mais je crois bien qu'il y a moyen de passer indemne entre ces nouveaux Carybde et Scylla, et de permettre à chacune de nos sociétés régionales — j'entends celles du Nord, du Pas de Calais, de la Somme et du Midi de la Belgique — de permettre, dis-je, à chacune de nos sociétés régionales d'être tenue au courant, chaque mois, de tous les travaux historiques des autres sociétés régionales.

Au premier abord, cela paraît peut-être un peu compliqué; en pratique, rien de plus facile, selon moi.

Il s'agit d'abord de trouver un organe mensuel. Prenons, si vous voulez, la *Société d'études de la province de Cambrai;* elle est, actuellement, la seule de nos sociétés régionales qui publie un bulletin mensuel.

Je demande aux secrétaires de chacune des Sociétés de la région, qui ont à adresser chaque mois — généralement nos sociétés ont des séances mensuelles — 20, 30, 40 ou 50 convocations, avec ordre du jour imprimé, aux membres titulaires qu'ils invitent à leur réunion, de vouloir bien adresser une 21e, une 31e, une 51e convocation ou ordre du jour au secrétaire de la *Société d'études*. Cela ne demande point de grande dépense ni d'argent ni de temps. Notre secrétaire collationne ces ordres du jour et les fait paraître dans le plus prochain numéro de notre bulletin.

Si les secrétaires des différentes sociétés voulaient bien, indépendamment de cet ordre du jour, nous adresser un court résumé du procès-verbal de leurs séances, ce serait mieux encore.

Le résultat pratique serait celui-ci : Chaque mois, les membres de toutes les sociétés régionales qui s'occupent d'histoire locale connaîtraient, par la voie du Bulletin, tous les travaux, toutes les communications verbales qui, dans le même ordre d'études, auraient fait l'objet de l'attention de leurs collègues des autres sociétés savantes.

Je ne vois même pas ce qui empêcherait les membres des différentes sociétés de faire connaître à tous, par cette même voie, rapide, certaine et économique, l'objet de leurs recherches spéciales, le sujet des travaux qu'ils ont entrepris, leurs desiderata, l'éclaircissement d'un doute. Pourquoi enfin ne profiteraient-ils pas de l'intermédiaire de cet organe mensuel, en utilisant les *questions et réponses* de notre bulletin ? Rien n'empêcherait d'ailleurs, qu'une substantielle analyse puisse être donnée dans le mois qui suivrait la distribution des volumes de publications de chacune des Sociétés. Ce qu'il importe, c'est d'être tenu « au courant » chaque mois.

Tout cela permettrait d'éviter, si je puis parler ainsi, de courir plusieurs sur la même piste et conséquemment d'épargner les pertes de temps, les déceptions et les regrets auxquels je faisais allusion tout à l'heure. Cela nous procurerait aussi fréquemment l'occasion de faire échange de bons procédés, d'indiquer des sources, de communiquer des documents, en un mot de nous entr'aider. Je suis presque tenté de vous dire que je vous propose une société de secours mutuels, non pas financièrement ou charitablement parlant, mais intellectuellement. Assistance mutuelle, communication de documents, abandon même d'études ou de travaux commencés, ou encore précieuses collaborations. Le domaine de l'histoire locale est assez vaste et assez riche, Messieurs, pour que chacun puisse abandonner, au profit de son voisin, quelques épis de sa moisson.

Je crois superflu d'insister sur ce point.

Au surplus, Messieurs, si quelque difficulté que je n'ai pas prévue s'opposait à ce projet, si quelque amélioration que je n'ai pas entrevue, pouvait y être apportée, ne jugerez-vous pas opportun de discuter, séance tenante, l'une et l'autre, afin d'aboutir enfin à un résultat vraiment pratique, que tous nous désirons depuis si longtemps ?

J'arrive au côté financier du projet. Je le passerais volontiers sous silence, si notre *Société d'études*, que j'ai mise en avant, ou plutôt dont je vous ai fait les offres de service, disposait d'un budget plus abondant ; je vous l'affirme, ce serait, pour elle, une très vive satisfaction de pouvoir exécuter ce projet à ses seuls dépens et d'offrir gracieusement à chacune de ses sœurs aînées, ce faible hommage de sa cordiale et dévouée confraternité.

Et cependant, je l'ai indiqué tout à l'heure, il me semble qu'il y aurait moyen d'aboutir sans grands frais, à l'aide seulement d'une dépense minime, insignifiante pour chaque société. Tout calcul fait, et après avoir pris sur ce l'avis de notre prudent trésorier, la contribution annuelle de chaque société s'élèverait à douze francs par an. Ce n'est que douze francs pour chaque société ; pour la nôtre, si elle devait en supporter seule la charge, elle s'élèverait à 3 ou 400 francs annuellement ; notre trésorier lui opposerait son veto le plus formel.

Chaque société recevrait mensuellement le Bulletin, dont quelques pages seraient consacrées à cette fédération ; elle bénéficierait de plus de l'avantage de notre intermédiaire *Questions et réponses*, dont nous continuerions à supporter totalement les frais.

Si le projet se réalisait et prenait quelque extension, on pourrait tirer à part les pages consacrées à la fédération et les envoyer à chacun des membres des diverses sociétés qui désireraient le posséder par devers eux, et cela moyennant une faible cotisation, qui, d'après nos supputations, ne dépasserait guère 2 fr. à 3 fr. par an.

Vous le voyez, Messieurs, nous pouvons, ce me semble, arriver à réaliser ce projet très économiquement et au profit de tous.

Ceci n'empêcherait point, et c'est là le second vœu que je propose à votre approbation, d'imiter l'excellente initiative de l'Académie d'Arras et d'instituer une réunion annuelle des sociétés savantes de la région. La fédération, une fois admise, aurait ainsi non seulement un organe mensuel qui serait un puissant trait d'union entre tous les amateurs d'histoire locale, mais, chaque année, en réunion plénière, elle pourrait agiter et étudier les questions d'intérêt général: Qui nous empêcherait de provoquer ces réunions ? Cette année, l'Académie d'Arras l'a fait avec succès à l'occasion de l'exposition régionale. L'année prochaine ce pourrait être une société du Nord. Pourquoi ce premier congrès de la fédération ne déciderait-il pas une réunion annuelle ? Peut-être même pourrait-il désigner, dès maintenant, quelle serait la société de la région qui nous ferait l'honneur de nous inviter l'année prochaine à une séance plénière ? Cela nous permettrait de nous connaître mieux, de nous entr'aider plus efficacement et d'obtenir, pour nos études et nos travaux, des résultats plus considérables.

# RAPPORT

SUR LES

## TRAVAUX DE LA SOCIÉTÉ D'ÉTUDES

### de la Province de Cambrai

PAR

M. Edm. LECLAIR,

*Secrétaire.*

---

Messieurs,

Nous avons tous les ans en France, nos congrès de Sociétés savantes et de Sociétés des beaux arts des départements.

Chez nos voisins de Belgique existe aussi cet usage et chaque année, dans l'une des villes du royaume se réunissent les délégués des différentes sociétés de toute la contrée. Dans ces congrès, il est d'usage qu'un membre de chacune des sociétés fédérées présente en quelques lignes le compte-rendu très sommaire des travaux de l'année écoulée.

Puisque l'Académie d'Arras a eu l'heureuse et excellente idée d'inviter à une réunion plénière toutes les Sociétés de la région, et que d'ailleurs nous espérons voir suivre ce bon exemple les années prochaines, j'ai cru bien faire en inaugurant la série de ces comptes-rendus,

C'est en qualité de Secrétaire de la *Société d'Etudes de la Province de Cambrai* que je sollicite votre attention durant quelques minutes. Et comme c'est la première fois que nous avons la satisfaction de nous trouver réunis avec nos excellents collègues des Sociétés de la région du Nord, je vous demande la permission d'ajouter au compte rendu des travaux de cette dernière année quelques mots sur ceux des années précédentes.

Je ne serai pas long, puisque, même en remontant jusqu'à l'origine de notre Société, je n'embrasserai qu'une période de 5 à 6 ans. D'ailleurs, je me contenterai de vous signaler les travaux les plus importants, quoique, à vrai dire, il n'y ait rien qui n'ait son importance en fait d'histoire locale. Mes aimables et indulgents collègues de la *Société d'Etudes*, dont je passerai forcément les noms sous silence, me pardonneront, je le sais, car je l'ai constaté bien souvent, si il y a parmi nous une constante émulation, il n'y a point de rivalités ; notre Société est une Société « par actions » ; toutes nos études, tous nos travaux, sont mis en commun et le mérite des uns et des autres sert de dividende à tous.

Je ne sais, Messieurs, si vous avez remarqué le titre même de notre Société. C'est une société *d'études*. Etudier en commun, publier en commun, signaler à tous les sources où chacun pourra puiser, mettre à la disposition de ses collègues les résultats de recherches parfois longues et difficiles, unir, en un mot, toutes les activités et toutes les bonnes volontés, tel est notre but.

Dans cet ordre d'idées, je dois donc vous signaler tout d'abord un travail qui déjà a pu rendre de précieux services aux chercheurs et qui certainement en rendra de plus grands encore, je veux parler de la *Table des noms de lieux mentionnés dans les huit volumes de l'Inventaire-Sommaire de la série B des archives départementales du Nord*, si riches, si abondantes en documents de tout premier intérêt. Nous avions d'abord pensé borner cette publication au département du Nord, mais sur les instances que l'on nous fit, nous l'avons étendue aux six arrondissements du département du Pas-de-Calais et aux neuf provinces de Belgique. Une table des noms de familles est en préparation et nous espérons bien la publier un jour ; mais ces sortes de travaux, vous le pensez bien, demandent beaucoup de temps. La table des noms de lieux, à elle seule, comprend en chiffres ronds 45.000 mentions ! Il a fallu un véritable bénédictin pour mener à bonne fin cette œuvre de patience et d'érudition. Je ne le nommerai pas, je serais grondé !

Le second travail important, plus considérable encore que le précédent, est l'*Epigraphie du département du Nord*, dont nous avons commencé la publication l'année dernière et dont le second volume est en train de s'achever. Nous ne pouvions songer à lui donner les allures luxueuses que nos voisins des provinces belges ont données à leurs recueils similaires ; nous n'osions pas prétendre non plus à en faire une publication d'élégance égale à celle de l'*Epigraphie du Pas-de-Calais*. Ne recevant aucun subside d'aucune source, nous ne pouvions compter que sur notre modeste avoir social et nous devions viser à la plus stricte économie, tout en nous efforçant de publier le plus de documents possible. De là notre manière de procéder, qui nous a fait remettre à plus tard la publication des planches, gravures, photographies, etc. et celle de l'Armorial. Notre premier volume comprend près de 1400 inscriptions, le second en contiendra au moins autant. Quand le recueil sera complet, nous atteindrons approximativement le chiffre fort respectable, d'ailleurs, de vingt à vingt-cinq mille inscriptions pour notre département du Nord ; et l'armorial, dont l'édition préparatoire est commencée dans les annexes de notre Bulletin, comprendra plus de dix mille armoiries, dont un grand nombre sont inédites, en ce sens qu'on les chercherait vainement dans les grands recueils héraldiques publiés jusqu'ici. Nous avons la douce persuasion d'avoir ainsi entrepris une œuvre vraiment utile, qui fournira une multitude de renseignements de haut intérêt sur les familles et les institutions de la région. Cette épigraphie est une œuvre collective en ce sens que tous les membres de la Société se sont employés à recueillir ce qu'ils ont pu d'inscriptions qui composent cet immense recueil. Quant à celui qui a voulu en assumer la mise en œuvre et la responsabilité, c'est le même bénédictin que je vous signalais tout à l'heure.

Une troisième œuvre importante, et je dois vous dire qu'elle est encore du même auteur, c'est la *Bibliographie d'histoire locale* dont nous commençons seulement l'impression sous forme de fiches. On l'a dit avant moi, et je le répète, les publications de nos sociétés savantes et les volumes de nos revues générales ou locales sont de véritables cénotaphes, d'immenses cimetières, ou, si vous voulez, des catacombes où sont enfouis, trop souvent dans le silence de l'oubli, d'innombrables trésors de documents et d'études variées, intéressants au plus haut point pour les travaux d'histoire locale. Dresser le catalogue de ces milliers de renseignements, les grouper sous des rubriques de lieux puis de matières, c'est certainement rendre à tous un immense service et épargner à un grand nombre de longues, de fastidieuses et parfois d'incomplètes et inefficaces recherches. C'est ce qui nous a décidés à entreprendre l'impression de ce travail énorme, malgré les très prudentes protestations de notre trésorier. Nous avons commencé par la série *topographique* donnant pour chaque localité la nomenclature des travaux, des études, des documents qui la concernent dans les publications des sociétés savantes et dans les revues historiques. A l'exemple d'un certain nombre de revues médicales ou scientifiques, nous avons adopté le système de fiches, qui permet de découper, de coller sur cartes et de classer dans l'ordre que chacun peut préférer, selon la direction qu'il donne à ses travaux.

Je pourrais bien aussi vous entretenir des recherches et

des travaux de notre collègue en mission à Rome aux archives Vaticanes, mais on m'a fait espérer qu'il voudrait bien lui-même nous donner un court aperçu de l'utile besogne qu'il a faite là-bas durant cette première année de sa mission.

Je pourrais aussi vous signaler les nombreuses communications de nos infatigables collègues, les indications de sources inexplorées jusqu'ici, les publications de listes de curés, de bénéficiers, les nombreux documents relatifs à la Révolution dans notre région, l'importante série de cahiers de doléances de la Flandre maritime, les obituaires, les études d'archéologie et d'art, mais je dépasserais les limites assignées à ce simple rapport.

Je pourrais enfin ouvrir nos cartons où sont entassés les nombreux envois de nos collègues et vous dire que ces travaux, dont un certain nombre ont une réelle importance, suffiraient à remplir cinq à six volumes de bulletins et de mémoires si notre inébranlable et incorruptible trésorier ne s'opposait absolument à ce que nous fassions des dettes. Mais ce serait empiéter sur l'avenir, et je dois, m'a-t-on dit, ne parler que du passé et du présent.

Je veux du moins signaler, avant de terminer, nos *questions et réponses*, que nous avons inaugurées dès le premier fascicule de notre *Bulletin*. Nous n'avons qu'à nous féliciter de cet usage. Sans doute il est plus d'une question, plus d'un problème historique qui sont restés sans solution jusqu'ici ; mais nous avons eu assez fréquemment la satisfaction de pouvoir rendre quelques services, quand ce ne serait que de faire connaître le but des recherches et des travaux entrepris par les auteurs des questions et d'épargner ainsi parfois beaucoup de peines et de temps.

# ETUDES D'HISTOIRE PROVINCIALE
## A ROME

PAR

M. Henry DUBRULLE

Messieurs,

Il y a un an, par deux articles parus dans le journal l'*Univers*, Sa Grandeur Mgr Deramecourt, lançait l'idée de créer à Rome une sorte d'institut historique où chaque diocèse enverrait un représentant destiné à étudier les documents renfermés aux archives vaticanes. Lui-même, prenant une courageuse initiative, décidait de concert avec l'administration du diocèse de Cambrai, de m'envoyer à Rome dans ce but. Je voudrais vous exposer les résultats d'une première année de travail et les réflexions qu'ils me suggèrent. Ces résultats vous intéressent, Messieurs de l'Académie, puisque notre œuvre a été créée par votre ancien chancelier et bien des points importent au diocèse d'Arras. Enfin, il s'agit ici de l'histoire religieuse de nos provinces et n'avez-vous pas aujourd'hui magnifiquement groupées les sociétés du Nord de la France et du Midi de la Belgique ! !

Etant donnés les travaux déjà commencés de l'école française et de l'école belge sur le XIV° siècle, je n'ai pas cru devoir empiéter sur un domaine qui, espérons-le, sera complètement exploré dans un temps plus ou moins éloigné. Toutefois, j'ai relevé dans les registres dits *obligations et solutions* les mentions intéressant les diocèses de Laon, Noyon, Soissons, ainsi que celles concernant les parties du diocèse d'Arras qui appartiennent actuellement à celui de Cambrai. Ce sera le complément d'un travail qu'imprime actuellement le savant directeur de l'Institut historique belge.

J'ai pu ainsi rectifier en plus d'une centaine de points, les données fournies par le *Gallia Christiana* sur la chronologie des évêques et abbés. De plus, ces documents nous fournissent des renseignements précieux sur la misère à laquelle étaient réduites les abbayes par suite de la guerre de cent ans. C'est également à ces ravages que se rapporte une enquête entreprise en 1339 et que je dois faire connaître prochainement.

Dans la partie des archives qui concerne le XV° siècle, j'ai dépouillé tous les registres des papes, de Martin V à Paul II. Par les renseignements fournis, nous aurons, je crois, un état exact de ce qu'était le clergé de nos régions à cette époque. Grâce à un dépouillement rapide des suppliques, j'ai pu déjà dresser cet état pour le pontificat de Pie II. De plus, les *Annales de Saint Louis des Français* viennent de publier des *documents pour servir à l'histoire des indulgences accordées à la ville de Malines au milieu du XV° siècle.*

C'est en vain, malheureusement, que j'ai fouillé les fonds intéressant la période de la Révolution et de l'Empire, je n'ai rien trouvé concernant nos régions.

Par contre, j'ai eu l'heureuse fortune de compulser aux archives d'Etat, les registres de la Chambre apostolique. Ils m'ont fourni une liste très importante des bénéficiers de nos diocèses. Le *Bulletin de la Société d'Etudes de la province de Cambrai* a publié pour ce diocèse le nom des bénéficiers de 1458 à 1463. Les *Analectes* de Louvain commenceront très prochainement la publication des noms des bénéficiers des diocèses d'Arras, Cambrai, Thérouanne, Tournai, au XVe siècle. J'ose espérer qu'une Société Savante du Soissonnais entreprendra sous peu une publication analogue.

Vous pouvez voir ainsi, Messieurs, combien était juste l'idée de Sa Grandeur Monseigneur de Soissons. Cette idée a trouvé aussi ailleurs un commencement d'exécution. Les évêques d'Auch, de Cahors ont envoyé à Rome des travailleurs ; ici même, l'intelligent aumônier du lycée de Saint-Omer a montré dans une petite plaquette, ce que pouvaient fournir quelques recherches hâtives exécutées au cours d'un voyage.

Pour arriver à un résultat général, il faudrait augmenter et coordonner les efforts. Le peu d'expérience que m'a donné une année, m'a montré la facilité avec laquelle un seul chercheur, aidé par l'argent, peut s'occuper de plusieurs diocèses, et il m'a été souvent pénible de devoir borner mes recherches sur les diocèses d'Arras et de Thérouanne aux seules parties de la province de Cambrai. Pourtant, quelle tentation de réunir tous ces documents de nos pays pour former le superbe monument que serait le bullaire de la province de Reims ! Ce serait là œuvre facile et peu coûteuse. Espérons que l'initiative de Mgr Deramecourt sera suivie !

# LES SOCIÉTÉS SAVANTES

DE LA

## RÉGION DU NORD

### ET LEURS TRAVAUX HISTORIQUES

PAR

**L. QUARRÉ-REYBOURBON**

*Officier de l'Instruction publique,
Président de la Société des Sciences et Arts de Lille,
Vice-Président de la Société d'Etudes de la Province de Cambrai.*

---

Messieurs,

Je vous demande la permission de répondre en quelques mots à l'une des premières questions de l'ordre du jour de notre séance. *Ce qui a été fait dans les Sociétés savantes.* Je ne fais d'ailleurs qu'obéir. Notre cher Président m'a confié ce rapport, sans doute parce qu'il s'est dit qu'à mon âge on aime à vivre surtout dans le passé, ne pouvant plus se promettre l'avenir.

Comme le « bonhomme » de notre immortel Nadaud, plus que lui-même, je puis dire :

> Vous ne savez pas mon âge,
> J'ai *passé* quatre-vingts ans.
> Après un si long voyage
> On a connu bien des gens.

Je pourrais ajouter : on a connu bien des sociétés savantes. Il en est un certain nombre que j'ai vu naître, d'autres qui sont mes aînées. Je commence par celles-ci, c'est-à-dire les *centenaires*.

Mais au préalable je veux vous avertir, Messieurs, que, déclinant toute compétence sur d'autre terrain que l'histoire locale, c'est à ce seul point de vue que je parlerai de chacune d'elles. Je me bornerai également aux sociétés de notre département du Nord, laissant à nos collègues du Pas-de-Calais le soin de vous entretenir de leur Académie d'Arras, plus que centenaire, de leur Société des Antiquaires de la Morinie, de leur Commission des Monuments historiques et de leur Société académique de Boulogne sur-Mer ; à nos collègues de la Somme, celui de nous parler de la vénérable doyenne d'âge l'Académie d'Amiens, de la Société d'Emulation d'Abbeville, et des infatigables Antiquaires de la Picardie ; enfin à nos excellents voisins de la Belgique, l'honneur de vous présenter leurs savantes compagnies de Tournai, de Mons, d'Enghien, de Bruxelles, etc.

Je salue d'abord notre doyenne d'âge, la *Société centrale d'agriculture, sciences et arts de Douai*, qui est née le 7 avril 1799 et se trouve ainsi à cheval sur trois siècles. L'histoire locale lui doit beaucoup de bons travaux, qui ont pour auteurs, MM. Brassart, Le Glay, Dancoisne, Tailliar, de Coussemaker, Duthilleul, Escalier, Asselin, Cahier, Dehaisnes, Dechristé, Desjardins, de Cardevacque, de Warenghien, Rivière ; j'en oublie certainement, mais je ne puis les citer tous, vu le peu de temps qui m'est accordé.

Il faut cependant que je mentionne aussi cette excellente publication entreprise sous les auspices de la Société douaisienne et qui avait pris le trop modeste titre de *Souvenirs de Flandre Wallonne* : c'était un véritable trésor au point de vue de l'histoire locale et je ne suis pas le seul à regretter sa disparition.

Un peu plus jeune, mais pas de beaucoup, est la *Société des Sciences, de l'Agriculture et des Arts de Lille* qui date de 1802. Ses mémoires, qui comptent près de cent volumes, contiennent aussi de bons travaux d'histoire locale. Ne pouvant les mentionner tous, je puis au moins nommer leurs auteurs : de Melun, Le Glay, Desplanques, Dehaisnes, Leuridan, Finot, de Coussemaker, Houdoy. C'est elle qui a édité le premier inventaire des archives de la Chambre des Comptes, et le Nord monumental de Mgr Dehaisnes.

De plus je dois faire observer que par des concours annuels elle a encouragé puissamment les études d'histoire locale, qu'elle a couronné des travaux remarquables, par exemple l'histoire et le cartulaire de Flines, de Mgr Hautcœur, et tout récemment l'œuvre historique si considérable de notre Président, M. l'abbé Leuridan.

Je voulais signaler ces concours et ces récompenses décernées aux bons travaux d'histoire locale et je me hâte de dire que ce moyen d'émulation, si fécond en bons résultats est aussi pratiqué avec beaucoup de fruit par un certain nombre de Sociétés de la région.

A côté de nos deux centenaires, je salue la *Société d'Emulation de Cambrai*. Elle aussi sera centenaire le 10 octobre de cette année 1904. Dans les cinquante-sept volumes de ses Mémoires, il n'est guère de sujets intéressant les annales de a ville métropolitaine et les faits et gestes de ses habitants qui n'aient été étudiés; il faudrait une brochure entière pour énumérer les travaux historiques qu'ils renferment ; il suffira de dire qu'ils sont signés de noms bien connus parmi nous : Le Glay, Durieux, Wilbert, Brayelle, Deloffre, et d'autres encore.

*La Société d'Agriculture, Sciences et Arts de Valenciennes* fut fondée en 1831. Quoique plus spécialement dévouée aux intérêts agricoles et économiques de la région, elle a cependant publié six volumes de Mémoires historiques sur l'arrondissement et une section spéciale formée dans son sein a soin de se tenir au courant du mouvement historique et artistique.

De la *Commission historique du Nord*, fondée en 1839, il

faudrait reproduire ici la table des matières de ses vingt cinq volumes de Bulletin, dont tous les articles se rapportent à l'histoire locale. Je me bornerai à citer la statistique archéologique du département, œuvre collective publiée en 1867 et formant deux vol. in-8° et les six volumes de la statistique féodale de la Chatellenie de Lille, de M. Leuridan, véritable monument de patience et d'érudition. La Commission a aussi édité la magistrale histoire de l'art de Mgr Dehaisnes.

La *Société Dunkerquoise* et la *Société Archéologique de l'arrondissement d'Avesnes*, sœurs jumelles nées en 1851, ont également apporté à la science historique locale, un tribut considérable d'excellents mémoires et travaux.

J'en puis dire autant du *Comité Flamand de France*, presque contemporain, puisqu'il vit le jour en 1853. Son objectif était d'étudier et de ressusciter les monuments de la langue et de la littérature flamandes et il a publié d'excellentes études dans cet ordre d'idées. Il a d'ailleurs élargi son programme et nombreux sont les mémoires d'histoire locale que l'on rencontre dans ses Bulletins et ses Annales.

Avec le *Comité Flamand*, je clos la série de nos sociétés *quinquagénaires*.

Je me sentirai rajeunir encore en vous parlant de la *Société d'Emulation de Roubaix*. Elle n'a que 37 ans et vingt-trois volumes de Mémoires, plus un volume hors Mémoires de *Sources de l'Histoire de Roubaix* par M. Leuridan. De cet ami tant regretté, je trouve jusqu'à dix-sept travaux historiques sur Roubaix et sur la région de la Flandre Wallonne. Sans doute pour donner raison au vieux proverbe : tel père tel fils, M. l'abbé Leuridan a inséré dans ces mêmes volumes, vingt autres ouvrages, travaux d'histoire locale, parmi lesquels je mentionnerai huit inventaires d'archives communales.

Sous le patronage de l'illustre annaliste de Dunkerque, l'*Union Faulconnier*, créée le 3 avril 1895, publie chaque année un volume de bulletin presque totalement consacré à l'histoire de Dunkerque et de son arrondissement.

J'aurai achevé ma courte revue quand j'aurai nommé la

*Société d'Etudes de la Province de Cambrai*. Son fondateur et président m'a bien recommandé de me borner à la mentionner ; elle est, prétend-t-il, trop jeune encore, n'ayant pas encore achevé sa septième année, pour paraître dans le monde. Je suis fort obéissant par caractère ; mais comment voulez-vous qu'ayant été appelé à assister et à collaborer à la fondation de cette jeune société, je ne la considère pas quelque peu comme ma fille de prédilection, ma benjamine ? Et pourriez-vous empêcher un papa, un vieux grand-papa de faire l'éloge de sa petite-fille ?

Je vous dirai donc, Messieurs, qu'en moins de six ans, elle a distribué à ses membres 5 volumes et demi de Bulletin mensuel et 8 volumes et demi de Mémoires, qu'elle a actuellement en carton, attendant patiemment leur tour d'impression, de nombreux et intéressants travaux et documents ; ils forment un stock suffisant à alimenter cinq à six nouveaux volumes et à chaque séance mensuelle ce stock s'augmente dans des proportions qui causent de perpétuels soucis à notre secrétaire et à notre trésorier. Il faut vous dire que la société ne reçoit aucune subvention ni gouvernementale, ni départementale, ni municipale et que c'est donc à ses seules ressources, c'est-à-dire aux minimes cotisations de ses membres, qu'elle doit avoir recours pour ses publications; dans ces conditions financières, deux volumes par an, c'est tout ce qu'elle peut faire. Mais cela vous prouve que dans cette jeune société, l'on travaille beaucoup et l'on travaille bien ! L'on a déjà à maintes reprises et de divers côtés, constaté les heureux résultats obtenus par elle, le puissant élan qu'elle a imprimé, dans la région, aux recherches et aux études d'histoire locale ; le sentiment de vive émulation qu'elle a suscité surtout parmi nos jeunes confrères qui, chez nous, forment une agréable et réconfortante majorité. Je lui souhaite en terminant, longue et utile carrière, qui lui permette de marcher avec honneur sur les traces de ses sœurs aînées et d'arriver comme elles à un glorieux centenaire.

# PROJET DE FÉDÉRATION AMICALE

## des Sociétés Savantes de province

PRÉSENTÉ AU NOM DE

### LA SOCIÉTÉ DUNKERQUOISE

pour l'avancement des Sciences, des Lettres et des Arts.

par le Docteur LANCRY

*Ancien interne des hôpitaux de Paris.*

---

MESSIEURS,

Tout à l'heure, en attendant l'ouverture de la séance, et tandis que chacun de nous donnait son nom au très aimable secrétaire de l'Académie d'Arras, M. Barbier, j'ai fait une constatation très fâcheuse. Je me suis trouvé très confus de ne connaître à peu près personne dans cette Assemblée de savants, d'érudits, de travailleurs qui représentent l'élite intellectuelle de la région que j'habite, et je me suis senti très humilié, je le confesse, de n'être moi-même connu de personne. Et pourtant il y a des travaux de haute valeur dans les Mémoires des Sociétés Savantes de province, je puis l'affirmer, moi, qui fais partie de quatre Sociétés : le Comité flamand, les Antiquaires de la Morinie, la Société Faulconnier et la Société Dunkerquoise.

Pour remédier dans la mesure du possible à une situation si fâcheuse, j'ai proposé à la Société Dunkerquoise, dont je suis archiviste, de prendre l'initiative d'une Fédération

Amicale des Sociétés Savantes de province. M. le Docteur Duriau, son président, un savant à l'esprit ouvert à toutes les initiatives fécondes, m'a fortement encouragé, et la *Société Dunkerquoise* toute entière a complètement accepté ce projet, qui est en voie de réalisation depuis 1903. Aussi est-ce en son nom, et par délégation spéciale, que j'ai l'honneur de m'adresser à vous en ce moment. La difficulté est de faire un exposé clair et succinct : je vais m'y essayer.

Vous connaissez peut-être certains petits livres de vulgarisation que publient les associations de villes d'eau. Chaque ville d'eau envoie une notice sur sa station balnéaire ; un comité recueille toutes les notices, les fait imprimer et les expédie à qui de droit. C'est exactement cela que nous voudrions faire, à part la distribution gratuite qui n'entre pas dans nos vues.

En d'autres termes, la Société Dunkerquoise s'érigerait *provisoirement* — je souligne provisoirement — en comité chargé de l'impression de la notice. Et chaque société, qui voudrait bien se fédérer avec nous, nous adresserait chaque année une notice sur ses travaux, notice que nous donnerions *telle quelle* à l'imprimeur sans nous reconnaître le droit d'y changer un iota.

Comment serait conçue et rédigée cette notice ? — Mais comme il plairait à la Société intéressée, puisque c'est elle qui la rédigerait et nous l'adresserait. Veut-elle faire un rapport, une analyse, un index bibliographique, un simple sommaire : nous ne pouvons mieux faire que de nous en rapporter à elle. Ce serait, du reste, de toute justice car il va de soi que cette publication serait faite à frais communs, chaque société participant aux frais *au prorata du nombre de pages* qu'elle demanderait.

A quelles sociétés faisons-nous appel ? A toutes les Sociétés savantes de province. C'est dire que nous excluons, du moins provisoirement, et les sociétés étrangères et les sociétés parisiennes. Pourquoi ? mais tout simplement parce que, à mon appréciation, la province est très injustement méconnue. Il est vrai que c'est un peu de sa faute : quand on veut être estimé des autres il faut commencer par s'estimer soi-même; et puis il ne faut pas, par une fausse pudeur qui n'est plus de notre temps, avoir l'air de dédaigner la publicité. Toutes les valeurs, aujourd'hui sont grossies par la publicité : celle qui dédaigne le grossissement général est en état d'infériorité relative

Je crois que je me suis expliqué d'une manière suffisante. Du reste, j'ai déjà publié ce projet dans une brochure que la Société Dunkerquoise a envoyée à toutes les Sociétés de province.

Je tiens à préciser que nous n'avons pas d'autre idée arrêtée que celle d'agir et de faire quelque chose. Au fur et mesure que l'expérience nous montrera des améliorations, nous les réaliserons, car le projet que j'ai l'honneur de vous soumettre est perfectible d'une manière indéfinie.

Pour cette année – mais pour cette année seulement — la Société Dunkerquoise prend à sa charge pécuniaire de publier un compte-rendu des travaux de l'année 1903. Quand ce premier compte-rendu sera publié, le projet aura pris corps, et on pourra juger en connaissance de cause.

Aussi, si notre éminent président, M. le Baron Cavrois veut bien me le permettre, je ne poserai pas d'autre conclusion que cet avis.

J'ai l'honneur de vous informer que la Société Dunkerquoise publiera en brochure spéciale le compte rendu des travaux de *dix neuf cent trois* de toutes les Sociétés Savantes de province qui voudront bien nous adresser ce compte rendu.

Nous vous prions d'écrire très lisiblement le manuscrit que nous vous demandons, et aussi de le faire assez court pour qu'il ne dépasse pas cinq pages d'impression.

Et nous attendrons jusqu'au premier octobre, extrême et dernière limite, les sociétés qui voudront bien s'unir à nous.

Messieurs et Chers Collègues, nous sommes dans le siècle de la solidarité, de l'union, de la fédération. Je vous parlais tout à l'heure de l'union des villes d'eau, je pourrais plus judicieusement vous parler de la fédération des différentes ligues pour le bien : ligue anti-tuberculeuse, ligue anti-alcoolique, ligue contre la mortalité infantile, ligue du coin de terre et du foyer avec les jardins ouvriers qui va très prochainement se réunir dans cette même ville et dans ce même local pour le premier congrès de l'alliance d'hygiène sociale.

Modestes mais laborieux et si méritants savants de province, ne vous diminuez pas vous-mêmes, sachez vous apprécier à votre juste mérite, et croyez qu'il importe au bien général que vos travaux soient plus connus et plus vulgarisés entre vous et dans le grand public : c'est la pensée maîtresse qui a inspiré cette communication.

# LES SOURCES
## ET
## L'Auteur du Coutumier d'Artois

par

Paul COLLINET

*Professeur à la Faculté de Droit de l'Université de Lille,
Membre de la Commission Historique
du département du Nord.*

---

Messieurs,

Le Coutumier d'Artois a été composé entre 1283 et 1302, par un auteur inconnu, dont je ne pourrai donner que la qualité vraisemblable. L'édition ancienne du jurisconsulte artésien, Maillart, a été supplantée par celle d'Ad. Tardif (1883). Cette nouvelle édition, faite d'après les deux manuscrits connus, n'est pas parfaite en ce sens que les leçons des manuscrits adoptées par Tardif peuvent être quelquefois corrigées, la ponctuation et la coupure des paragraphes rectifiées, et enfin les notes critiques multipliées et rendues plus utiles aux historiens du droit par l'indication des sources où a puisé l'Anonyme.

Je voudrais montrer en quelques mots quelles améliorations apportera mon Introduction au Coutumier d'Artois, dont j'ai préparé une édition critique.

I

Tous les historiens du droit ont reconnu que notre texte n'était que pour partie une œuvre originale. Tardif et

M. Viollet ont découvert très facilement deux sources auxquelles sont empruntés maints passages : le *Conseil de Pierre de Fontaines* et les *Etablissements de Saint-Louis*. Mais personne n'a encore établi mot par mot la somme des emprunts faits, à ces deux ouvrages et, d'autre part, personne ne s'est aperçu que l'Artésien avait puisé, pour les chapitres de son livre qui touchent à la procédure, à une troisième source : l'*Ordo judiciarius* de Tancrède, le plus répandu des manuels de procédure canonique du xiii$^e$ siècle.

I. — C'est au *Conseil* de P. de Fontaines, œuvre doctrinale de 1248, écrite en Vermandois, que l'Anonyme a pris le plus. Il ne faut pas aller jusqu'à dire avec Klimrath et Marnier que le Coutumier « est un remaniement augmenté du Conseil, à l'usage de l'Artois, au xiv$^e$ siècle. » Mais Laferrière a eu raison de voir dans le Conseil le modèle de notre auteur. Comme lui, il se propose d' « endoctriner » un jeune homme sur la matière juridique. Le nom de « doctrine » est celui qu'il donne à son œuvre (tit. lii § 6) et l'allure générale du traité en fait une œuvre savante et pratique à la fois. Il s'adresse à plusieurs reprises à son « biau fieus » et le style direct est constamment employé par lui. Donc notre auteur a pris à P. de Fontaines l'idée et la façon d'écrire.

Si nous entrons dans le détail, nous constaterons quelle part considérable est venue du Conseil. Il n'est ni suffisant ni exact de suivre sur cela Tardif, qui regarde comme empruntés, seulement les premiers titres. J'ai dressé un tableau de concordance qui montre des imitations nombreuses dans le prologue, et les titres i, iii, vii, x, xi, xviii, xxvii, xxxi, liv, lv, lvi.

II. — M. Viollet a donné, en termes excellents, dans son édition des *Etablissements de St-Louis*, une idée générale sur les procédés de travail de l'Artésien et indiqué la mesure dans laquelle il a utilisé le célèbre Coutumier de Touraine, Anjou et Orléanais. L'imitation est visible dans les titres iv, viii à xvii, xlviii. Comme il fait pour le Conseil, il prend à son modèle tantôt un titre entier, tantôt un paragraphe, une phrase qu'il copie ou dont il reproduit le sens seulement.

III. — La troisième source de l'Artésien est l'*Ordo judiciarius* de Tancrède, qu'il a reproduit surtout dans les titres xlix, li, lii, liii, liv, consacrés à la procédure.

Il n'est pas surprenant que notre jurisconsulte se soit servi de cet ouvrage canonique dont le succès fut immense au Moyen-Age. Nous savons pertinemment que l'œuvre du chanoine de Bologne était connue en Artois : la bibliothèque de la comtesse Mahaut en renfermait une traduction en français : *I. Romans de l'ordenance mestre Tranque*. Disons en passant que le Roux de Lincy, éditeur de l'*Inventaire des biens* de Mahaut n'a pas pu identifier ce livre ! L'imagination pourrait nous faire supposer que c'est cet exemplaire que l'Artésien a suivi — car il était le contemporain de Mahaut et, mieux, un homme qui approchait de la cour de justice comtale comme je le dirai plus bas. Mais je crois pouvoir établir que le jurisconsulte a eu en mains, non un texte français, mais un texte latin de l'*Ordo* dont il a traduit lui-même les passages intéressants pour son livre.

## II

Les emprunts aux trois sources citées représentent environ la moitié de l'ouvrage. Que reste-t-il dans les parties originales ? Quelle est leur valeur ? Et peut-on tirer d'elles des renseignements sur la qualité de l'auteur ?

Il est impossible de songer à comparer l'Artésien à Beaumanoir, qui reste le plus grand de nos jurisconsultes du Moyen-Age. Mais je partage complètement l'opinion de M. Viollet, qui le préfère au compilateur des *Etablissements de St-Louis*, déjà lui-même en progrès sur P. de Fontaines et l'auteur inconnu de *Jostice et Plet*. M. Viollet le trouve « remarquable » et « jurisconsulte fort intelligent ». Selon nous, il n'est pas, sur certains points, inférieur au tournaisien Boutillier et dépasse J. d'Ableiges, le rédacteur du Grand Coutumier de France.

Ce jugement sur l'homme et l'écrivain juridique peut être corroboré par l'observation suivante. Tout en imitant ses modèles, il n'a pas fait toujours œuvre de copiste servile. Il sait modifier les phrases selon ses besoins, ajouter des remarques personnelles, raccorder les passages empruntés, ou omettre les institutions qui n'existent pas en Artois. Il garde, en un mot, son indépendance vis-à-vis de ses sources.

Je ne nie pas que, suivant le mot de M. Viollet, l'œuvre est peu méthodique et porte l'empreinte d'une certaine précipitation. Telle qu'elle est, et en lui laissant son caractère d'œuvre de second ordre, elle a à mes yeux pour mérite principal d'être une œuvre *locale* nous renseignant parfaitement sur la pratique juridique de l'Artois à la fin du XIIIe siècle.

Les passages originaux les plus importants pour nous sont, en effet, ceux qui contiennent du droit local, donné comme fixé par la *coutume* ou par l'*usage d'Artois*, et ceux aussi qui rappellent des procès plaidés dans le pays. J'arrive par là à la dernière partie de mon étude.

### III

En collationnant les différents procès que relate l'auteur, parfois avec certains détails (par exemple le procès de la commune de Daufine avec les Templiers), on voit qu'il a assisté *personnellement* à beaucoup de causes produites à la cour du Comte d'Artois à Arras et à Beauquesne, à la Cour du roi à Doullens, devant le prévôt de Beauquesne, — au château d'Ancre (Albert) — et devant le bailli d'Hesdin. Il rapporte aussi d'autres causes, auxquelles il n'a pas dû assister, à la Cour du seigneur de Vaiecourt, tenue d'Artois. Enfin il cite un modèle d'acte de compromis en prenant pour exemple B., Bailli de St-Omer et les hommes de messire d'Artois.

Nous pouvons conclure de là que l'auteur est un praticien, peut être un clerc attaché à la Cour du Comte, ou mieux un avocat ou un procureur du pays. On remarquera, non sans surprise, qu'il a dissimulé, non seulement son nom, mais même sa qualité, qu'il ne laisse apparaître ni soupçonner nulle part.

# QUELQUES MOTS

SUR

# L'EMPLOI DU FRANÇAIS PROVINCIAL

DANS LE LANGAGE POPULAIRE ARTÉSIEN

PAR

## M. Ed. EDMONT

Messieurs,

Vous avez sans doute remarqué bien des fois que lorsqu'un paysan, un homme du peuple dont le parler habituel est le patois, adresse la parole à un supérieur, à un étranger ou à une personne d'une plus haute condition que la sienne, il a bien soin d'employer un langage plus relevé, ou en d'autres termes, de chercher à parler français. Mais ce langage n'est qu'un pastiche de la langue académique : composé de termes français prononcés d'une façon conforme aux lois phonétiques du parler local, et entremêlé de mots nouveaux forgés sur le modèle des termes français analogues, il ne ressemble pas plus au parisien qu'au patois. C'est ce que l'on est convenu d'appeler du *français provincial*.

« Le français provincial est le français importé dans des contrées où le langage indigène est un patois, français qui se développe selon ses propres germes et moyens de développement et s'altère sous l'influence des patois ; c'est une langue de nature essentiellement éphémère, inconstante, individuelle, et dont l'individualité est de plus en plus marquée à mesure qu'on pénètre plus profondément dans les couches les moins cultivées de la société. Les caractères grammaticaux qui le différencient du français sont ce que nous appelons des fautes de français ; ses caractères lexicologiques sont des mots empruntés au patois ou des mots français indûment formés (1). »

L'existence du français provincial, parallèlement au langage populaire courant, est constatée dans les parlers de toutes les provinces ; et il est à remarquer que les *beaux parleurs* qui s'en servent, — les *francimans*, comme on les appelle dans certaines régions, — sont amenés non seulement à créer de nouveaux vocables, mais encore à faire revivre involontairement certaines expressions disparues depuis des siècles de la langue littéraire (2).

Permettez-moi, Messieurs, de passer rapidement en revue quelques-unes des diverses transformations que font subir aux mots patois les gens du peuple qui ont la prétention de savoir ou de vouloir parler français. J'examinerai successivement l'action analogique des principaux sons artésiens dans la formation du français provincial, en prenant comme exemples quelques phrases *françaises* (?) recueillies dans la région de Saint-Pol.

*\**

A. — *Des gens comme ça, ça n'est pas fait pour* enspirer *de la pitié* (ENspirer = INspirer).

Dans les patois septentrionaux, le son nasal français *en (an)* se transforme généralement en *in*. Les mots *embellir,*

---

(1) J. GILLIÉRON, Mélanges gallo-romans.
(2) Je mets en note ci-après, au bas des pages, quelques exemples des vieilles formes ainsi restituées par le français provincial de notre région.

*encombrer, enfiler, enrichir, entamer, entonner, entourer, envahir, envier, environner, éventer, lamenter, manger, mentir, moment, rentier, tempête, vente*, etc., y deviennent *imbellir, incombrer, infiler, inrichir, intamer, intonner, intourer, invahir, invier, invironner, évinter, laminter, minger, mintir, momint, rintier, timpête, vinte*, etc. Le paysan illettré ou presque illettré, sachant parfaitement que le patois *in* est l'équivalent du français *en* (ou *an*), sera tout naturellement porté à assimiler aux termes patois analogues les mots français dans lesquels il remarquera ce son *in*, et jugera non moins naturellement que, pour parler d'une manière plus correcte, il devra changer *in* en *en* toutes les fois qu'il rencontrera le premier de ces deux sons dans les termes français qu'il emploie.

Par exemple, il dira, comme je l'ai entendu maintes fois : M. l'*enspecteur*, M. l'*engénieur*, pour M. l'*inspecteur*, M. l'*ingénieur* ; — il emploiera les formes *centure, centuron, embécile, embiber, empératrice, emperméabe, encliner, enculte, endécis, endividu, endu, enfanterie, enfernal, enfirme, enfirmité, enflammation, ensecte, enspirer, ensulte, ensulter, enstaller, enstallation, entrépite, entrevalle, entrouvabe, pence-sans-rire*, etc., au lieu des mots : *ceinture, ceinturon, imbécile, imbiber, impératrice, imperméable, incliner, inculte, indécis, individu, indu, infanterie, infernal, infirme, infirmité, inflammation, insecte, inspirer, insulte, insulter, installer, installation, intrépide, intervalle, introuvable, pince-sans-rire*, etc. ; — les mots patois : *chindron, déchindâne, ed bistincuin, dintier, gramint, imbanquè, imbroule, inchèpe, incheper, incaucher, induration, induquer, inflambir, infliquer, ingarner, inraquer, interprindeux, interquer, intermie, inturne. fincheler, grincher, rincher, rinchure, rinchurette, rindiau, rinque, rinfortatif, rinsigner, tinchon*, etc., deviendront : *cendron, descendâne, de bistencoin, denter, grament* ou *granment* (1), *embanqué* ou *embanché, embroule, enchèpe* ou *encèpe, encheper* ou *enceper* (2), *enchausser, enducation, enduquer, enflambir, enfliquer* ou *enflicher, engarner* ou *engrener, enracher, enterprendeur* ou *entreprendeur, enterquer* ou *entercher, entremie, enturne, fenceler* ou *fencheler, grencer, rencer, rençure, rençurette, rendeau* (3), *renche, renfortatif, rensigner, tençon,* etc. — *Brin, clochepin, faim, gobelin, main, pach'min, rien, rindon, rindonner,* etc., seront prononcés : *bran, clocepan, fan, gobelan, man, paceman, rian, randon, randonner,* etc.

Il arrive même parfois qu'à défaut de mots où la présence de *in* eût fourni au paysan l'occasion naturelle de céder à son besoin d'altération, ou si l'on veut, de rectification, il se rejettera sur ceux de ces mots d'où cette syllabe est absente, pour peu qu'ils offrent quelque analogie de forme avec d'autres vocables régulièrement nasalisés. Il dira, par exemple : *entention* pour *attention*; *emblée, embléyeur* pour *hablée,*

---

(1) « Li reis Yram de Tyr truvad al rei Salomun mairen de cedre et de sap et de cyprès, et or *granment* a faire les ovres del temple... » (*Livre des Rois*, p. 268).

« Deux solz pour chascune teste relevant à chascun seigneur, soit de peu ou *gramment* d'héritaiges... » (*Coutumes locales d'Hénin-Liétard*, dans Bouthors, ii, 358).

<blockquote>« Quand il partit de son pays,<br>
Pas *granment* d'argent il n'avoit. »<br>
(Fr. Villon, *La Troisième Repeue*).</blockquote>

(2) « *Enceper*, mettre dans les entraves, dans les ceps. » (*Dict. de* Lacurne). — « *Encheper*, mettre aux fers. » Lacombe, *Dict. du vieux lang.*).

(3) *Rendeau*, pour *rindiau* (talus plus ou moins élevé qui sépare deux champs situés sur une déclivité), est fréquemment employé dans les anciens actes :

« Luy, pour dix mesures ou onze de terre tenant de liste au grand *rendeau* quy va au bois de Gauchin, d'autre liste... » (*Terrier de la terre et marquisat de Croix*, 1737).

*hablayeux; envaler, envalon, envaleur* pour *avaler, avalon, avaleur*. Cette transformation de *a* en *en* ou en *in* se remarque même dans le parler populaire des grandes villes : j'ai pu moi-même constater qu'à Paris, l'homme du peuple emploie fréquemment les formes *infection, infectionné, s'encoquiner, emmeublement,* au lieu des mots *affection, affectionné, s'acoquiner, ameublement*.

Du XIV⁰ au XVI⁰ siècle, un certain nombre de mots, dans lesquels figurait à l'origine le préfixe *en*, ont été refaits par les savants, lesquels ont remplacé *en* par *in*, dans le but évident de rapprocher ces mots le plus possible des primitifs latins. *Infirmus, infirmitatem, inculpare, incarcerare, incredulitatem, inclinare, intentionem*, qui avaient donné en vieux français : *enferme, enfermeté, encolper* ou *encouper, enchartrer* ou *encartrer, encrédulité, encliner, entencion*, sont ainsi devenus, sous l'influence savante des grammairiens : *infirme, infirmité, inculper, incarcérer, incrédulité, incliner, intention*. C'est vraisemblablement en témoignage de l'attachement du peuple pour ces anciennes formes de langage, que la prononciation populaire, rejetant le son *in*, réintroduit la syllabe *en* dans quelques vocables.

*\*\**

B. — *Prenez la* charafe *qu'elle est là sur la* dresse.

Dans cette phrase, deux caractères se présentent à l'étude : 1) cʜ*arafe* = c*arafe* ; 2) *dresse* = *drèche* (dressoir).

1) De même que le patois picard, les divers parlers artésiens maintiennent le son *k* partout où les Latins sonnaient le *c* dur : *acater* (bas latin *accaptare*), *canter (cantare), cantiau (cantus), carogne (caro), cat, cot (cattus), vaque (vacca), bouque (bucca), car, carette (carrus), cardon (carduus), capiau (capellus), péqueux (piscator)*, etc.

Quand nos paysans veulent s'exprimer d'une manière un peu moins rustique que celle qui leur est habituelle, ils se servent des mots français équivalents : *acheter, chanter, chanteau, charogne, chat, vache, bouche, char, charrette, chardon, chapeau, pêcheur*, etc. Conséquents avec les règles de prononciation qu'ils ont adoptées, ils donneront, par analogie, une tournure française aux termes patois dans lesquels se rencontre la consonne *k, (c* dur ou *qu)* qu'ils remplaceront par *ch*, et diront, par exemple : *achater* (1), *blacher, breloche, chachuet* (2), *chafaran, chafourneau, chaïelle* (3), *chaplute, chasseron, chassure, chatoire, chassoire, chemineau, débocher, déflachure, déracher, desharnaicher, drache, échahon, d'échalot, échardonnette, écherber, échettes, échéyances, échisser, échorisses, embanché, enflicher, enracher, entercher, flamiche* (4), *fourchonner, fraichelume, franchet, fréchelle, frucher, harnaicher, harnaichure, méchenne* (5), *méchinette, plucher, rache, racher* (6), *rachiller, rachillon, raveluche, renche, rétricher, sèche* (subst.), *terche*, etc., au lieu de : *acater, blaquer, barloque, cacuet, cafarin, cafour-*

(1)   « Amours n'*achate* ne vent »
(*Anc. Poés. mss. du Vatican*, dans LACURNE )

« Sy *achapterent* le chasteau des Anglois ceux de Bayonne quatre mille francs. » (FROISSART, II, II, 39).

(2) « *Chachevel*, crâne. » (GODEFROY, *Lex. de l'anc. franç.*).

(3) Le patois wallon a conservé l'ancienne forme *caïère* (*cathedra*), dont l'artésien *caïelle* a été formé par permutation de l' *r* en *l* (à Saint-Pol : *caractèle*, caractère ; *Gaquèle*, Gaquerre (nom propre) ; *urcèle*, ulcère).

« Dites à Jean de Chastel-Morant qu'il s'en voise reposer un peu en sa *chaiere*. » (FROISSART, II, II, 81).

(4) « Et quant celle piece est echauffée, ils jettent de celle clere paste sur celle chaude pièce, et en font un petit tourtel en manière de *flamiche*, ou de buignet. » (FROISSART, I, 16).

(5) « La demoiselle... avoit en sa compaignie ung escuier et une *meschine*. » (PERCEF, VI, 82).

(6)   « Et *rache* contremont el despit de Jesu. »
(*Aiol*, v. 9644, dans LACURNE).

« Il commença a escopir ou *rachier* contre terre. » (*J. J.*, 144, id.)

*niau, caïelle, caplute, cacheron, cachure, catoire, cachoire, queminiau, déboquer, déflacure, déraquer, dernaiquer, draque, écahon, d'écalot, écardonnette, équerber, équettes, équéyances, équicher, écoriches, inbanqué, infliquer, inraquer, interquer, flamique, fourconner, fraiqueteume, franquet, ferquelle, fruquer, harnaiquer, harnaicure, méquenne, méquinette, pluquer, raque, raquer, raquiller, raquillon, raveluque, rinque, rétriquer, sèque, terque*, etc.

Il en sera de même pour certains mots français où le paysan aura remarqué la présence de *k*, considéré par lui, comme un son patois, tels que *brancard, brancardier, cahute,* **carafe**, *flaque,* etc. Ces mots deviendront, en français provincial : *branchard, branchardier, chahute,* **charafe**, *flache*, et de la bouche des *beaux parleurs* on pourra entendre sortir des phrases du genre de celles-ci : *ma* chahute *elle est fondue ; apportez-moi la* charafe *; — mon* branchard *de gabriolet il est cassé ; j'avais marché dans la* flache.

2) Les parlers picards, artésiens et wallons remplacent ordinairement l's dure *(ss)* ou le *c* doux de certains mots par la consonne chuintante *ch*. Ainsi *adoucir* devient *adouchir ; abaisser, abacher ; aperçu, aperchu ; besace, bésache ; brasse, brache; chasse, cache ; cinq, chinq ; cirer, chirer ; dresser, drécher ; ficelle, fichelle ; glace, glache ; garçon, garchon ; laisser, laicher ; maçon, machon ; pinson, pinchon ; pisser, picher ; place, plache ; poussin, pouchin ; puce, puche ; sucer, chucher,* etc. Mais lorsqu'il voudra *bien parler*, le paysan délaissera toujours la forme populaire, pour ne se servir que du mot français correspondant.

En outre, au lieu des vocables patois : *adoucher, agache, amindiche, angouche, s'anicher, balbucher, brouche, champreule, chifarnèe, chinchelle, clochepin, cruchon, dache, dacher, s'dépicher, déracher, déchindâne, détri-*

cher, **drèche**, duchemint, incheper, épouriche, fincheler, fichau, glimacheux, glimachure, grincher, houche, lancheron, lémuchon, lichefrite, moncheler, mouchon, mucher, pachemin, pichon, racourche, racourcher, radoucher, ramoncheler, rapouchiner, archiner, réchuer, chorchelle, chuchette, tinchon, tercheu, tillache, vauchelle, iauiche, etc., il emploiera les formes suivantes, que par analogie il aura forgées sur le modèle des mots français cités plus haut :

*Adoucer* (1), *agace* ou *agasse* (2), *amendice*, *angousse* (3), *s'anicer*, *balbucer*, *brousse*, *çampreule*, *cifarnée* ou *cifrenée*, *cincelle* (4), *clocepan*, *crusson* ou *croisson* (5), *dace*, *dacer*, *se dépicer*, *déracer*, *descendâne*, *détricer*, **dresse** (6), *ducement*, *enceper* (7), *épourisse*, *fenceler*, *fissau* (8), *glimaceux*, *glimaçure*, *grencer*, *houce*, *lanceron* (9), *lémuçon*, *licefrite*, *monceler*, *mous-*

(1)  « La belle gracieuse et doulce
Qui mes maulx amoureux *adoulce*. »
*(G. Machaut*, mss., dans Lacurne).

(2) « Ny les criards chahuans, ny les *agasses* jangleresses. » (Baïf).

(3) « *Angousse*. » *(Psautier* mss. cité dans Lacurne).

(4) « *Cincele*, moucheron, cousin. » (F Godefroy, *Dict.*).

(5) « Femmes qui font les enfans sur terre de mauvaise *croisson* et de puteur, et quant elles se voyent délivrés de mauvais fruict, souventes fois, par leur malice, elles le changent en ung bon. » (Percef., III, 158).

(6) « Une frise, une *dresse*, ou aurmoire. » (Invent., St-Pol, 1752).

(7) « *Enceper*, mettre dans les entraves, dans les ceps. » (Borel, Oudin, Cotgrave et Nicot).

(8) « *Fissau*, » (Cotgrave). — « Une fisseliere a prendre bestes que on appelle *fissiaulx*. » (J. J., dans Lacurne).

(9) « *Laceron*, laiteron. » (Oudin).

*son* (1), *musser* (2), *paceman* ou *pacemin, pisson* (3), *racource, racourcer, radoucer, ramonceler, rapoussiner, reciner* (4), *ressuer* (5), *sorcielle, sucette, tençon, terceu* (6), *tiliace, vaucelle, eauisse*, etc.

De plus, certains vocables français, que le paysan jugera présenter une tournure patoise, parce qu'il y aura remarqué la présence du son chuintant populaire *ch*, qu'il a pour habitude, dans son parler, de substituer au *c* doux, seront également par lui modifiés selon les lois phonétiques de son dialecte. *Caboche, chabraque, chacun, chagrin, châle, chambranle, chance, charité, charlatan, chaux, chef-d'œuvre, chiper, chiquer, dénicher, dimanche, guichet, hâcher, hoche-queue,* etc., deviendront ainsi, de la façon la plus logique : *caboce, çabraque, çacun, çagrin, çâle, çambranle, çance, çarité. çarlatan, çaux, cé-d'œuvre, ciper, ciquer, dénicer, dimance* (7), *guicet, hâcer, hoce-queue,* etc. (*I avait mis dans sa* caboce *de ne pas le faire ; — dans ce monde ici, c'est* çacun *pour lui ; —* ça *lui fera du* çagrin *; — nous n'avons jamais la* çance *de gagner ; — il a une langue de* çarlatan *; — voilà un beau* cé-

---

(1) « Se *moussons* y gargonnent ou y font leurs nyds, c'est signe de bon air et de bonne fortune. » (*Evang. des Quenouilles*, 37).

(2) « Nous ne cherchons que quelques coins pour nous acroupir, et *musser* de la vue des hommes. » (CHARRON, *Traité de la Sagesse*, p. 148). — « Et soy *mucer* en quelque petit trou de taulpe. » (RABELAIS, ch. XII).

(3) « Pesquier as *pissons*. » (FROISSART, X, 71).

(4) « Iceulx voisins se mirent ensemble pour aler *reciner*. « (*Lett. de rémiss.*, 1477, dans LACURNE).

(5) « Les autres, qui tous engelés estoient et tous mouillés, faisoient grands feux pour eux *ressuer* et réchauffer. » (FROISSART, II, II, 17).

(6) « *Terçœul*, le son, le restant de l'arrière-blutage. » (LACURNE, *Dict. de l'ancien lang. franç.* — GODEFROY, *Lex. de l'anc. franç.*).

(7) « Le *dimence* premier behourdy. » (*Charte de Cambrai*, an 1420, dans LACURNE).

d'œuvre ; — *les nids de fauvettes, faut pas les* dénicer ; — *j'ai attendu au* guicet ; — *elle est en train d'*hâcer *de la viande ;* etc.).

*\*\**

C. — *J'ai eu cette année une bonne* **rendizon** *de* **gruzelles** *(rendizon, gruzelles = rindijon, grujelles).*

Dans les patois de nos régions, l's douce ($s = z$) est remplacée par *j* quand elle est précédée d'un *i*, que cet *i* soit exprimé dans le mot, ou qu'il soit sous entendu, c'est-à-dire à l'état latent dans le radical étymologique. Ainsi les mots français : *attiser, baiser* (verbe), *baptiser, cerisier, ciseaux, croiser, disant, luisant, maison, noisette, prison, tamiser, tisonnier,* etc., y sont remplacés par les formes populaires : *attijer, bajer, baptijer, ch'rijer, chiieaux, creujer, dijant, luijant, majon, nouéjette* ou *nojette, prijon, tamijer, tijonnier,* etc.

En raison de cette règle, qui ne souffre que peu d'exceptions, le paysan qui voudra *bien parler* trouvera tout naturel, pour franciser à sa manière certains termes patois analogues, de changer en *z* le *j* qui s'y rencontre, et de dire, par exemple : *aguzer* (1), *abatizon, dévalizon, dizeau, dizoire, empunazer, fleurizon,* **gruzelle,** *gruzellier* ou *gruzillier, murizon* ou *meurizon, nozer, ouzeau, ouzon, panizon, pondizon, rédizeur* ou *rédizeux, rendizon, rapazer, rozin,* etc., au lieu de : *agujer, abatijon, dévalijon, dijeau, dijoire, impunajer, fleurijon, grujelle, grujillier, meurijon, nouéjer, oujeau, oujon, panijon, pondijon, rédijeux, rindijon, rapajer, rojin,* etc.

----

(1) Pour éviter toute erreur dans la prononciation, j'écris, avec le *z* : *aguzer,* etc., au lieu d'*aguser,* avec l's douce, orthographe qui serait peut-être plus rationnelle, mais qui pourrait occasionner une confusion entre l's douce $= z$ et l's dure $= ss$.

Et par analogie, il substituera de même le *z* au *j* et au *g* doux de quelques mots français où il s'imaginera avoir remarqué un semblant de tournure patoise ; *digérer, digestion, figer, religion,* deviendront ainsi : *dizérer, dizétion, fizer, relizion.*

*<sub>*</sub>*

D. — *Mon cousin il est fort : c'est un vrai* recule
(RECule = *h*ERcule)

On sait que l'une des métathèses les plus fréquentes que nous offrent les dialectes picards et artésiens, consiste dans la permutation de deux lettres connexes, soit dans le corps de certains mots polysyllabiques, soit dans le préfixe d'un grand nombre de vocables. La plus commune de ces permutations a lieu entre *r* et *e*. Elle se rencontre, par exemple, dans *berbis, berloque, berdouiller, bertelle, ferdaine, intercôte, interlarder, intermise, interprinde, interprise, intertien, intervue, pauverté, pimpernelle, properté, quater-vingts, vinderdi,* etc., usités pour *brebis, breloque, bredouiller, bretelle, fredaine, entrecôte, entrelarder, entremise, entreprendre, entreprise, entretien, entrevue, pauvreté, pimprenelle, propreté, quatre-vingts, vendredi,* etc. (1).

On la trouve dans le préfixe *re* d'une foule de mots français, préfixe qui devient *er* (quelquefois *eur*), comme en picard, en boulonnais, en cambrésien, etc., ou *ar*, comme en patois de la région de Saint-Pol et de quelques autres points du pays d'Artois. *Rebut, recevoir, reculer, redresser, regret, remords, renard, repasser, repos, reproche, revenir,* etc., deviennent dans les parlers précités : *erbut* ou

---

(1) La permutation se fait quelquefois en sens inverse, c'est-à-dire que l'*e* qui précède l'*r* dans le mot français est reporté après cette lettre dans le mot patois. Ex. : *précepteur,* employé pour *percepteur; éprevier* pour *épervier; fremer* pour *fermer.*

arbut, ercevoir, arcevoir ou archuvoir, erculer ou arculer, erdrécher ou ardrécher, ergret ou argret, ermords ou armords, ernard ou arnard, erpasser ou arpasser, erpos ou arpos, erproche ou arproche, ervénir ou arvénir. etc.

Comme le besoin de parler de la même manière qu'à la ville amène, ici encore, le paysan à faire usage du terme français préférablement au terme patois usuel, il croira devoir également franciser à sa manière les mots dans la composition desquels il aura remarqué e (ou a) suivi de r, et dira : *bredale, brezile, entremie, rebracher, relain, remonte, rena, rené, reparer, repeandant, resersir, sombreté*, etc., pour *bardale* ou *berdale, berzile, intermie* (trémie), *arbraquer, arlain, armonte* (frais d'une vente aux enchères), *arnau, arné, arparer* (rejointoyer), *arpindant* (terme de maçonnerie), *arsersir* ou *arsarsir, somberté*, etc.

Il ira même jusqu'à assimiler aux termes analogues de son parler des mots parfaitement français, mais que d'après leur forme et par analogie il jugera incorrects, tels que **hercule**, **intervalle**, **Arnout** (nom propre), qu'il prononcera **recule**, *entrevalle, Renoût (mon cousin est un* recule ; — *on n'a pas mis assez d'*entrevalle *entre les piquets* ; — *monsieur* Renout *me l'avait toujours dit*).

Comme exemples de permutation entre *l* et *e*, je citerai les formes patoises : *aimabeltè, nobeltè*, qui deviennent, dans le français provincial de notre région : *aimableté, nobleté*.

*\*\**

E. — *Je suis bien aise, en rentrant, de* **treuver** *un bon* **talibeure** *à manger* (tr**eu**ver, talib**eu**re = truver, talibure).

Dans bon nombre de mots, les divers patois de nos contrées remplacent la voyelle double *eu* par la voyelle simple *u*. Les formes : *bure, fu, hureux, hurter, ju, miux, Ugène, Ulalie, Uphémie, Ustache, viux*, etc., y sont couramment employées pour : *beurre, feu, heureux, heurter, jeu, mieux, Eugène,*

*Eulalie, Euphémie, Eustache, vieux*, etc. Lorsqu'il veut *bien parler*, le paysan fait usage des mots français, comme dans les cas précédents ; et, par l'emploi rationnel de son système de rectification, change la voyelle *u* en *eu* dans certains mots patois où cet *u* se rencontre. C'est ainsi que : *avule, bassure, caplute, rouviu,* **talibure,** **truver** (ou *truvoir*), *volontiu* (ou *volintiu*), etc., deviennent : *aveule, basseure, chapleute, rouvieu,* **talibeure,** treuver, *volontieu*, etc. (*il est aveule de naissance ; — la rivière elle a débordé dans les basseures ; — il y a une* chapleute *dans la salade ; — le* rouvieu *(rougeole) il est dans la vallée ; — un bon* talibeure *avec des pommes ; — nous irons tous le* treuver *; — c'est des gens bien* volontieu*x*).

Il est à remarquer ici qu'une permutation des mêmes sons *eu* et *u*, mais en sens inverse, se produit dans quelques vocables patois où se trouve la voyelle double *eu* ou l'*e* muet, tels que *fraiqueteume, fremer, reumi, rinfremer,* devenus en français provincial : *fraichetume, frumer, rumi, renfrumer.* Le mot *fenêtre* même est soumis à un traitement analogue : *j'avais descendu par la* funêtre.

\*\*\*

F. — *Je veux bien qu'il le* **prenge***, mais, tu sais, faudrait pas que ça se* renouffe (*pr*ENGE = *pr*INCHE, *se renouffe* = *s'arnou*VELCHE).

Quand le paysan beau parleur, au lieu d'employer la phrase patoise : *ej veux bien qu'i l'* PRINCHE, s'exprime ainsi : *je veux bien qu'il le* PRENGE, il est loin de se douter qu'il restitue au langage populaire une des plus vieilles formes du subjonctif présent du verbe *prendre* (*prinde*, en patois). *Prenge*, en effet, se rencontre fréquemment dans les anciens textes :

« Item, que nul vendeur ne venderesse ne *prenge* a denier Dieu

plus haut que un denier et que nul n'en doinge plus, sour vi s. »
(*Keure des fripiers de St-Omer*).

« Qu'ils ne *prengent* rien sans poier. » (*Cartul. de Lisieux*, f° 6).

« Et si ne soit nus si hardis qui *prenge* les eskicles de le vile se ce nest pour le besoigne de le vile. » (*Bans de l'échevinage d'Hénin-Liétard, 72*).

<blockquote>
« Et vous annonce bien et dist<br>
C'onques ne vous *prenge* talens<br>
De faire honte a bone gens. »
</blockquote>

(*Rom. du Meunier d'Arleux*, 409).

De même que *prinche*, les subjonctifs patois : *qu'i rinche, qu'i tienche, qu'i vinche, qu'i vienche*, reprennent également en français provincial leurs anciennes formes du XIII° siècle : *qu'il renge, qu'il tienge, qu'il venge, qu'il vienge*. Le paysan, par le changement analogique de *in* en *en* (1) et par la substitution du *g* doux au *ch*, aura ainsi réalisé involontairement une intéressante restitution.

Quant à la forme verbale *se renouffe* de la seconde partie de la phrase précitée, — en patois : *s'arnouvelche*, — le beau parleur artésien l'a tout simplement forgée, par une application analogique de la règle suivante : les verbes de la première conjugaison terminés à l'infinitif par la syllabe *ler* précédée d'une consonne, tels que *cribler, coupler, enfler, gonfler, redoubler, souffler*, etc., se conjuguent, à la 3° personne du singulier du subjonctif présent, de la manière qui suit :

1) En patois : *qu'i cribelche, qu'i coupelche, qu'il infelche, qu'i gonfelche, qu'il ardoubelche, qu'i souffelche.*

2) En français : *qu'il crible, qu'il couple, qu'il enfle, qu'il gonfle, qu'il redouble, qu'il souffle* (2).

Au lieu d'employer la forme populaire et de dire : *qu'i souffelche*, le paysan qui veut *bien parler* se servira de

---

(1) Voir plus haut l'exemple A.

(2) La même règle est applicable aux verbes en *eler*, le patois ne tenant aucun compte de l'*e* qui précède la consonne *l*.

l'équivalent français : *qu'il souffle ;* mais il prononcera : *qu'il souffe*, en vertu de ce principe que les gens du peuple retranchent toujours la consonne *l* dans la prononciation de la syllabe finale des mots terminés en *ble*, *fle*, *ple*. Et par une assimilation absolument rationnelle, le subjonctif patois : *qu'cha* s'arnouvelche, deviendra d'une manière identique : *que ça* se renouve, ou mieux : *que ça* se renouffe, la labiale forte *f* se substituant ordinairement dans notre langage populaire à la labiale douce finale *v*.

On le voit par cet exemple, les formes verbales patoises sont aussi influencées par le besoin de *francisation* manifesté par le paysan qui veut parler comme les bourgeois. Il se produit ainsi des créations hybrides, parfois monstrueuses, qui deviennent à juste titre un objet de plaisanterie pour les gens du peuple restés fidèles à un patois moins dénaturé. Ces formes hybrides, toutefois, ne sont pas dénuées de valeur ; elles ont en philologie, comme l'a fait remarquer M. Guerlin de Guer, l'intérêt que présente, en psychologie, l'étude des cas morbides.

Parmi ces anomalies linguistiques, une des plus curieuses est sans contredit celle que le paysan qui parle bien est parvenu à créer en donnant au futur : *je trouverai*, la forme : *je trouviendrai*. Cette transformation, que j'ai rencontrée dans plusieurs parties du domaine artésien-picard, même dans le département de l'Oise, est due à l'analogie du verbe *venir*. *Je viendrai*, se traduit en patois par : *ej venrai*, *ej vèrrai* ou *ej varrai*, suivant les localités ; c'est la dernière de ces formes qui est usitée dans la région de Saint-Pol. Le futur : *ej varrai*, du verbe *venir*, ayant son image parfaite dans le futur : *ej truvarrai*, du verbe *trouver*, l'action analogique devait rationnellement s'exercer en présence de cette sorte de parenté patoise, et aboutir à la forme verbale : *je trouviendrai* = *ej truvarrai*, forgée sur le modèle de : *je viendrai* = *ej varrai*. A une question que je lui posai, un paysan picard répondit un jour :

*vous* trouviendrez *la piedsente au bout de la pâture.*

Dans les autres provinces, la logique populaire a également produit des formes bizarres que les savants n'auraient certes pas imaginées. Je n'en citerai qu'une. Au cours de l'enquête à laquelle je me livrai, il y a quelques années, pour la recherche des matériaux de l'*Atlas linguistique de la France,* je me trouvai dans un petit village du canton de La Haye-Descartes (Indre-et-Loire). Montrant une branche de *millepertuis* à un vieillard qui était accompagné de sa petite-fille et d'une voisine, je lui demandai le nom de cette plante en patois de son pays.

« C'est de la *millepercuie,* me répondit-il.

— Mais non, pépé, dit la petite fille, vous ne parlez pas bien, c'est de l'*herbe à mille poires cuites.*

— A Dissais (Vienne), ajouta la voisine, on l'appelle : l'*herbe à huile de père* (poire) *cuite.* »

J'étais fixé : le vieillard m'avait donné du premier jet le vrai nom patois de la plante, et les deux personnes qui l'accompagnaient, deux formes *rectifiées* obtenues par l'emploi du français provincial.

Bien d'autres exemples, Messieurs, pourraient encore être mis sous vos yeux, concernant le sujet dont j'ai l'honneur de vous entretenir ; mais je crains de soumettre votre bienveillante attention à une trop longue épreuve. La matière, du reste, n'est pas épuisée, car j'ai à peine effleuré, dans cette ébauche, l'étude intéressante de la formation du français populaire dans les parlers provinciaux ; je laisse à de plus érudits le soin de la compléter.

# Extraits des travaux

SUR LES

## VOYAGES A DUNKERQUE

DU

### PREMIER CONSUL
en l'an XI

ET DE

### NAPOLÉON I<sup>er</sup>
en 1810.

PAR

### M. Paul NANCEY
Sous-Préfet, Membre de la Société Dunkerquoise.

---

### CHAPITRE I<sup>er</sup>

BONAPARTE voulant ruiner l'Angleterre avait hésité entre les deux seuls moyens à tenter : le transport d'une armée de l'autre côté de la Manche, ou le blocus continental. Ce fut en l'an X le premier qui fut choisi.

Pour une entreprise aussi difficile, il fallait une quantité considérable de petits bâtiments du type spécial de chaloupes canonnières, 500 environ, au moins autant de bateaux destinés aux troupes et aux pièces d'artillerie et de gros canots genre péniche pour les munitions et les vivres ; en tout près de 2.000 embarcations.

Tous les ports de la Manche et de la mer du Nord ainsi que tous les bassins des rivières devaient concourir à cet effort ; l'amiral Bruix désigné pour le commandement était aussi chargé de l'organisation, mais Bonaparte voulait voir de très près les ressources dont disposaient les ports afin de les compléter et de régler sur place tous les points de détail.

Boulogne avait été choisi comme lieu de départ et centre d'armement ; la forêt voisine fournit une grande partie des bois employés et c'est aux environs mêmes, sur les deux rives de la Liane, que le camp de rassemblement fut établi sous la direction de Soult.

Le Premier Consul n'était pas homme à se contenter des renseignements qu'il recevait de Paris ; il lui fallait juger de ses propres yeux cette gigantesque organisation et un voyage sur les côtes de France, depuis le Havre jusqu'à Ostende fut étudié dès la fin de fructidor an X ; aucune des villes intéressées n'en fut d'ailleurs informée et ne songeait à la visite du Chef de l'Etat, quand une indiscrétion mit en éveil le maire de Lille, M. Gentil-Muiron, qui, en bon collègue, avisa le 24 vendémiaire an XI le maire de Dunkerque, M. Emmery, de la bonne fortune qui lui semblait réservée ; le 25, M. Michaud, maire de Calais, lui écrivit dans le même sens ; enfin M. Devinck-Thiéry, représentant du peuple, son parent, lui assura que le Premier Consul viendrait dans le département du Nord vers la fin de floréal.

Cette dernière affirmation donna tant d'espoir à la municipalité de Dunkerque qu'elle voulut aussitôt commencer ses préparatifs de réception et imagina de créer une garde d'honneur, à pied et à cheval, composée « de citoyens » zélés et surtout des jeunes gens qui voudraient participer » à l'avantage de garder Napoléon-Bonaparte ».

Les volontaires devaient se choisir un uniforme et élire leurs officiers. Dès le lendemain, la feuille d'enrôlement était couverte de signatures, grâce au désir de porter un brillant uniforme et de monter un cheval fourni par la Ville. Mais comme tous les adhérents tenaient absolument à être

« cavaliers » on fut obligé de modifier le règlement primitif et de décider que la « garde serait uniquement à cheval. »

Malheureusement, M. Emmery resta quelque temps sans nouvelles du voyage annoncé : La population s'impatientait ; des paroles aigres douces s'échangeaient dans le sein du Conseil Municipal, dont certains membres prétendaient qu'on s'était trop pressé ; dans un mouvement de mauvaise humeur le Maire licencia, le 5 prairial, les cavaliers de la garde d'élite.

Le désespoir de ceux-ci ne fut d'ailleurs pas de longue durée car le lendemain arrivait à la Mairie une lettre du Préfet annonçant officiellement le voyage du Premier Consul.

## CHAPITRE II

Le Maire de Dunkerque, sachant enfin à quoi s'en tenir, va employer, d'une manière fébrile, les vingt jours qu'il lui reste avant l'arrivée de Bonaparte.

De tous côtés l'enthousiasme déborde : le Sous-Préfet de Bergues, d'une part, le Préfet du Nord, M. Dieudonné, et même Mgr Louis Belmas, évêque de Cambrai, lancent circulaires et mandement dans lesquels éclatent la haine contre les Anglais et le patriotisme le plus ardent. Le Préfet imagine même d'organiser une souscription dans le Nord pour la construction d'un vaisseau qui portera le nom de ce département. Les Conseillers Municipaux s'occupent des logements pour les personnages de la suite du Premier Consul et pour les troupes d'escorte, on réquisitionne de tous côtés les écuries, les hangars et les magasins et l'on remet en état pour le Premier Consul l'hôtel de l'Intendance de Flandre qui jadis avait servi de demeure à Pierre Le Grand lors de sa visite à Dunkerque en 1707.

Il ne suffisait pas d'ailleurs seulement de procurer un gîte aux hôtes de la ville, on devait aussi les nourrir : la question la plus embarrassante était celle des cuisiniers. Certes, il n'en manquait pas à Dunkerque ! mais, bien que Bonaparte eût déjà la réputation de n'attacher qu'une médiocre importance aux choses de la table, on ne trouvait pas dans la ville un maître d'hôtel digne de préparer les repas des personnages illustres qu'on allait avoir à traiter. Il fallut, dure nécessité, se résigner à recourir à d'autres localités et particulièrement à la ville de S<sup>t</sup>-Omer, dont les habitants, moins absorbés par les affaires commerciales, passaient, à tort ou à raison, pour aimer la bonne chère.

M. Emmery avait exposé sa détresse à son collègue ; hélas ! aucune réponse n'était encore parvenue à la Mairie le 28 prairial, jour de l'arrivée du Préfet du Nord, et M. Kenny, en l'absence du Maire, était certainement au moins aussi préoccupé de la question culinaire que de la réception du premier magistrat du département.

Dans de pareilles circonstances les moindres choses ont leur importance et les plus brillantes réceptions, les festins les plus coûteux, peuvent perdre tout leur charme et même laisser de fâcheux souvenirs, par la faute d'un cuisinier dépourvu d'habileté ou de sang-froid.

On était au milieu de ces perplexités, quand M. Dieudonné, préfet du Nord, fit le 28 prairial à midi, son entrée dans la ville ; il fut reçu à la Mairie par les autorités civiles, et conduit dans la salle d'audience, où le premier adjoint lui adressa un discours de bienvenue.

Dans cette allocution certains passages laissent percer les préoccupations de M. Kenny : « La tâche que nous avons à
» remplir nous paraissait au-dessus de nos forces ; votre
» présence ranime notre courage ; votre sagesse guidera
» notre zèle et nos faibles ressources s'agrandiront par la
» direction que vous leur donnerez. »

Le Préfet cependant ne pouvait dans ces circonstances tirer la Municipalité d'embarras ! il se contenta de répondre en quelques mots encourageants et flatteurs, puis leva la séance.

Cette journée ne devait pas se terminer sans apporter un grand soulagement à M. Kenny et aux confidents de ses inquiétudes : dans la soirée arriva enfin un courrier porteur de la mission suivante :

« Le Maire de la ville de St-Omer
« au Maire de la ville de Dunkerque,

« Citoyen collègue,

« J'ai fait toutes les démarches nécessaires pour vous
» procurer les cuisiniers que vous me demandez. Les C.
» Paquet père et fils ont bien voulu se rendre à mon invi-
» tation. Comme le père est cuisinier en chef, je vous prie
» d'avoir des égards pour lui ainsi que pour son fils. Un
» troisième cuisinier de cette ville nommé Gugelot m'a
» aussi promis de se rendre à Dunkerque. Ce sont les seuls
» que j'aie pu me procurer. »

Cette troublante question réglée, on pouvait attendre avec confiance l'arrivée du Premier Consul qu'un avis officiel annonçait pour le 11 messidor.

Le 5, Beauharnais, colonel des guides, vient inspecter la Garde Consulaire. Le même jour la Municipalité adresse aux habitants une proclamation dans laquelle, après avoir indiqué l'itinéraire (rues de Paris, la Liberté, de la Vérité, du Moulin et du Jeu de Paume) elle ordonne que ces rues soient « jonchées de fleurs, pavoisées, décorées de guirlandes et de chapeaux de roses ».

Si les Dunkerquois étaient heureux depuis quelques jours d'admirer les uniformes éclatants et variés des gardes consulaires, personne ne montra plus d'empressement à les accueillir et à leur faire les honneurs de la cité que les cavaliers de la garde d'élite : ceux-ci non-seulement espéraient gagner par leur fréquentation une allure plus martiale, mais encore, par leur amitié, éviter les sarcasmes que devait leur attirer leur gaucherie de débutants dans le port du costume militaire et du sabre de cavalerie.

Ils avaient encore bien des progrès à faire, malgré de fréquents exercices sous la direction de leur chef, le capitaine Sergent, ancien militaire ayant fait plusieurs campagnes.

Un moyen qui réussit toujours s'offrait à cette jeunesse pleine de bonne volonté plus que d'expérience, de mériter l'indulgence de la garde Consulaire ; c'était d'offrir aux officiers un repas plantureux, arrosé des meilleurs vins du Bordelais et de la Bourgogne ; à table, du moins, ils se trouveraient sur le pied d'égalité avec les vainqueurs d'Italie et d'Egypte !...

Les invitations furent aussitôt lancées, et, le 6 messidor eut lieu ce banquet où furent également conviées les autorités civiles et militaires.

Est-il besoin de dire que la plus grande gaieté et la plus franche cordialité régnèrent dans cette réunion ; on y mangea et but copieusement. Au dessert, après les toasts officiels d'usage, la garde d'élite n'avait rien à envier à la garde consulaire ; elles burent maintes et maintes fois, l'une et l'autre, à leur réciproque amitié, et les cavaliers dunkerquois, qui heureusement n'avaient pas à monter à cheval ce soir-là, purent être, à partir de ces agapes fraternelles, sûrs de la bienveillance de leurs nouveaux camarades.

## CHAPITRE III

« Citoyen Maire,

» J'ai l'honneur de vous prévenir que M$^{me}$ Bonaparte
» arrivera demain soir à Dunkerque.

» Veuillez bien, je vous prie, indiquer au courrier l'hôtel
» préparé pour le Premier Consul afin qu'il puisse revenir
» au-devant des voitures et les y conduire.

» CAFFARELLI,
» *Général de brigade,*
» *aide de camp du Premier Consul* ».

Telle est la lettre que reçut d'Arras le Maire de Dunkerque dans la journée du 2 messidor (30 juin).

La surprise et la joie de tous furent extrêmes, car personne n'avait espéré l'honneur de cette visite.

La population, qu'elle en devinât ou non l'importance flatteuse, manifesta un enthousiasme extraordinaire à la pensée de recevoir celle que sa bonté et sa grâce avaient déjà rendue populaire, et, bien que quelques heures à peine précédassent son arrivée, on déploya tant d'activité que, lorsque sa voiture entra en ville à 9 h. 1/2 du soir, les rues étaient jonchées de fleurs, enguirlandées et pavoisées. La Municipalité et toutes les autorités étaient à leur poste, sous une tente élégamment ornée, dressée aux portes de Dunkerque, près du Pont-Rouge.

M. Emmery exprima en quelque mots à M<sup>me</sup> Bonaparte les sentiments que sa venue inspirait à ses concitoyens.

Les cris d'allégresse de la foule se mêlaient au bruit du canon de l'artillerie de la place.

Le grand jour est enfin arrivé : tous les habitants quittent de bonne heure leurs maisons, les ateliers sont fermés, les rues décorées de couronnes et de guirlandes de laurier, les dames occupent toutes les croisées : un temps superbe concourt à embellir la fête.

A onze heures les autorités civiles et militaires se rendent dans une tente spacieuse ornée de trophées en avant de la barrière extérieure ; le général Vandamme, commandant la division, à la tête du 2<sup>e</sup> régiment de dragons, les gardes d'élite et consulaire vont au-devant du Premier Consul au village de Grande-Synthe, à deux heures de la ville ; la garnison fait la haie du Pont-Rouge à la rue du Jeu de-Paume.

Hélas ! Comme dans tous les voyages officiels, où cependant tout est sensé ordonné minute par minute, et où toujours des circonstances imprévues renversent les calculs les mieux établis, à quatre heures seulement les courriers

qui se succédaient rapidement signalent l'arrivée.....
120 coups de canon sont tirés.

Parvenu en face de la tente des fonctionnaires, Bonaparte fait arrêter sa voiture et le maire, accompagné du commandant d'armes, s'avance et présente les clefs de la ville en prononçant un discours auquel le Premier Consul répond :

« Les clefs de la ville de Dunkerque ne sauraient rester
» en de meilleures mains qu'en celles du maire qui me les
» présente. Déjà l'attachement des habitants m'était connu ;
» je me félicite d'être aujourd'hui parmi eux. »

Le maire, bien que ne faisant pas partie de la garde d'élite, monte à cheval et se place à la portière de droite de la voiture de Bonaparte; les autorités suivent la garde et le cortège arrive ainsi à l'Hôtel de l'Intendance.

Partout sur son passage, le Chef de l'Etat est accueilli par des acclamations et des cris de joie. Devant la porte de son hôtel se trouve un bataillon de la 46e demi-brigade, commandée par le colonel Lanchantin ; le canon tonne aux batteries de la côte, des forts et des remparts.

Le Premier Consul était accompagné des généraux Duroc, Soult, Davoust, Caffarelli, Bessières et Moncey et des aides de camp Savary, Lebrun, Lacuée et Caulaincourt.

Cette première soirée fut consacrée au repos et Bonaparte soupa, sur sa demande, seul avec Joséphine qu'il retrouvait après vingt jours de séparation :

M. Emmery fut cependant reçu, présenté par le Ministre de l'Intérieur et put avoir un long entretien au sujet des affaires de Dunkerque avec le Premier Consul.

## CHAPITRE IV

Le 14 messidor, Bonaparte se levait de bonne heure ; il n'oubliait pas le but de son voyage : il visita le port et la côte Est avant de s'embarquer sur un canot pour parcourir la rade. Rien n'échappait à son examen et il étonnait les plus anciens marins par la justesse de ses remarques ; on lui présenta à son retour quelques pétitions qui furent toutes accueillies.

Le déjeuner fut court, et, à midi, l'Evêque de Cambrai célébra la messe dans une chapelle que la municipalité avait fait préparer dans l'Hotel de l'Intendance ; à une heure commencèrent les réceptions officielles, en présence de M$^{me}$ Bonaparte. Le maire, les adjoints et les membres du Conseil municipal furent introduits les premiers, précédés de vieillards portant des vins d'honneur.

Les autorités défilèrent ensuite.

La visite des membres du tribunal de Bergues avait duré beaucoup plus longtemps que les autres. Que s'était-il passé ? Une grave question avait été débattue, question agitée depuis plusieurs années et dont les intéressés espéraient enlever la solution. Il s'agissait du transfert à Dunkerque du siège du tribunal de première instance.

Le président M. Olivier et les juges, MM. Guilleman et Fauvel, insistaient vivement dans ce sens, invoquant l'insalubrité de Bergues « dont l'air fétide et malsain engendrait toutes les maladies » et donnant d'autres raisons d'un ordre différent qu'il serait trop long d'énumérer ici.

Le Commissaire du gouvernement M. Vernimmen, au contraire, combattait avec vivacité les arguments des magistrats, appuyé en sous-main par le Sous-Préfet et le Maire de Bergues. Partisans et adversaires du projet échangèrent même des paroles aigres-douces que Bonaparte écouta sans se prononcer ; sa décision cependant était déjà prise d'accord avec le ministre de l'Intérieur.

Lorsque dix heures et demie sonnèrent on se rendit à la salle de spectacle où tout était préparé pour un concert et un bal.

L'entrée du Premier Consul et de Madame Bonaparte suivis des Ministres, des Préfets du palais, des Généraux de la garde et des aides de camp, excita l'enthousiasme de l'assemblée.

La salle offrait le coup d'œil le plus séduisant ; elle était richement décorée et illuminée, toutes les loges, étaient garnies de dames élégamment parées.

Les regards se portaient tous sur Joséphine, avec cette curiosité bien naturelle des provinciales, avides d'admirer un des chefs-d'œuvre de Leroy le grand couturier parisien.

M$^{me}$ Bonaparte était d'ailleurs ce soir-là rayonnante de joie. Non-seulement elle se montrait en qualité de Souveraine dans une assemblée où, loin des intrigues et des jalousies parisiennes, elle ne rencontrait que respect et sympathie, mais, comme femme elle avait cette grande satisfaction d'orgueil de porter pour la première fois des parures faisant partie des joyaux de la Couronne.

Joséphine avait toujours eu la passion des bijoux, passion folle qu'elle conserva jusqu'à sa mort. Enfant, elle se pare à la Martinique de verroteries et de pierres de couleur ; mariée au comte de Beauharnais, elle porte toujours dans ses poches les modestes écrins de sa corbeille pour le plaisir de les sentir sous sa main ; veuve, elle accepte les cadeaux de Barras ; femme du Premier Consul, sa coquetterie ne recule même pas devant les moyens les moins délicats pour contenter ses irrésistibles tentations. Elle a vu chez Foncier, le bijoutier à la mode, un collier de perles ayant, dit on, appartenu à Marie-Antoinette ; il vaut deux cent cinquante mille francs d'après les mémoires de Bourrienne, cinq cent mille d'après ceux de M$^{me}$ d'Abrantès, elle n'a pas d'argent pour le payer mais qu'importe ; on s'arrangera plus tard et le collier est acheté. Elle sollicite alors la complicité de Berthier, ministre de la Guerre, et celui-ci, qui veut à tout prix obtenir de Joséphine l'admission aux Tuileries de M$^{me}$ Visconti, sa maîtresse, n'hésite pas, à l'aide d'un virement de fonds, à solder le bijoutier sur le crédit affecté à la liquidation des comptes des hôpitaux d'Italie ; Bourrienne ensuite aide Joséphine à persuader à Bonaparte que ces perles fines sont celles offertes par la République Cisalpine pendant le voyage à Milan.

Elle avait déjà de magnifiques bijoux dès 1799, puisqu'au bruit de la mort de Bonaparte en Egypte, elle déposa chez Foncier, qui avait sa confiance et presque son amitié, ses plus beaux diamants afin de les soustraire aux revendications de ses créanciers.

Le Premier Consul ne connaissait que trop les goûts de sa femme, et son amour le poussait à les contenter plus que de raison : cette fois, l'emmenant dans un voyage qu'il voulait faire en véritable souverain et où il comptait éblouir et captiver les populations de la Belgique et des bords du Rhin, il avait, avant de quitter Paris, donné l'ordre au Ministre des Finances de mettre les diamants de la couronne à la disposition de Joséphine.

C'était donc à Dunkerque, où commençait pour elle le voyage officiel, qu'elle se parait pour la première fois des bijoux des reines de France, trésor sans égal au monde, mais qui ne devait cependant pas suffire à satisfaire dans l'avenir son insatiable passion de créole pour tout ce qui brillait.

Joséphine était tout en blanc, comme à l'ordinaire d'ailleurs dans les soirées. Elle aimait ces délicieux tissus, mousseline ou percale de l'Inde que vendaient si cher Schœlcher, M<sup>lles</sup> Lolive et de Beuvry, mais que le fameux Leroy ou M<sup>me</sup> Germon transformaient en robes pour la somme modique de 18 francs.

Très décolletées, courtes devant, moulant le corps en quelque sorte, il faut à peine trois aunes d'étoffe pour les faire ; mais si la façon n'est rien, les ornements et les garnitures ont leur importance : les broderies artistiques font rapidement monter le prix de 18 à 2.000 et 3.000 fr. Ce sont cependant des toilettes bien simples !

Joséphine les porte fort bien car; sans être précisément jolie, toute sa personne possède un charme particulier : sa taille est parfaite, tous ses membres sont souples et délicats, le moindre de ses mouvements est aisé et élégant ; son goût est extrême et elle embellit tout ce qu'elle met,

La collaboration du grand couturier et de la femme qu'il habille produit alors ces chefs-d'œuvre dans lesquels on ne sait ce que l'on doit louer le plus, la simplicité ou la richesse ?

Les préférences de M^me Bonaparte étaient surtout pour les percales, ces tissus sans apprêt, souples, légers, fuyants, faisant près des blancs de la batiste, de la mousseline, du linon, un blanc autre, moins sec, plus fondu, un blanc qui chante dans cette symphonie des blancs, plus langoureusement (1).

Les dames de Dunkerque étaient, on le conçoit, plus occupées à regarder la loge officielle qu'à écouter le concert. Ce n'étaient, il est vrai, ni Garat ni M^me Barbier-Valbonne qui devaient se faire entendre : on avait dû, faute d'artistes en renom, se contenter d'amateurs de la ville ; M^me Kenny, femme du premier adjoint, joua un pot-pourri de Steibelt sur le forte-piano et M^lle Drouillard chanta « avec goût et méthode » un morceau de Ponce de Léon.

Qu'importait d'ailleurs à Joséphine ? N'était-elle pas tout à son succès de jolie femme adulée par une salle entière ? Elle n'avait pas derrière elle Pauline et Caroline, ses belles-sœurs, pour lui lancer des mots blessants, et de bonnes amies envieuses de sa puissance et de sa grâce pour la dénigrer... à moins que, mystère du cœur féminin, ces triomphes ne puissent être complets s'il y manque la satisfaction de provoquer des jalousies et le charme d'éclipser des rivales !

Le Premier Consul et M^me Bonaparte donnèrent le signal des applaudissements et le public fit alors une ovation aux deux musiciennes.

Après le Concert, M. Faulconnier, vieillard de 73 ans, appartenant à une des familles de Dunkerque les plus anciennes et les plus illustres, fut présenté à Bonaparte et lui récita une pièce de vers.

(1) Frédéric Masson.

Le Premier Consul écouta ces vers avec attention, il n'y découvrit probablement pas un grand souffle poétique, mais ils sut gré de l'intention à l'auteur se recommandant plus par l'illustration de sa famille que par son talent de versificateur.

Bonaparte et Josephine saluèrent l'Assemblée et se retirèrent au milieu des plus vifs applaudissements.

Fidèle à ses habitudes matinales, Bonaparte sortit de bonne heure le 15 ; il voulait voir le port à basse mer dans tous ses détails, et la côte aux environs du chenal. Il la parcourut à cheval et visita tout ce qui pouvait l'éclairer sur les moyens de rendre à Dunkerque son antique splendeur.

La soirée se termina par une réception de dames à l'hôtel de l'Intendance où M$^{me}$ Bonaparte « tint cercle ».

Le Premier Consul, satisfait de sa journée, quitta son travail de bonne heure et vint passer dans le salon plus d'une heure, ce qui était beaucoup pour lui. Il causa familièrement avec plusieurs femmes de fonctionnaires ; à onze heures tout le monde se retira charmé.

La journée du 16 messidor marqua l'apogée de la garde d'élite : le Maire n'avait pu trouver jusqu'alors l'occasion de la présenter officiellement au Premier Consul continuellement absorbé par ses travaux, ses réceptions et surtout par les visites au port. Saisissant un moment propice il procura à ces jeunes volontaires la glorieuse satisfaction d'être remerciés de leur zèle par Bonaparte lui-même.

Dans la soirée comme le Premier Consul avait à conférer avec les Ministres et les Conseillers d'Etat Marmont, Petiet, Bruix et Forfait, M$^{me}$ Bonaparte exprima le désir de retourner au spectacle où le Maire l'accompagna. Ce n'était certainement pas le désir d'entendre encore la voix de M$^{lle}$ Drouillard et les arpèges de M$^{me}$ Kenny qui l'attirait, mais bien le plaisir de montrer une nouvelle toilette et une autre parure de diamants.

Il lui était plus facile de varier le spectacle qu'elle donnait au public, qu'à l'entrepreneur du théâtre de changer le sien. Cette représentation n'avait pas été prévue comme « gala » et la troupe ordinaire faisait les frais de la soirée.

Certainement Joséphine s'amusa plus cette fois en écoutant les acteurs dunkerquois surpris et troublés d'un honneur si grand et d'une aubaine si inattendue, que si elle eut applaudi, dans sa loge de la Comédie-Française M^{lles} Raucourt, Georges, ou Duchesnois. Tragédies, opéras, concerts, ne valent pas, pour une femme comme elle, cette discrète et douce harmonie composée des murmures admiratifs et des chuchottements bienveillants de toute une salle respectueuse et charmée.

Pendant son séjour à Dunkerque on peut affirmer que Joséphine fut réellement heureuse. La crainte du divorce qui empoisonnait continuellement sa vie disparaissait devant l'attitude nouvelle de son époux : l'eut-il emmenée officiellement dans un semblable voyage ? Eut-il conservé la pensée de se séparer d'elle un jour puisqu'il la présentait en Belgique et sur les bords du Rhin comme Souveraine et compagne de sa vie ? Enfin lui eut-il fait remettre les diamants de la Couronne s'il avait cessé de l'aimer ?

Si légère et irréfléchie qu'elle fut, ces raisonnements devaient nécessairement la frapper et l'amener à conclure que tout péril était écarté... et c'est cependant dans ce même appartement de l'hôtel de l'Intendance, où elle voyait, avec joie, disparaître ses craintes et pressentait déjà dans ses rêves la suprême puissance, que devait, sept ans plus tard, dormir Napoléon Empereur des Français, aux côtés de Marie-Louise d'Autriche, sa nouvelle épouse !

## CHAPITRE V

Dans la matinée du 17 messidor, avant de quitter Dunkerque, Bonaparte invita à déjeuner M. Emmery, et pour lui exprimer sa reconnaissance lui donna une écharpe d'honneur ; il avait eu le temps pendant son séjour d'apprécier son intelligence et les services qu'il avait déjà rendus à son pays. Ce n'était d'ailleurs qu'une première marque de son estime, car l'année suivante, le 15 Août 1804, lors de la grande fête de l'institution de la Légion d'honneur, au camp de Boulogne, il le décora le premier, parmi les douze maires auxquels la croix fut accordée.

De nombreux cadeaux furent distribués.

## CHAPITRE VI

Le voyage que nous venons de raconter brièvement fut pour Dunkerque l'origine d'une fortune nouvelle et d'une véritable transformation : de messidor au XI date, en effet son développement incessant.

Les promesses faites n'étaient pas de vaines et banales paroles de courtoisie et de remerciement car le Premier Consul n'attendit pas même son retour à Paris pour les mettre à exécution. Le siège du Tribunal fut transféré de Bergues à Dunkerque et vingt jours après, le 3 termidor an XI, fut signé à Bruxelles un arrêté qui transférait à Dunkerque le siège de la Sous-Préfecture du premier arrondissement du département du Nord.

---

### Fêtes à l'occasion du mariage de l'Empereur et voyage de Napoléon et de Marie-Louise

## CHAPITRE Ier

Le voyage de l'an XI avait naturellement rendu Bonaparte populaire à Dunkerque : Les victoires d'Austerlitz, d'Iéna, d'Eylau, de Friedland et de Wagram avaient achevé d'en faire un demi-Dieu pour les Dunkerquois; aussi en 1810 trouva-t-on plus qu'ailleurs de l'entrain et de l'enthousiasme pour fêter le mariage de Napoléon et de l'archiduchesse Marie-Louise.

Depuis quelques années l'Empereur, désirant récompenser les anciens militaires retraités, avait imaginé de les marier avec des jeunes filles sages dotées par les villes — obligatoirement. — Cette libéralité apparente n'était pas sans gêner parfois les municipalités qui avaient non seulement à fournir les fonds (600 fr. et le trousseau par union), mais encore à trouver les jeunes personnes dignes d'être nommées rosières. En 1807, notamment, le Maire de Dunkerque se vit on ne peut plus embarrassé. La Commission du Conseil Municipal avait complètement échoué dans ses recherches et on dut en aviser le Préfet. Celui-ci supposa qu'il y avait mauvaise volonté et écrivit qu'il ne pouvait croire qu'à Dunkerque il était impossible de rencontrer des filles dans les conditions requises. La Commission dut sur ordre de Lille se remettre en campagne pour aboutir enfin à faire contracter un mariage, celui d'un sieur Dujardin et d'une demoiselle Pruvel, sur la vertu de laquelle les renseignements n'étaient qu'à peu près favorables.

Cet incident avait laissé à la Préfecture une mauvaise impression. Le maire qui était alors M. Kenny le comprit et afin de l'effacer complètement il fit voter par le Conseil une somme de 20.000 francs pour l'érection d'une statue pédestre de l'Empereur. Napoléon remercia de l'attachement respectueux qu'on lui témoignait mais n'accepta pas l'hommage des Dunkerquois.

Le but avait été atteint; mais qu'allait faire la municipalité de la somme votée ? Le 23 août 1808 le Conseil décida que le seul moyen de l'employer « d'une manière digne du héros à qui elle était consacrée, était de l'affecter à un objet de grande utilité » et il vota l'établissement d'une tuerie (!)

En 1808 et 1809 la question des mariages d'anciens militaires retraités fut encore fort embarrassante, mais en 1810 quand le Maire vit la ville de Dunkerque obligée d'en célébrer dix le jour de l'union de l'Empereur et de Marie-Louise, il fut tout à fait découragé. Le recrutement des rosières et de leurs fiancés était d'autant plus difficile qu'on avait à peine quelques jours devant soi. Le seul parti à prendre était de se montrer peu exigeant et de se contenter d'une conduite relativement honnête ; il ne fallait pas songer en effet à recommencer l'aventure de 1807. D'ailleurs, tout se passait militairement à cette époque, et pour ainsi dire au commandement : l'empereur disait aux retraités « prenez femme » comme il leur aurait dit « en avant marche » et le 22 avril nos dix braves se présentaient en habits de noces à la mairie pour prononcer le « oui » solennel en présence de tout ce que Dunkerque renfermait d'autorités civiles et militaires.

Les fêtes furent des plus brillantes, mais comme les fonds disponibles de la municipalité avaient été employés à fournir les dix dots et les trousseaux des mariés, ce furent surtout les particuliers qui firent les frais des illuminations, arcs de triomphe et réjouissances publiques.

L'enthousiasme fut grand mais combien l'eut-il été davantage si la population avait pu se douter que moins d'un mois après elle aurait l'honneur de recevoir la visite de l'Empereur et de l'Impératrice dont elle venait de fêter le mariage.

## CHAPITRE II.

Le 3 Mai 1810, le Sous-Préfet prévint le Maire que l'Empereur et l'Impératrice accompagnés d'une suite nombreuse « de personnes de haute distinction » arriveraient à Dunkerque vers le 9. Cette grande nouvelle fut aussitôt communiquée aux habitants par une proclamation et immédiatement on se mit à l'œuvre pour tout préparer.

Comme en l'an XI : on aménagea l'hôtel de l'Intendance devenu Sous-Préfecture, on réorganisa la Garde d'Elite à pied et à cheval et on s'occupa de trouver des logements pour la suite de l'Empereur qui cette fois était considérable : on annonçait en effet le roi et la reine de Westphalie, S. M. la reine de Naples, S. A. le Prince de Neufchatel, la Duchesse de Montebello, le Comte de Lucey, la Comtesse Duchatelet, les Comtesses Talhouet et Poro, le Maréchal Duc d'Istrie, le Duc de Rovigo, le Duc de Bassano, les Comtes de Lauriston et Beauharnais etc. etc.

Napoléon venait avec sa jeune femme de faire un voyage en Belgique et arrivait directement d'Ostende voulant revoir Dunkerque où il avait fait entreprendre de grands travaux soit au port, soit dans les canaux.

Une agitation extraordinaire régnait en ville : on construisait des arc de triomphe au pont tournant, en avant de la barrière de l'estran et à l'entrée de la rue royale ; on tressait partout des guirlandes de verdure et de fleurs.

Les tailleurs civils et militaires avaient confectionné pour la Garde d'Elite de brillants uniformes mais il avait été impossible de se procurer des sabres et des ceinturons : d'où grand émoi parmi les jeunes volontaires qui, en désespoir de cause s'adressèrent au Général Friederick en le suppliant d'intervenir pour eux auprès du Général Castex.

Pendant les quelques jours qui précédèrent la réponse la Garde ne vivait plus ; enfin le 7 Mai l'Etat Major annonça que les sabres et les ceinturons allaient être envoyés.

Mais quand la Garde d'Elite eut son équipement au complet elle ne fut pas encore satisfaite : il lui fallut un drapeau et M. Kenny dut, le 12, la réunir au champ de Mars pour lui faire la remise solennelle d'un étendard avec, bien entendu, revue, musique et discours.

Maintenant Napoléon pouvait arriver !

Le 21 le sémaphore annonça le départ de l'Empereur d'Ostende et le général Vandamme fit savoir au Maire qu'il arriverait par la route de Furnes. Le 22 à 10 heures du matin les troupes étaient rangées à leurs postes, les fonctionnaires et la foule attendaient impatiemment les courriers qui se succédaient apportant des renseignements sur la marche du cortège. Ce ne fut qu'à 1 heure 1/2 que les premières voitures furent signalées. Aussitôt les salves d'artillerie et les sonneries des cloches annoncèrent que le moment solennel était venu.

La voiture de l'Empereur s'arrêta et c'est au milieu de cris enthousiastes que le Maire présenta les clefs de la ville et essaya, mais en vain, de faire son discours. Le souverain lui répondit comme en l'an XI : « Je vous rends ces clefs qui ne peuvent être mieux placées qu'entre les mains de l'autorité municipale. »

A ce moment un groupe de poissardes, costumées suivant l'ancien usage, s'approcha de la voiture et l'une d'elles présenta à l'Impératrice une adresse de félicitations et un poisson d'argent renfermé dans un filet d'or. Cet hommage des femmes de pêcheurs est de tradition lors des visites de souverains ; il semble indiquer aux illustres visiteurs que la population maritime de la ville met à leurs pieds tout ce qu'elle a de plus précieux : la dime de ce qu'elle ravit à la mer, au péril de sa vie.

Cet usage qui remonte aux temps les plus reculés s'est perpétué à Dunkerque, et, de nos jours encore la présentation des « Bazennes » est une cérémonie à la fois classique et touchante qui attire l'attention de tous.

Cette petite scène a toujours eu le plus grand succès parce que, pour les étrangers, elle mêle quelque imprévu et ajoute un trait de mœurs locales à la banalité des cérémonies officielles.

Dans leur langage familier les marchandes de poissons, qu'aucun protocole ne saurait influencer, laissent souvent de côté le compliment appris par cœur et expriment tout à coup leurs sentiments avec une entière liberté ; elles trouvent alors des mots d'une franchise et d'une naïveté inattendues qui frappent bien plus les hôtes illustres auxquels ils s'adressent que les discours les mieux préparés.

L'Impératrice, agréablement surprise, accueillit l'hommage des poissardes et les remercia gracieusement.

Le Maire monta ensuite à cheval (c'était la tradition de l'époque) et se plaça à la portière de droite de la voiture impériale. Le cortège s'achemina vers la ville précédé des cavaliers de la Garde d'honneur.

Aussitôt arrivé à la Sous-Préfecture, l'Empereur donna, comme en 1803, l'ordre de fermer hermétiquement et de clore par des volets toutes les fenêtres des maisons qui dominaient la cour de l'hôtel, puis remonta en calèche avec l'Impératrice, pour aller visiter les établissements maritimes.

Les souverains s'embarquèrent dans un canot très bien orné et gagnèrent la nouvelle estacade de 600 mètres ; un autre canot portait les grands dignitaires. Tous descendirent à terre sur l'estran et de là se dirigèrent en voiture vers les travaux de la cunette et des nouvelles écluses, travaux que l'Empereur avait fait entreprendre à son premier voyage et auxquels il s'intéressait beaucoup.

Vers six heures du soir, Napoléon et Marie-Louise rentrèrent au palais (c'est ainsi que pour la circonstance on nommait pompeusement l'hôtel de la Sous-Préfecture) et la réception des autorités publiques commença immédiatement dans l'ordre prescrit par le décret sur les préséances.

Naturellement de longs discours furent prononcés par le Maire M. Kenny, par le Président de la Chambre de Commerce (le même M. Kenny).

L'Empereur répondit et se fit expliquer pourquoi le commerce dunkerquois réclamait avec instance l'admission dans le port des « smoggleurs » ou fraudeurs Anglais.

La réception finit à sept heures pour le dîner qui, bien que les convives fussent nombreux, ne dura qu'une heure.

A dix heures l'Empereur et l'Impératrice se rendirent à la salle de spectacle pour assister au bal donné en leur honneur. Ils furent reçus à la porte par le Maire, une députation du Conseil Municipal et dix dames désignées à cet effet, qui les conduisirent au trône orné de riches draperies que l'administration avait fait préparer. Dans le fond de la salle, vis-à-vis la loge impériale était un temple de l'hymen richement décoré.

Un groupe de vingt jeunes filles choisies parmi les familles les plus notables de la ville s'approcha de l'Impératrice ; deux d'entre-elles, M[elles] de Colnet et de Guizelin, récitèrent un compliment, puis la première déposa aux pieds de Marie-Louise une corbeille de fleurs et la seconde offrit au nom du Commerce dunkerquois une petite frégate parfaitement conditionnée ; ces présents furent reçus avec de gracieux remerciements par l'Impératrice qui fit remettre à M[elles] de Colnet, Deschodt aînée et Deschodt cadette (filles du Sous-Préfet) une petite montre à collier en or comme témoignage de sa satisfaction.

Les acclamations éclatèrent dans toute la salle, la musique joua et les souverains s'installèrent dans la loge impériale sur laquelle tous les yeux se dirigèrent avec curiosité et admiration.

Comme Joséphine, Marie-Louise étale dans les réceptions le luxe des toilettes et des bijoux : Elle n'a pas été gâtée dans sa jeunesse à Vienne, fille de l'Empereur d'Autriche, élevée plus sévèrement qu'une petite bourgeoise, surveillée jour et nuit par des gouvernantes austères, elle n'a jamais eu l'occasion de se parer.

Personne n'était plus pauvre en bijoux que cette princesse ; des bracelets en cheveux, une parure en petites perles, une autre en pastilles vertes, c'était tout ce qu'elle possédait : Mais la voilà, depuis un mois, Impératrice des Français, son mari lui offre pour 411,000 francs de fanfreluches et 300,000 francs par an pour son entretien ; on la comble de riches dentelles, de schalls précieux, de tout ce que l'industrie produit de plus somptueux et de plus artistique, Napoléon lui donne son portait entouré de treize diamants qui valent 600.000 francs, un collier de 900,000 francs, des diadèmes, des boucles d'oreilles, des bracelets pour plus de deux millions, sans compter les bijoux de la Couronne qui sont à sa disposition et que les Dunkerquoises revoient sur ses épaules après les avoir vus sur celles de Joséphine sept ans auparavant.

N'y a t-il pas là de quoi griser une jeune femme de dix-huit ans ? Et dans ce voyage qui est son premier, et tout au début de son mariage, coquette de nature, comme toutes les Viennoises, quel plaisir plus grand peut-elle avoir que d'éblouir tous ceux et toutes celles qui l'entourent ?

L'Empereur d'ailleurs y tient et l'y obligerait s'il en était besoin : à quarante ans, il veut se montrer mari tendre et attentionné et lui, qui avait été l'époux d'une femme presque sur le retour, se passionne pour cette blonde Autrichienne qui ne connaît encore rien de l'existence et, fille de l'Empereur, ne soupçonne même pas ce que peut être la vie des Cours.

Il est fier de se montrer à ses côtés, non en maître, mais en esclave, et il se ressouvient avec une intime joie, auprès d'une descendante des Bourbon et des Habsbourg-Lorraine, du temps où petit officier de fortune il ne pouvait payer sa note d'hôtel et se faisait refuser en mariage par des femmes même plus agées que lui.

Marie-Louise est grande mais sans grâce, elle n'a ni la souplesse ni le charme de Joséphine ; ce qui plait en elle c'est la fraîcheur de la jeunesse, la blancheur de son teint, sa chevelure d'un blond cendré, ses yeux bleus et cette gaucherie d'Allemande qui n'est pas sans charme lorsqu'elle a pour excuse l'inexpérience de la jeune fille qui ignore tout et ne devine encore rien.

En se retrouvant dans cette salle de spectacle, comment l'Empereur ne fut-il pas reporté par la pensée à cette représentation où sept ans auparavant il avait assisté avec Joséphine. Que de changements depuis ! Son premier amour était bien passé, une simple amitié l'avait remplacé. L'Impératrice répudiée était en ce mois de Mai 1810 à Aix-les-Bains bien que ce ne fut pas encore la saison, mais elle n'avait pas voulu rester au Château de Navarre, séjour doré mais monotone qu'on avait essayé de lui imposer.

La réunion était de 600 personnes, dont 300 dames en brillantes parures : beaucoup, dans le nombre, avaient vu Joséphine et leur curiosité était avivée encore par le désir de faire des comparaisons entre la première femme de l'Empereur et la seconde ; on ne pouvait échanger même tout bas ses impressions mais que de réflexions muettes, que de regards et d'observations ! Madame Bonaparte était gracieuse, toujours souriante, sans prétention dans ses élégantes toilettes blanches, simples de façon, et peut être trop jeunes pour son âge ; Marie-Louise, qui n'a que 18 ans, porte d'imposants costumes de Cour, elle est fille et femme d'Empereur et apparaît plutôt hautaine, presque hiératique, au milieu de son imposant cortège.

L'Impératrice n'est pas seule d'ailleurs à attirer l'attention du public et à fixer l'admiration, soit par la beauté, soit par la richesse de la toilette : auprès d'elle se trouvent la reine de Westphalie, la reine de Naples, la duchesse de Montebello, les comtesses du Chatel, Bouillé et Poro, dames du palais, et surtout la belle princesse Aldobrandini-Borghese qui, en 1811, sera sur le point d'entraîner de nouveau l'empereur dans la voie des infidélités conjugales.

Les hommes aussi, avec leurs uniformes chamarrés, leur renommée de courage, ou leur noblesse, excitent l'unanime curiosité : on remarque surtout le roi de Wesphalie, les princes de Neufchatel et de Wagram, les comtes de Lauriston, d'Arberg et Ghilini et tant d'autres qui complètent dans la loge impériale un ensemble merveilleux.

C'était toute la Cour des Tuileries transportée à Dunkerque, dans la salle de spectacle qu'on avait ornée le mieux possible, mais qui, malgré tous les efforts, ne pouvait être qu'un cadre trop modeste pour ce tableau, le plus brillant qui put être, et dont l'histoire de la ville n'a jamais donné depuis, et ne donnera peut-être jamais le pendant !

Le 22 mai, à 9 heures du matin, l'Empereur adressa ses adieux au maire de Dunkerque en lui remettant une tabatière d'or avec son chiffre en brillants, il fit distribuer d'autres cadeaux, 8,000 francs aux pauvres, 4,000 francs aux marins, etc., puis donna à 11 heures le signal du départ.

Le Sous-Préfet M. Deschodt, M. Kenny Maire, le Doyen, Curé de la paroisse de l'Ouest et M. Debaecque furent décorés.

# Le général DEPLANQUE

## 1820-1889

## SA CARRIÈRE MILITAIRE
## ET SA CORRESPONDANCE

### par Th. PRUVOST

---

**1. Mes rapports avec Deplanque.**

J'ai connu plus intimement mon cousin, le général Louis Deplanque, dans mes dernières années de collège, de 1876 à 1880, à l'époque même où il venait se fixer à Auxi-le-Château, — sa brillante carrière brusquement terminée à Périgueux.

Depuis, les relations sont restées cordiales et régulières. J'ai conservé certaine lettre qu'il m'écrivait pour mes modestes débuts en qualité de maître d'étude au collège de Cambrai, le 12 janvier 1881, et dont voici un passage :

> Mon cher cousin,
>
> Je vois, d'après ce que vous venez de m'écrire, que vous avez choisi la carrière de l'enseignement. Comme moi, vous avez préféré une position ingrate mais honorable, aux rêves dorés.... Je vous félicite et vous souhaite tous les succès qui sont la conséquence de l'étude et du travail.
>
> Votre dévoué cousin,
> L. DEPLANQUE. »

Jusqu'en 1888, pendant nos bonnes entrevues des grandes vacances, j'ai surpris souvent le général Deplanque travaillant à un « Historique des opérations de la deuxième armée de la Loire. » Que sont devenus ces manuscrits ? — Je l'ignore. Il me sera permis, (même après les ouvrages connus des généraux Chanzy, Pourcet, Camô, Crouzat, et autres, sur la matière), d'en déplorer la perte.

Et vous mêmes, Messieurs, vous partagerez bientôt mes regrets, j'en ai la conviction, dès que vous aurez entendu la lecture des quelques fragments de la correspondance du général Deplanque que j'ai pu introduire dans cette courte mais substantielle notice.

Voici les principales étapes de sa carrière militaire :

| | |
|---|---|
| Crimée :. | 1854 1856. |
| Occupation de Rome : | 1860-1863. |
| Mexique : | 1864-1867. |
| Algérie : | 1867-1870. |
| Armée de la Loire : | 1870-1871. |
| Algérie : | 1871-1875. |

### 2. La famille. — Les débuts.

Le général Deplanque est issu de l'une des plus anciennes et des plus riches familles de la petite ville d'Auxi-le-Château.

Tous ses ascendants paternels et maternels, les Daulé, les Waré, les Flécheux, en étaient eux-mêmes originaires et y exerçaient les professions de « marchands brasseurs et de marchands drapiers ».

Louis Deplanque et ses deux frères, Gustave et Henry, se trouvaient réunis, vers 1845, au 50$^e$ de ligne, en garnison à Lille.

En 1849, promu capitaine, il se rendait en Italie avec le 50$^e$ et y conquérait rapidement le grade de capitaine adjudant-major.

Rentré en France il concourait en 1851 à la répression des troubles populaires qui eurent lieu dans le Midi.

Le 50e de ligne, qui se trouvait à Arles, devait passer en Afrique (où déjà s'étaient rendus Gustave et Henry Deplanque).

Il ne nous déplaira vraisemblablement pas trop, à nous, septentrionaux, amoureux de notre région, de notre « petite patrie », — ce qui n'empêche nullement l'amour de la grande, — d'entendre avec quelle aimable désinvolture Louis Deplanque nous parle de sa nouvelle résidence :

« Nous avons eu à Arles quelques fêtes : comité d'agriculture, expositions de lapins très remarquables, banquets bal, courses de chevaux. Ne vous figurez pas que cela soit beau. Tout, dans cette Provence tant vantée que l'on croit qu'elle est vraiment quelque chose, se fait mesquinement, au milieu d'une population très bruyante, très curieuse, très insolente... »

Quand le Midi bouge !!!

Ce n'est qu'au début de l'année 1853 que Louis Deplanque passa à son tour en Afrique. Et je citerai ces lignes d'une lettre des plus curieuses qu'il adressait à son père :

« J'ai appris avec le plus grand plaisir ta nomination à l'emploi de commissaire de police cantonal, et j'ai lu avec plus de plaisir encore,.... le compte-rendu de la cérémonie du jour de Pâques..... »

La raison d'être de cette cérémonie, la voici. M. Deplanque en avait été réduit, après avoir connu l'aisance, à accepter un emploi rémunéré. Il résigna donc ses fonctions de capitaine des pompiers d'Auxi-le-Château, compagnie qu'il avait équipée en grande partie à ses frais, et à la tête de laquelle il avait rendu, dans divers incendies, des services tels qu'en 1846 il recevait une médaille d'argent de 1re classe.

Mais ces braves que M. Deplanque avait commandés pendant 22 ans, voulurent offrir à leur ancien capitaine, en témoignage d'estime et de reconnaissance, une épée d'honneur.

M. Deplanque supplia qu'on ne lui achetât qu'un modeste sabre, afin que le reliquat de la souscription fût versé à « l'orphelin d'un de ses sapeurs-pompiers, mort dans le service. »

Je ne sais rien de plus touchant que ce trait, qui faisait d'ailleurs tant de plaisir au jeune capitaine, en Algérie.

### 3. Expédition de Crimée.

Le 50ᵉ de ligne, débarqué le 14 septembre 1854, prit une part glorieuse aux combats de l'*Alma*, de *Balaklava*, d'*Inkermann* et de *Tracktir*, se distinguant partout entre les plus braves.

Il fut même si éprouvé à l'assaut du Mamelon Vert, qu'après la mise hors de combat de tous les officiers supérieurs, le capitaine adjudant-major Louis Deplanque en dut prendre le commandement. Il sut d'ailleurs lui communiquer un nouvel et irrésistible élan.

La nuit, sur les champs de bataille, les trois frères se cherchaient anxieux, parmi les morts et les blessés. Le capitaine Gustave Deplanque avait été frappé d'un éclat d'obus au combat de la Tchernaïa, le 16 août 1855.(Il mourut à l'hôpital de Bordeaux en 1865. — Le sergent-major Henry rentra en France, au cours même de l'expédition).

Nous n'aurons plus à nous occuper que de l'aîné, Louis Deplanque.

Voici deux extraits de sa correspondance, relativement à cette expédition d'Orient :

Le premier, tiré d'une lettre de Louis Deplanque à sa mère, — son père venait de mourir, 18 septembre 1854, — vise la bataille d'INKERMANN, le 5 novembre 1854 :

« Le 5 du mois dernier nous avons repoussé 50 à 60.000 hommes que les Anglais avaient laissé monter sur le plateau que nous occupons, avec une partie de ma brigade seulement... Jamais je ne verrai, sans doute, une pareille grêle de projectiles de toute espèce. Je suis resté six heures environ à cheval, à côté du colonel qui commandait la brigade. Au milieu de tout cela il n'a pas été touché, moi non plus. C'était bien autre chose qu'à l'Alma ! Mais à la fin nous les avons poursuivis à coups de baïonnette. Nous battions la charge sur des tambours abandonnés que nous ramassions, ou bien on la sonnait sur les propres instruments des Russes. C'était une véritable parade de la foire. Tout le monde criait : les Arabes les insultaient dans leur langue et, n'ayant plus de cartouches, leur lançaient des pierres ou les jetaient en bas des rochers. Nos chevaux broyaient les morts et les mourants, qui faisaient chorus de leur côté : c'était quelque chose d'infernal.... »

Le deuxième extrait est relatif au combat du 5 juin 1855, et provient d'une lettre adressée par le capitaine adjudant-major Louis Deplanque, à une amie d'enfance, M<sup>lle</sup> Pauline Quilliez :

« . . Le matin du jour où j'ai reçu votre lettre, nous avons eu une bien belle bataille sur la Tchernaïa. Les Russes sont venus nous attaquer au point du jour avec 55.000 hommes d'infanterie et 70 escadrons, des masses d'artillerie ; en tout 100.000 hommes environ. Avec 5.000 hommes d'infanterie et quelques batteries d'artillerie, nous les avons fait reculer et... ils ne reviendront pas de sitôt. Ils ont tenté trois fois le passage de la rivière sur deux points. Arrivant en masses profondes, leurs pertes ont été énormes et les nôtres très faibles. Je n'entre pas dans les détails : l'armée a été admirable. Cette brave 2<sup>e</sup> division encore a presque tout fait : le 50<sup>e</sup> surtout a été porté aux nues : (j'avais l'honneur de commander le 2<sup>e</sup> bataillon). Les Russes avaient franchi un pont ; la 3<sup>e</sup> division était en pleine retraite. J'arrivai sur le champ de bataille avec le 1<sup>er</sup> bataillon, commandé par un de mes bons camarades.

Nous n'avions pas d'ordres. — Je lui dis : « Il n'y a

qu'une seule chose à faire, (le brouillard et la fumée empêchaient les Russes de voir), jetons-nous résolument sur le flanc des Russes ». — Aussitôt dit, aussitôt fait. A vingt pas seulement nous ouvrons notre feu. Les Russes, étonnés, hésitent : nous chargeons à la baïonnette. Nos camarades de la 3ᵉ division, reprenant courage, chargent aussi. En un quart d'heure les Russes étaient culbutés dans la rivière et reconduits au diable avec la mitraille et un feu de deux rangs qui *fesait* plaisir à entendre. Non seulement les généraux mais tous nos camarades de la 3ᵉ division sont venus nous féliciter. Des officiers de cavalerie (qui n'ont pas osé donner), me disaient : « Quand je rencontrerai un soldat d'infanterie et surtout de votre régiment, je le saluerai le premier. »

Nous avons après cela soutenu deux autres attaques... »
Je me garderai bien du moindre commentaire.

Louis Deplanque fut fait chevalier de la Légion d'honneur au mois d'octobre 1855, en même temps qu'il était promu au grade de chef de bataillon et affecté dès lors au 7ᵉ régiment de ligne jusqu'à la fin de l'expédition.

Il en rapporta la médaille de Crimée à 4 agrafes : Alma, Balaklava, Inkermann, Tracktir.

### 4. Occupation de Rome.

Deplanque ne prit pas part à la campagne d'Italie proprement dite. Le 1ᵉʳ bataillon du 7ᵉ de ligne, qu'il commandait, était au nombre des troupes du « corps d'occupation », de 1860 à 1863.

Deplanque réussit dans plusieurs missions « qui firent honneur, dit un rapport, au drapeau du régiment », et rentra en France avec la médaille de la Valeur militaire de Sardaigne et la décoration de 3ᵉ classe de l'Ordre pontifical.

### 5. Expédition du Mexique.

Embarqué avec ses hommes sur le *Tilsitt*, le 3 février 1863, Deplanque arriva en plein siège de Puébla. Le 7ᵉ de ligne fut surtout chargé d'assurer aux assiégeants un approvisionnement régulier de vivres et de munitions.

« Sous un ciel de feu, dans une contrée où les influences climatériques sont souvent mortelles, le 7ᵉ de ligne n'a cessé de montrer, dans cette ingrate et pénible tâche, ce dévouement, ce mépris des fatigues et cette courageuse abnégation qui caractérisent les troupes d'élite. »

« Partout le 7ᵉ de ligne s'est fait remarquer par son entrain, sa bonne tenue, sa discipline. Par sa valeur, il conserve la glorieuse renommée si justement acquise sous les murs de Sébastopol. »

Voilà ce que disent les rapports officiels du beau régiment de Deplanque.

Nous résumerons maintenant à grands traits le rôle personnel de Deplanque pendant l'expédition du Mexique.

Chef de bataillon au 7ᵉ de ligne, il était nommé le 12 août 1864 lieutenant-colonel du 51ᵉ de ligne, avec le commandement supérieur d'*Aguas Calientes*.

Bientôt après, le 18 décembre, il dirigeait une avant-garde contre l'ennemi.

Le 1ᵉʳ janvier 1865, il concourait brillamment à l'enlèvement de la formidable position connue sous le nom d'*Espinazo del diablo*, — épine (ou échine) du diable.

Le 7 janvier, à *Higuéras*, « deux compagnies d'élite » que commandait le colonel Deplanque, *cité pour ce fait à l'ordre du jour du corps expéditionnaire*, culbutaient encore l'ennemi, sans subir elles-mêmes aucune perte.

Au commencement de février, Deplanque prenait possession de *Noria* : « établi dans cette ville au milieu des populations hostiles ou effrayées par les menaces de l'ennemi, le 1ᵉʳ bataillon parvint, par son admirable discipline, à combler le vide qui s'était fait autour de nous, à ramener tous les habitants et même à les armer pour notre cause ».

Au mois de mars, lors du départ du colonel Garnier, Deplanque recevait le commandement de Mazatlan.

En 1866, le 2ᵉ bataillon du 51ᵉ commandé par Deplanque faisait, sous les ordres du général Aymard, l'expédion du Michoacan.

« La difficulté, écrit Deplanque, est non pas de battre l'ennemi, mais de le joindre ».

Il réussit cependant quelquefois et à le joindre et à le battre, cet insaisissable ennemi.

En 1866 il est si « occupé qu'il ne sait comment il y tient ». De plus, il « faut encore qu'il ouvre l'œil ». J'ai récemment, écrit-il, « sauvé une compagnie de zouaves en enfreignant les ordres du maréchal qui m'a approuvé par le télégraphe quand je lui ai expliqué mon mouvement ».

Le colonel écrit ailleurs : « Notre arrière-garde a été attaquée par des gens du pays, armés par Régulès, et qui s'étaient cachés dans les bois. Le général m'avait laissé à l'arrière-garde, prévoyant ce qui est arrivé, et j'ai essayé d'atteindre ces drôles. Mais ils connaissent leurs montagnes, et s'étaient placés de manière à nous nuire impunément : de sorte que j'en ai été pour mes peines... »

Deplanque rentre en France avec la croix d'officier de la légion d'honneur et la médaille du Mexique.

Sa correspondance fourmille de renseignements sur les villes dans lesquelles il s'est vu successivement appelé en résidence : Orizaba, Jalapa, Silao, Cordova, Mexico, Quérétaro, Aguas-Calientes, Hermosillo, Guaymas... Elle abonde en traits de mœurs de la population mexicaine...

A maintes reprises encore, il nous entretient des préparatifs de réception pour l'empereur Maximilien à Mexico : mission délicate dont il est chargé.

Il donne son sentiment sur tel et tel incident de la campagne ; il parle de ses chefs en toute liberté et indépendance dans ces lettres familières. Ses rapports avec le colonel *Garnier* furent excellents.

Toutes ses lettres montrent d'autres préoccupations.

Il s'y plaint, non sans amertume, qu'on le laisse *pourrir* dans son grade. Etait-ce aussi réellement bien la peine de courir le risque, — malgré une exceptionnelle vigueur physique et morale, dont il est justement fier, — d'être exposé à se trouver au « nombre de ceux qui paieront un triste et douloureux tribut au terrible climat de la Véra-Cruz et de la région des terres chaudes », pour apprendre un beau jour que « toutes les propositions en faveur des cadres faisant campagne au Mexique, sont écartées ? »

Le 7e de ligne aurait eu vraiment plus de chances d'avancement en restant en France qu'en allant guerroyer dans la meurtrière Sonora !

Lieutenant-colonel au 51e de Ligne, Deplanque fit la dernière campagne de Michoacan, au mois de juillet 1866, avec le général Aymard, et rentra en France, pour passer presque aussitôt en Algérie.

## 6. Algérie. — Légion étrangère.

Arrivé à Sidi-bel-Abbès le 24 septembre 1867, le colonel Deplanque, par ses brillantes qualités et par ses défauts eux-mêmes, avait tout ce qu'il fallait pour s'imposer vite à ses hommes et connaître parmi eux « la puissance exaltée du commandement ». Ces trois années, 1867 1870, exigeront une dépense d'énergie surhumaine: mais les hommes savent que leur colonel les « connait et qu'il ne les manquerait pas », à l'occasion. Il peut tout leur demander et sait tout en obtenir.

A la veille des redoutables évènements de 1870-1871, le colonel Deplanque songe à la lutte qui va s'engager et dans laquelle il prévoit les causes de notre infériorité.

Les plus intéressantes de ses lettres sont celles qu'il écrivait de Mascara dans la deuxième moitié du mois d'août ; les voici presque *in-extenso* :

Le 16 août 1870 :

« L'Algérie est aussi en état de siège ; on prend des dispositions de défense, principalement pour l'intérieur. Cependant rien n'a encore bougé. Tout le monde est armé ici comme en France ; *ce qui n'empêchera pas les Arabes de se soulever si nous avons encore quelque échec.*

Tout s'explique dans ce qui arrive, excepté pourtant une seule chose que pas un militaire ne parvient à comprendre : ce sont *les surprises continuelles* et l'ignorance des forces ennemies qu'on a devant soi ; ce qui nous a fait bien du mal et est venu mettre le comble à toutes nos grandes fautes....

Je comprends maintenant les manœuvres de B... Il y en a plus d'un qui chante la *Marseillaise* et qui pense comme lui. C'est qu'il ne s'agit pas de chanter ; il faut marcher. Or je trouve qu'on chante beaucoup trop et je suis convaincu qu'on éprouve de grandes difficultés à faire arriver les divers contingents décrétés. C'est pour cela que les Prussiens ont eu affaire à des corps d'armée creux : ils n'avaient pas la moitié de leurs hommes ! Cette leçon nous coûtera cher et ce n'est pas la dernière.

Le Corps législatif a aplati le ministère Ollivier ; *que serait-ce s'il savait tout !* En tout cas nous ne tarderons pas à savoir à quoi nous en tenir. La première affaire décidera de tout le reste. Bonne ou mauvaise, elle est inévitable dans quelques jours » (1).

Le 29 août :

« Ma chère mère, il est fort évident qu'il y avait bien des choses à faire avant de déclarer la guerre. Notre organisation n'est pas celle des Prussiens, tant s'en faut. Il fallait réunir et organiser les régiments, brigades et divisions, les partager, ensuite seulement, en corps d'armée : faire aussi rejoindre le régiment à tout ce qui devait y rester ; appeler en même temps la deuxième portion dans tous les dépôts pour l'habiller et pour l'instruire : réunir et exercer la mobile, instruire et organiser la sédentaire ; fabriquer des munitions de toute espèce ; transporter dans l'intérieur les fusils et les canons des arseaux de la frontière ; fournir

(1) Elle se livrait le jour même, 16 août, à Rezonville.

des chevaux à l'artillerie, au train, à la cavalerie ; avoir des approvisionnements de chaussures, d'habits, de havre-sacs; les vivres de réserve en quantité, lard, biscuit, etc., etc ...

Rien de tout cela n'était fait quand on a déclaré la guerre, et quand le bœuf *(sic)* est venu dire que nous étions prêts, il savait probablement que nous ne l'étions pas ; mais il croyait que la Prusse serait moins vite prête que nous : *elle l'était déjà depuis longtemps.* C'est pour cela qu'elle nous a insultés si grossièrement (1). Connaissant le caractère de l'Empereur, elle s'est dit : « il déclarera la guerre quand même, et avant qu'il ne soit prêt nous serons à Paris ». C'est ce qui arrive aujourd'hui. On paie sans doute fort cher des hommes qui sont chargés de savoir ce qui se passe chez les autres nations. Nos agents en Prusse ont bien mal gagné leur argent (2) ; car, s'il eût été renseigné (3), je ne puis croire que l'Empereur eût fait une sottise qui lui coûtera et qui nous coûtera si cher.

A la déclaration de guerre on a déployé ce qu'on avait de troupes tout le long de la frontière, en attendant que les renforts arrivent. Mais il faut que chaque homme aille de chez lui au chef-lieu ; puis du chef-lieu au dépôt de son régiment qui est souvent très loin ; qu'il y soit habillé, armé... etc., et enfin qu'il aille de là, rejoindre son régiment. Avant que cette opération n'ait eu le temps de se terminer, les corps étaient déjà en mouvement ; dirigés à droite, les renforts ne trouvaient plus leurs corps, qui déjà avaient été dirigés à gauche...

Les Prussiens n'ont pas eu de peine à percer ce faible rideau de troupes et à entrer par où ils ont voulu. La résistance était impossible : elle n'a même fait qu'augmenter le

---

(1) Depuis, la lumière a été faite sur le soi-disant incident Benedetti.
(2) Deplanque ignorait les rapports Stoffel.
(3) L'Empereur, nous le savons, avait été parfaitement *renseigné :* il a fait en connaissance de cause la « *sottise* » qui nous a coûté si cher.

désordre. Les généraux s'éclairaient mal, se laissaient surprendre ; notre peu de monde n'avait jamais le temps d'arriver et de se réunir sur les points menacés qu'on ne connaissait que trop tard. On se faisait alors attaquer au milieu de tous ces mouvements...

Il est étonnant qu'il ne soit pas arrivé plus de malheurs ; c'est *grâce à la résistance désespérée de nos soldats*.

Ainsi, il y a à faire la part de l'insuffisance des moyens et de l'incapacité de ceux qui commandent. Voilà ce que c'est que de nommer aux grades élevés des gens sans intelligence et sans capacité, *ignorant leur métier, ayant presque toujours vécu loin de la troupe et étrangers à tout ce qui s'y rapporte*.

Le bœuf *(sic)* pouvait être mis à la tête de cette catégorie malheureusement trop nombreuse et trop connue de nous tous. *L'Empereur s'imaginait qu'en habillant comme lui ses favoris en généraux ils le deviendraient comme lui-même se flattait d'égaler son oncle* (1).

Les Prussiens ont eu d'un seul coup tout leur monde en ligne ou à peu près : ils ont eu raison parce que c'était le seul moyen de nous écraser. Ils n'ont pas réussi aussi complètement qu'ils l'espéraient ; et même, plus ils s'éloigneront de leur pays, plus il leur sera difficile de nourrir des masses si nombreuses et si considérables, réunies sur un seul point. Nous, à force d'hommes, nous pouvons encore les battre... »

Cette lettre, malheureusement, est incomplète : accident que je ne serai peut être pas le seul à regretter.

Le colonel Deplanque était nommé général de brigade par décret du 3 octobre ; il avait ramené d'Afrique les 1er et 2e bataillons du régiment étranger, mais avait été bientôt affecté lui-même au commandement de la 2e brigade de la 1re division du 16e corps.

(1) Phrase en partie illisible et que je reconstitue de mon mieux.

On sait les prodigieux efforts qui furent accomplis en septembre-octobre, pour organiser partout la « lutte à outrance » et la défense du sol natal. Nulle part peut-être, mieux qu'à l'armée de la Loire, le *Gouvernement de la Défense Nationale* ne multiplia les manifestations de sa patriotique activité.

### 7. Le Général Deplanque
### A L'ARMÉE DE LA LOIRE

Deplanque joua son rôle pendant la période de formation et d'entraînement des troupes.

Il y commanda la 2e brigade, { 37e de marche / 33e mobiles (Sarthe). } de la 1re division du 16e corps.

A *Coulmiers*, le 9 novembre 1870, le général Deplanque, à la tête de la 2e brigade de la 1re division du 16e corps, se comporta brillamment. L'importance du rôle qu'il y joua est d'ailleurs reconnue expressément dans l'ouvrage du grand état major prussien.

Notre victoire eût été complète à Coulmiers si le général Reyau avec sa cavalerie, avait exécuté les ordres reçus et produit son effort en temps utile, à l'endroit indiqué.

Quoiqu'il en soit, les deux régiments de la brigade Deplanque (37e de marche, et 33e mobiles de la Sarthe), furent cités à l'ordre du jour de l'armée.

A *Villepion*, le 1er décembre, la brigade Deplanque fit preuve d'une égale bravoure : tous les témoignages officiels concordent sur ce point, et l'ouvrage du grand état-major prussien lui-même en fait foi.

Voici sur le rôle de la brigade Deplanque le récit d'un témoin oculaire « qui fut là : » (1)

« Entre Noneville et Chauvreux, environ à demi distance

---

(1) Commandant Urdy : *Souvenirs d'un officier de lanciers*, p. 154-155.

le terrain, sur un parcours de plusieurs centaines de mètres, était couvert de cadavres de fantassins bavarois. A côté de l'endroit où nous nous sommes arrêtés et où le général a fait mettre un moment pied à terre, ces cadavres étaient littéralement couchés les uns à côté des autres, quelquefois même les uns sur les autres, à tel point qu'on avait dû obliquer pour ne pas marcher dessus... Ces hommes avaient, presque tous, été frappés par des balles au moment où, visiblement, ils se trouvaient formés sur deux rangs. L'emplacement des compagnies était encore marqué d'une façon très nette. Les corps de ces malheureux paraissaient absolument intacts, mais presque tous avaient la tête congestionnée. Les blessures produites par les obus, assez rares du reste, étaient horribles. Parmi leurs victimes, il y en avait dont la tête ne présentait plus que des débris informes, d'autres dont les entrailles étaient complètement à nu. L'un d'eux, couché sur le dos, tenait toujours son fusil, le bras tendu et raide comme une barre de fer. Beaucoup, tombés la face contre terre, avaient, malgré le gel, les doigts crispés enfoncés dans le sol. Parmi ces cadavres on comptait aussi quelques officiers, tombés à leur place normale.

En vérité, *la brigade Deplanque, de la division Jauréguiberry, avait fait là de la belle besogne.* »

On m'a reproché d'avoir complaisamment reproduit cette page, et de m'être ainsi associé à la « glorification de la violence du sabre ».

Je déplore autant que quiconque les horreurs de la guerre et n'entends pas faire l'apologie de cette tuerie de Villepion plutôt que d'une autre. Mais enfin, puisqu'on était aux prises avec les Allemands depuis plus de quatre mois, il ne m'a pas déplu de citer le témoignage d'un officier qui constatait qu'avec de jeunes troupes, le général Deplanque avait héroïquement tenu tête à l'ennemi, — ce qui était *son devoir*.

A *Loigny*, le 2 décembre. — La diversion dans la direction de Pithiviers avait été d'une inspiration déplorable, compromettant la sortie projetée de l'armée de Paris et l'évolution de l'armée de la Loire à sa rencontre.

Le 16ᵉ corps, dans la marche pour opérer sa jonction avec la garnison de Paris que l'on supposait avoir pu briser le cercle d'investissement, fit preuve d'un héroïsme auquel tous encore ont rendu justice, Allemands et Français.

Une deuxième fois, le 37ᵉ de marche et le 33ᵉ mobiles furent cités à l'ordre du jour de l'armée.

Blessé à Loigny, le général Deplanque écrivait d'Orléans, le 3 décembre, la lettre suivante, avec l'intention manifeste de calmer des inquiétudes, en atténuant les choses :

« Ma chère mère,

« Je viens t'apprendre au plus vite, afin que tu ne t'alarmes pas, qu'après m'être battu avant-hier et hier, à gauche et en avant de Patay, j'ai fini par attraper une forte contusion qui n'aura d'autre effet que de me rendre indisponible pendant trois ou quatre jours, je l'espère, pour ne pas me traîner en voiture ou en cacolet à la suite des bagages, parce que je ne peux pas monter à cheval. Je me suis fait conduire ici.

Voici comment cela s'est passé. Mon amiral (Jauréguiberry) m'avait chargé hier, vers 1 h. 1/2, de soutenir un mouvement de retraite très prononcé, (nous étions en réserve). Arrêter des troupes de cette espèce-là n'était pas chose facile, et déjà l'ennemi redoublait ses coups de canon en faisant avancer ses pièces malgré mes quatre mitrailleuses. En me portant en arrière, un obus coupe le canon du mousqueton d'un homme de mon escorte, entre dans mon cheval et y éclate. Le bout du canon m'a été lancé dans le dos, le bout en avant. On en voit la marque circulaire sur ma peau, à droite et un peu au-dessous de l'omoplate ; et le reste m'a fait une contusion très forte. (1). L'obus a pénétré

---

(1) Ce bout de mousqueton avait « pénétré jusqu'à la côte, vers la colonne vertébrale ».

(Dossier du général Deplanque au Ministère de la guerre).

littéralement *par le cul du cheval ;* le ventre a été ouvert et je n'ai rien senti. Je suis tombé avec lui, très étonné de ce qui nous arrivait à tous les deux.

La veille (1er décembre), il avait eu un coin d'oreille enlevé par une balle. Un de mes hommes d'escorte avait été tué : M. de l'Ombre avait eu la cuisse traversée par une balle.

Avant-hier nous avons attaqué et refoulé les postes avancés prussiens avec ma division, et même on peut dire avec ma seule brigade. Bien que très engagé de mon côté, je m'apercevais bien que la résistance était molle et qu'on n'employait pas beaucoup de canon. C'était une amorce à laquelle on s'est cependant laissé prendre ; car hier nous avons attaqué avec un seul corps, le mien (le 16e par conséquent), tandis que, avec 24 heures de plus, on en avait trois sous la main (15e et 17e). Ces deux corps sont *heureusement* arrivés vers 2 h. 1/2.

Le général Ducrot qui, dit-on, est sorti avec une forte colonne, parviendra-t-il à nous rejoindre, ou nous à l'aller trouver ? C'est ce qu'une bataille ou deux décidera avant peu, décidant aussi du sort de Paris et peut-être de la France entière... »

Quelques jours plus tard, le général Deplanque formulait sur la direction générale des opérations, sur le plan de résistance aux armées ennemies, des critiques qui n'ont guère perdu de leur intérêt, si l'on rapproche le résultat final de cette lutte de « pygmées contre des géants », de cette réponse de Chanzy à Deplanque :

« On m'a fait part de toutes vos observations et appréciations ; je persiste dans les instructions d'aujourd'hui, qui doivent être strictement exécutées. »

Voici quelques-unes de ces « observations », puisées dans une lettre du 8 décembre du général Deplanque :

« Ma chère mère, j'ai pu vaille que vaille, reprendre mon service, ce qui te prouve que tu n'as aucune crainte à conserver sur les suites de ma blessure. On semble vraiment ignorer ici que les Allemands tirent sans peine tous les renforts possibles d'Orléans pour nous accabler à l'aide de ces troupes toutes fraîches. Devant ces bataillons qui marchent sur nous à toute vitesse, selon le rapport de nos éclaireurs, n'est-il pas évident que nos troupes (même mon régiment), seront culbutées comme des capucins de carton et que les autres, les mobiles, et le reste, se précipiteront dans des chemins de traverse pour déguerpir plus à l'aise ? Mais voilà ; on veut toujours faire grand ! Il nous faut de vraies batailles, alors que colonels et généraux en sont déjà réduits chaque jour à se jeter sur le front des troupes, pour arrêter, — quand ils y parviennent, — les ignobles débandades qu'il nous faut craindre maintenant au premier coup de fusil.

Toujours cette idée fixe : entreprendre de grands mouvements concentriques pour débloquer Paris ! Et Ducrot et Trochu ne bougent pas ; Bourbaki n'ose rien et doit pousser, dit-on, une pointe dans l'Est pour inquiéter les communications de l'ennemi : on ne sait rien de Faidherbe dans le Nord. C'est le plan, toujours le fameux plan ! Cependant le beau résultat que Loigny ! Reculer toujours depuis, malgré nos efforts ; et ce n'est pas fini. Après Vendôme, Le Mans, sans doute ; et puis après, le diable sait où. Au lieu de les avoir usés en détail, quitte à faire le vide vingt lieues devant eux... Ah ! je ne me gêne pas pour en parler ! !

Ils en ont assez de la guerre, les Prussiens, nous dit-on. Et les nôtres donc ?... Avec des *loques* comme celles que nous avons en mains, nous ne tiendrons plus 24 heures, n'importe dans quelles positions... »

Après la guerre, Deplanque joua un rôle important en Algérie.

Je résiste au plaisir que j'aurais encore à vous donner lecture d'une lettre dans laquelle il nous rend compte d'une opération contre « Messieurs les Kabyles ».

Le mérite du soldat me semble suffisamment établi par cette rapide esquisse.

Comme homme, malgré des travers et bien des défauts, Deplanque mérite la sympathie. Ses relations avec ses frères et ses parents, pour être parfois d'une franchise brutale, n'en prouvent pas moins son inaltérable dévouement envers les siens et sa bonté.

J'ai publié des extraits nombreux de ses correspondances avec d'autres officiers ; et la manifestation de sentiments, tour à tour familiers, délicats et même élevés dans leur expression, c'est encore au cours de la carrière active de Deplanque, que nous la trouvons, la plus abondante et la plus significative.

Messieurs, je vous remercie de l'honneur que vous m'avez fait, en acceptant cette lecture sur le général Deplanque, d'Auxi-le Château, l'une des belles figures militaires de notre Artois, où depuis des siècles un patriotisme à la fois sage et vigilant, prudent et recueilli, a poussé des racines si vivaces que rien au monde ne saurait, je ne dis pas en tarir la sève, mais même la menacer sérieusement.

Th. Pruvost.

# ORIGINE

## DES COMMUNES ET HAMEAUX

### du Pas-de-Calais

#### D'APRÈS LA FORME PRIMITIVE DE LEUR NOM

par le Comte de LOISNE

*Membre non résident du Comité des Travaux Historiques
et Scientifiques
et de la Commission des Monuments Historiques
du Pas-de-Calais.*

---

Messieurs,

Les progrès de la science onomastique (1), permettent aujourd'hui d'assigner une date à peu près certaine à l'origine des lieux habités, d'après la forme première de leur nom. Toutefois, quand nous disons forme originale, nous ne voulons pas indiquer seulement les formes les plus anciennes que présentent les textes, ceux-ci étant le plus souvent d'une date assez éloignée des origines ; mais le thème étymologique

---

(1) Parmi les promoteurs de cette science, il faut citer Quicherat, *De la formation française des anciens noms de lieu* (Paris, 1867, in-12), — d'Arbois de Jubainville, *Recherches sur l'origine de la propriété foncière* (S. l. N. D., in-8º), et surtout M. Longnon, dans ses conférences de l'Ecole des Hautes Etudes que nous avons suivies et dont on retrouvera la doctrine dans notre mémoire. — *Cf.* Ricouart, *Etudes sur les noms de lieu* (Anzin, 1891-1903, in-fº).

lui-même sur lequel s'est formé le vocable. Cette règle posée, nous croyons pouvoir classer de la façon suivante les lieux habités du département du Pas-de-Calais.

## I. — Noms d'origine gauloise ou celtique
*(c'est-à-dire antérieurs à la conquête romaine).*

Les noms de lieu de notre département, d'origine gauloise, sont peu nombreux, ou du moins il est difficile d'affirmer pour beaucoup d'entre eux cette origine reculée. Nous croyons toutefois pouvoir citer *Gessoriacum* (1), nom gaulois remplacé au IIIe siècle par le gallo-romain *Bononia Oceanensis* (2) ; *Nemetacum* (3) dérivé, d'après M. d'Arbois de Jubainville (4), de *Nemeton*, temple, ou d'un composé dont *Nemeton* serait le premier terme. Ce vocable a été remplacé, au IIIe siècle, par le nom du peuple *Attrebates* (5). — *Sithiu* (6) ou *Sitdiu* (7), auquel s'est substitué au IXe siècle, le nom de l'évèque des Morins, saint Omer (8).

Le suffixe *dunum*, au sens de hauteur, forteresse, se rencontre peut-être dans Averdoingt, *Averdunum*, *Averdon*, (9) ; Nédon, *Novidunum*, *Neudum* (10) ; Verton, *Vertodunum*, (*Vertunum*) (11).

Certains étymologistes ont cru voir le mot celtique

---

(1) Suétone, *In Claudio*, c. 17.
(2) Cohen, médaille décrite, t. vi, p. 582, pl. xx).
(3) 27 ans av. J.-C., *Milliaire de Tongres*, ap. Rev. archéolog., 2e série, t. iii, p. 400. — Itinér. d'Antonin, édit. Wetzel, p. 378. — *Nemetocenna* est le nom qu'Hirtius donne à Arras *(De bello Gallico*, L. viii, ch. 46, § 23).
(4) *Op. cit.*, p. 152. — Cf. *ibid.*, p. 396 et 397.
(5) *Notitia dignitatum*, ap. Rec. des histor. de Fr., t. i, 128 C.
(6) 648 (*Id.*, t. iii, p. 581 D.).
(7) Bréquigny, t. ii, n° 343.
(8) *Villa Sancti Audomari*, 894 (Histor. de Fr., t. ix, p. 73 B).
(9) 1146 (Arch. du P.-de-C., *Abb. d'Eaucourt*).
(10) XIe siècle (Hariulf, *Chron. de St Riquier*, édit. Loth, p. 95).
(11) 856 (*id.* p. 115).

*condas*, confluent, dans les noms de Condette, Contes et la Comté ; mais Condette, par sa forme diminutive, supposerait un Condé dans les environs, et Contes, comme La Comté, est un nom d'origine féodale, qui phonétiquement ne peut pas venir de *Condas*.

Un autre nom celtique latinisé sous la forme *Mediolanum*, *Mediolanas*, et qui, d'après Henri Martin, signifierait la terre sainte du milieu, a pris la forme Méaulens, *Meallenz* (1), *Mellens* (2) ; c'est le nom ancien de la commune voisine d'Arras auquel s'est substitué, au XIV<sup>e</sup> siècle, le vocable du patron de la paroisse, saint Nicolas. — Duisans, *Ducentis* (3) paraît également avoir une origine celtique.

### II. — Noms d'origine gauloise ou gallo-romaine
#### (antérieurs au VI<sup>e</sup> siècle).

Le suffixe gaulois *oialos* latinisé *oialus* (4), se rencontre dans notre département sous la forme *oeuil, euil, eul, eulles* et *euilles* : Bailleul (trois communes de ce nom), *Ballioalus*, qui, déterminé par sa situation, est devenu Bailleulmont (5), *Baillioalus in monte* et Bailleulval *Ballioalus in valle* (6); Bernieulles, *Bernioalus*, *Berniol* (7); Escoeuilles, *Scoioalus*, *Scoles* (8) ; Marœuil, *Maroialus* *Maroel*, (9), désignant un lieu marécageux ; Norœuil, *Nugeroialus*, *Nugerol* (10), un lieu planté de noyers.

(1) XII<sup>e</sup> siècle (Guiman, *Cart. de St-Vaast*, édit. Van Drival, p. 225.)
(2) 1154 (Cart. du chap. d'Arr., édit. de Loisne, n° 28).
(3) *Villam in pago Atrebatensi Ducentis dictam*, 920 (Histor. de Fr., t. ix, p. 547).
(4) Ce suffixe prit, au viii<sup>e</sup> siècle, la forme *oilus*, puis, au ix<sup>e</sup>, celle d'*Ogilus*, par l'introduction d'une gutturale.
(5) *Bailloel ou mont*, 1471 (Cart. des chartr. de Gosnay, f° 345 v°).
(6) *Balliolus in valle*, 1283 (Chap. d'Arras).
(7) Fin xi<sup>e</sup> siècle (Cart. de St-Georges, f° 2220).
(8) 1119 (Cart. du chap. de St-Omer, f° 120).
(9) 1104 (Cart. du chap. d'Arras, n° 206).
(10) Id., n° 11.

On trouve, à côté de ces formes, le suffixe *iolos* latinisé — *iolus* = eul et euil, pour des diminutifs placés toujours près d'une localité plus importante. Tels Antigneul, *Antiniolus* (1), près Antin ; Cambligneul, *Cameliniolus* (2), près Camblain ; Crépieul, *Crispiolus* (3), près Crépy ; Etreuil, *Stratiolus*, près Estrées ; Fouquereuil, *Fuscheriolus* (4), près Fouquières ; Hesdigneul (deux), *Hesdiniolus* (5), l'un, près Houdain, l'autre, près Hesdin-l'Abbé ; Houvigneul, *Oviniolus* (6), près Houvin ; Humerœuil, *Ulmeriolus* (7), près Humières ; Lignereuil, *Lineriolus* (8), près Ligny-Saint-Flochel ; enfin Verquigneul, *Everciniolus* (9), près Verquin.

Mais c'est le suffixe d'origine celtique — *acos*, latinisé — *acus*, qui combiné à l'époque romaine avec un gentilice tiré d'un *cognomen* romain ou gaulois (10), a donné la série toponymique la plus nombreuse de notre département. Les noms des communes que nous allons énumérer remontent au Ve siècle ; mais les gentilices sur lesquels ils ont été formés sont tous beaucoup plus anciens.

(1) *Antinuele*, XIIIe siècle (Bibl. nat., Jongl. d'Arr., f[o] 38 v[o]).
(2) *Cambelinnol*, 1164-1171 (Cart. d'Aubigny, f[o] 7 r[o]).
(3) *Crespioeul*, 1475 (Arch. nat., F 807, n[o] 29).
(4) *Fuscherolez juxta Bethuniam*, XIIe siècle (Guiman, p. 401).
(5) *Hesdinol*, 1175 (Cart. de Thér., n[o] 53). — *Hesdiniolium*, 1189 (Arch. nat., M 1025).
(6) *Ovinuel*, 1120 (Abb. de Cercamp). — *Houvinol*, 1177 *(Id.)*.
(7) *Homeroles*, 1119 (Ch. de St-Bert., n[o] 134).
(8) *Lineroles*, XIIIe siècle (Cart. d'Aubigny).
(9) *Werkenial*, 1144 (Ch. de St Bert., n[o] 191).
(10) Les Gaulois n'avaient pas de noms de famille. Pour éviter la confusion ils se bornaient à ajouter à leur nom, soit un surnom, soit le nom de leur père au génitif, en le faisant suivre du mot *cnos*, fils. Ce n'est qu'après la conquête, qu'adoptant les usages romains, ils joignirent à leur nom un *gentilice* et un surnom. Tantôt les trois éléments onomastiques furent romains ; tantôt le gentilice resta gaulois ; parfois enfin le prénom seul fut romain (d'Arbois, p. 129 et s[tes]). Il en résulte que les noms de lieu d'origine gallo-romaine sont formés tantôt sur des gentilices romains, tantôt sur des gentilices gaulois ; mais c'est le premier mode qui fut le plus souvent employé.

1° — *Acus* originairement précédé d'un *I* s'est le plus ordinairement francisé en *Y* dans notre région : Agny (1), *Anniacus* (gentil. Annius (2). — Aubigny, *Albiniacus* (3) (gentil. Albinius (4). — Auchy (5) (trois), *Alsiacus* (gent. Alsius (6). — Auxy (7), *Alsiacus*. — Beuvry (8), *Bevariacus*. — Billy, *Billiacus* (gentil. Billius (9). — Blangy (10), *Blandiacus* (gentil. Blandius (11). — Blessy (12), *Belliciacus* (gent. Bellicius (13). — Bomy (14), *Bommiacus*. — Bully (15), *Bulliacus* (gent. Bullius (16). — Carency (17), *Carantiacus* (gent. Carantius (18). — Carly (19), *Quartiliacus* (gentil. Quartillus ou Quartilius (20).

(1) *Agni*, 1154 (Cart. du chap. d'Arr., n° 23).
(2) C. I. L., t. XII, nos 5686, 4259, 3138, 5686, 1226, etc.
(3) 1111 (Guiman, p. 181).
(4) Gentilice romain très fréquent dans les inscriptions (v. d'Arbois, p. 155, note 5 et p. 191).
(5) *Alciacus*, 648 (Cart. Sith., p. 18).
(6) On le trouve dans les inscriptions (corp. inscript. lat., t. X, n° 1403).
(7) *Auciacus*, VIII° siècle (bibl. Ec. des Chartes, t. XXVI, p. 457).
(8) *Bevriacus*, 1192 (Le Carpentier, pr., p. 22).
(9) Formé sur le cognomen *Billo* que l'on rencontre au *corpus* (C. I. L., t. XII, n° 169).
(10) *Blangiacus*, 685 (Cart. Sith., p. 33).
(11) Formé sur l'adjectif *Blandus*, le doux (Allmer, *inscript. de Vienne*, t. I, n° 349) et table du t. V du *Corpus*.
(12) *Belsi*, 1173 (Chap. d'Aire).
(13) Voir pour les inscriptions où ce nom figure, Brambach, *corp. inscript. Rhenan.*, n° 825. — *Id.* C, I. L., t. XII, n° 169.
(14) *Bommi*, 1114 (cart. de Watten, f° 32 r°).
(15) *Builli*, 1154 (cart. du chap. d'Arr., n° 14).
(16) C. I. L., t. XII, n° 4664).
(17) *Carenci*, 1152 (Cart. chap. d'Arras, n° 14).
(18) Brambach, n° 713. — Allmer, t, I, p. 404. Ce gentilice dérive du nom gaulois *Carantos* (d'Arbois, p. 132).
(19) *Quertliacus in pago Bononensi*, 867 (Cart. Sith., p. 112).
(20) Le t. XII du *Corpus* fournit deux exemples du nom de *Quartilla* (nos 2960 et 5082).

Chérisy (1), *Carisiacus* (gentil. Carisius) (2). — Cléty (3), *Ciltiacus* (gent. Ciltius) (4). — Coulomby (5), *Columbiacus* (6), (gentil Columbius).— Crépy (7), *Crispiacus* (gent. Crispius (8). Créquy, *Crisciacus* (9). — Cuinchy (10), *Quinctiacus* (gent. Quinctius (11). — Doulchy (12), *Dulciacus* (13). Dury (14), *Duriacus* (15). Embry, *Embriacus* (16). Erny, *Herniacus* (gent. Hernius).— Eterpigny (17), *Stirpiniacus*. — Feuchy(18), *Feliciacus* (gent. Felicius (19). — Fleury (20), *Floriacus* (gent. Florius (21).— Givenchy (22) (trois), *Juventiacus* (gent. Juven-

(1) *Ceresi*, 1104 (Cart. de St-Amé de Douai. fo 1 vo).

(2) Ou *Charisius* (Brambach, no 493.— C. I. L., t. xiii, nos 1028, 4683, 4538, 2750, 2416, 3567, 3701, 3315).

(3) *Kiltiacus*, 857 (Cart. Sith., p. 161).

4) On le trouve dans des inscriptions de Grenoble (C. I. L., t. xii, no 2266.

(5) *Columbi*, 1194 (ch. de St-Bert., no 399).

(6) On trouve au t. xii du *Corpus* un Columbus Serenianus (no 3325).

(7) *Crispiacum*, 1214 (Cart. de St-Josse-sur-Mer).

(8) C. I. L., t. v., no 4418 et 7283. — *Id.*, t. iii, no 1030).

(9) On trouve dans le t. ix du *Corpus*, no 2887, le gentilice Crittius, analogue à *Criscius*.

(10) *Quinchi*, 1194 (Cart. de St-Barthélemy, no 10).

(11) Gentilice très fréquent dans le monde romain (d'Arbois, p.156).

(12) *Dulci*, 1154-1159 (Cart. du Chap. d'Arras, no 28).

(13) Gentilice *Dulcius* formé sur l'adjectif *dulcis*, le doux. On trouve au Corpus le gentilice *Dulcidius* (t. xii, no 2190).

(14) *Duri*, 1296 (arch. du N., A. 60, fo 97 vo).

(15) Gentil. *Darius* formé sur l'adjectif *durus*.

(16) 826 (Cart, Sith., p. 158). Un certain *Embrico* était évêque de Ratisbonne. (Histoire de Fr., t. vii, p. 177).

(17) *Sterpiniiz*, xiie siècle (Guim., p. 268).

(18) *Filciacus*, 867 (histor. de Fr., t. viii, p. 605 B). — *Felci*, 680 (Pardessus, t. ii, p. 186).

(19) Gentilice assez fréquent formé sur l'adjectif *felix* (Brambach, no 1121).

(20) *Floriacum*, 1096 (mon de Neufville, ch. citée p. 58).

(21) C. I. L., t. vi, nos 18482 et 18488; t. x, nos 4370, 5414 et 5732).

(22) *Juvenciacum*, 765 (Tailliar, *Rech. sur St-Vaast*, p. 347).

tius (1). — Gouy (2) (cinq), *Gaudiacus* ou *Gavidiacus* (gent. Gavidius (3). — Grigny (4), *Graniacus* (gent. Granius (5). — Guémy (6), *Gimmiacus* (gent. Gimius (7). — Guigny (8), *Geniacus* (gentilice Genius (9). — Guisy (10), *Geniciacus* (gentilice Genicius (11). — Herly (12), *Helliacus* (gentilice Hellius) (13). — Huby (14), *Ulpiacus* (gentil. Ulpius) (15). — Inchy (16), *Iniciacus* (gent. Inicius (17). — Ivergny (18), *Hiberniacus* (gentil. Hibernius) (19).

Journy (20), *Jorriacus* (21). — Ligny (22) (trois), *Liniacus*

(1) Connu par les auteurs et par les inscriptions (d'Arbois, p. 251 et 252).

(2) *Goi*, 1081 (Chap. de Saint-Amé, cart. 1.).

(3) D'Arbois, p. 240 et 241.

(4) *Gregni*, 1123 (Cart. d'Auchy, p. 12).

(5) Fréquent dans les inscriptions (Brambach, n° 154. — C. I. L. t. I, n° 577 et t. XII, n° 4499.

(6) *Gimiacum*, IXe siècle (Bibl. de St-Omer, ms. n° 819).

(7) C. I. L., t. XII, n° 4980).

(8) *Geni*, 1184 (Cart de St-Georges, f° 80 v°).

(9) C. I. L. t. I, n° 445.

(10) *Ghiesi*, 1371 (Ch. d'Arr., n° CXXI).

(11) Fréquent dans les inscriptions (d'Arbois, p. 241).

(12) *Herliacum*, 1171 (Cart. de St-Josse). — *Helly*, 1254 (Cart. de Marœuil).

(13) Brambach, n° 653.

(14) *Hupi*, 1157 (Gall. christ., t. x, col. 316).

(15) Gentilice fréquent (Brambach, n°s 75, 76, 646, 1100, etc.).

(16) *Inci*, 1111 (abb. d'Anchin, cart. I).

(17) Formé sur le cognomen *Inicus* que présentent les inscriptions (C. I. L., t. XII, n°s 249, 430 et 5686).

(18) *Everni*, XIe siècle (Cart. de St-Georges, f° 22 r°).

(19) Formé sur le cognomen *Hibernus* (Brambach, n° 1836).

(20) *Jornacus*, VIIe siècle (acta Sanct., sept. III, p. 408, n° 20).

(21) Nous n'avons pas trouvé le gentilice Jorrius ; mais on connait St Jor, *Sanctus Jorius*.

(22) *Liniacum*, 799 (Histor. de Fr., t. v, p. 761 C).

(gent. Linius (1). — Lugy (2), *Luciacus* (gentil. Lucius (3). — Montigny (4), *Montiniacus* (gent. Montanius (5). — Mory (6), *Mauriacus* (gentil. Maurius (7). — Oisy (8), *Acciacus* ou *Alsiacus* (9). — Oppy (10), *Ulpiacus* (gentil. Ulpius (11). — Parenty (12), *Parentiacus*. — Pressy (13), *Prisciacus* (gentil. Priscius (14). — Quiéry (15), *Curiacus* (gentil. Curius (16). — Rély (17), *Rilliacus*. — Remilly (18), *Rumeliacus* (gent. Rumelius (19). — Rémy (20), *Remediacus* ou *Remigiacus* (21) (gentil. Remedius ou Remigius). — Renty (22), *Rentiacus*. — Réty (23), *Restiacus*. — Rombly (24), *Romiliacus* (gent.

(1) Formé sur le cognomen *Linus*, qu'on trouve dans les inscriptions (d'Arbois, p. 341).
(2) *Lusy*, 1112 (D. Bét., Cart. d'Auchy, p. 29).
(3) C. I. L., t. i, n°s 1187, 1407, 1477. — T. ii, n°s 1974, 2286, 1271, 1186, 2648, 2656, 2479.
(4) *Montigniacum*, 1054 (Histor. de Fr., t. xi, p. 599 D).
(5) On le trouve dans diverses inscriptions (d'Arbois, p. 285).
(6) *Moyri*, XII° siècle (Guiman, p. 271).
(7) D'Arbois, p. 281.
(8) *Ausiacum*, XI° siècle (Histor. de Fr., p. 602 C).
(9) Gentilice *Accius* ou *Alsius* (d'Arbois, p. 188 et 193).
(10) *Uulpi*, 1104 (Abb. du Mont-St-Eloi).
(11) Voir ci-dessus note 35.
(12) *Parenti*, 1190 (Cart. de Thér., p. 61).
(13) *Preci*, 1145 (Ch. de St Bert., n° 196).
(14) Formé sur l'adjectif *priscus*, le Vieux, que l'on trouve dans plusieurs inscriptions (d'Arbois, p. 300 et 301).
(15) *Chiri*, 1137 (Cart. Chap. d'Arr., n° 15). — *Cirici*, 1140 (*Id.*, n° 18).
(16) D'Arbois, p. 464 et 594.
(17) *Relli*, 1163 (Abb. de Chocques, *Cart.* i).
(18) *Rumliacus*, 704 (Bréquigny, t. ii, n° 460).
(19) Gentlice très ancien dans le monde romain (d'Arbois, p. 305).
(20) *Remi*, 1098 (Guiman, p. 66). — *Remigiacus*, 1269 (Ch. d'Art., A. 17).
(21) Voir d'Arbois, p. 554.
(22) *Rentiacum*, 1221 (Bullet. Morinie, t. viii, p. 222).
(23) *Resteke*, 1130 (Chron. Andr., p. 80 *b*).
(24) *Rumbliacus*, 1148 (Gall. Christ., t. x, instr., c. 118).

Romilius (1). — Rumilly, *Rumiliacus* (gent. Rumilius (2).
— Savy (3), *Sabiacus* (gentil. Sabius (4). — Tangry (5),
*Tungriacus*. — Tigny (6), *Tiniacus* (gentil, Tinius (7). —
Tilly (8), *Tilliacus* (gent. Tillius ou Tilius (9). — Tingry,
*Tingriacus* (10). — Torcy (11), *Tauriciacus* (gentil. Tauricius (12). — Vimy (13), *Vimiacus*. — Vincly (14), *Vinciacus* (gentil. Vincius (15).— Vitry, *Victoriacus* (16) (gentil. Victorius (17).— Wailly (18), *Valliacus* (gentil. Vallius (19).

Il est à remarquer que plusieurs de ces vocables communaux, avant d'arriver à la forme française en *y*, sont passés par une forme vulgaire en *èque, eke* ou *ece*, en latin *eka* (20), forme qui parfois est restée, notamment dans les arrondissements de Boulogne et de St-Omer (21).

(1) *Rumiliacus*, 1182 (Migne, patrol., t. cci, p. 133).
(2) Le gentilice Romilius n'est qu'une variante de Rumilius.
(3) *Savia*. 1104 (Abb. du Mont-St-Eloi).
(4) Fréquent dans les inscriptions, ce gentilice, variante de Sapius, a été formé sur l'adject *sapiens* (d'Arbois, p. 309).
(5) *Tangri*, 1140 (Cart. du Chap. d'Arr., n° 16).
(6) *Tinniacum*, 1264 (Cart. de St-André-au-Bois).
(7) C. I. L., t. xii, n° 1457.
(8) *Tilli*, 1157 (Cart. de Thér., p. 27).
(9) Fréquent sous l'empire (d'Arbois, p. 373).
(10) 857 (Cart. Sith., p. 162).
(11) *Torchi*, 1272 (Bét., cart. d'Auchy, p. 242).
(12) On le trouve dans les inscriptions (v. d'Arbois, p. 331).
(13) *Vimiacum*, 1259 (Cart. Sith., p. 162).
(14) *Wencli*, 1192-1207 (Cart. de Thér., p. 68).
(15) C. I. L., t. x, n° 431.
(16) 574 (Histor. de Fr., t. ii. p. 40 D).
(17) Que l'on trouve dès la république romaine et qui est fréquent dans les inscriptions (Brambach, n°s 1452 et 853).— D'Arbois, p. 334.
(18) *Galgiacus*, 1154-1159 (Cart. du Chap. d'Arr., n° 28).
(19) C. I. L., t. ii, n° 215 et t. xii, n°s 695 et 5206.
(20) Tels Renty, *Renteke*, 1361 (Cart. de Watten, f° 73 r°) ; Réty, *Resteke*, 1130 (Chron. Andr., p. 806).
(21) Le suffixe germanique *ich, ick* que l'on retrouve en Belgique (*Toornick*, Tournay ; *Curtrick*, Courtray), paraît avoir été l'origine de cette forme vulgaire.

Blandecques (1), *Blandiacus* (gent. Blandius) — Coyecques (2), *Coiacus* (gentil. Coius (3) — Ecquedecques (4), — Ecques (5) et Hézecques (6), *Asciacus* (gentil. Ascius ou Accius (7) ; Eperlecques (8), *Spirliacus* — Questrecques (9), *Castriciacus*, (gentil. Castricius (10) — Senlecques (11), *Silviacus* (gentil. Silvius (12) — Wardrecques (13), *Viridiacus* (gentil. *Viridius* (14).

La première syllabe du suffixe *i — acus* que l'on trouve encore dans les textes du $ix^e$ siècle, devient même souvent caduque, si bien qu'il ne reste plus que la finale — *que*, dans la forme moderne :

Ausque (15), *Alsiacus*, *Elseke* (16), (gentil. Alsius (17) ; auquel il faut joindre Nordausques et Zudausques, l'Ausques du Nord et celui du Sud. — Crecques, *Carisiacus*, *Ker-*

---

(1) *Blendeka*, 1139 (Cart. de St-Omer, f° 1 r°).

(2) *Coiacum*, 844-864 (Cart. Sith., p. 101.) — *Coeka*, 1093 (*id.*, p. 215).

(3) On le trouve dans une inscription de Genève (C. I. L., t. xii, n° 2636) et dans une autre de Grenoble (*id.*, n° 2202).

(4) *Eskeldeca*, 1200 (Cart. de Thér., p. 80).

(5) *Esca*, 1139, (Cart. de St-Omer, f° 1, v°).

(6) *Ascia*, 1042 (Gall. christ., t. x, c. 285). — *Hesseca*, 1139 (cart. de St-Omer, f° 1 v°).

(7) d'Arbois, p. 352. — C. I. L., t. xii, n° 4520.

(8) *Spirliacum*, $xi^e$ siècle (Acta Sanct. O. S. B., sæc. iii, pars i, p. 309 ; *vita Sti Winocci*. — *Sperleca*, 1129 (Ch. de St-Bert., n° 164).

(9) *Castreca*, 1173 (ch. de Samer, p. 41).

(10) Fréquent dans les inscriptions (C. I. L., t. ii. n° 1183 et 1304 et xii, n°s 2208, 2938, 3408.

(11) *Seuleces*, 1199 (le Carpent., pr. de l'histoire de Cambrai, p. 23).

(12) Sur ce gentilice, V. d'Arbois, p. 324.

(13) *Werdercke* 1145 Mém. Mor. t. xii, p. 189, note.

(14) Formé sur l'adjectif *viridis*, le Vert.

(15) *Elsiacus*, 850 (Cart. Sith., p. 98).

(16) 1119, chron. Andr., p. 98.

(17) Cf. Auchy.

*seke* (1) (gent. *Carisius* (2). — Bilques, *Billiacus, Billeke* (3) (gentil. *Billius* (4). — Isques, *Icciacus, Yseche* (5) (gentil. *Iccius* (6). — Linques, *Liniacus, Lennekes* (7) (gentil. *Linius* (8). — Mentque, *Mantiacus, Menteke* (9) (gentilice *Mantius* (10). — Quesques, *Cassiacus* (11), *Keseke* (12) (gentil. Cassius (13). — Serques, *Sigeriacus, Segerkes* (14) (gent. *Sigerius* (15). — Setques, *Sextiacus* (16), *Setekes* (17) (gentil. *Sextius* (18). — Tilques, *Tiliacus, Tilleke* (19) (gent. *Tilius* (20). — Tincques, *Tinciacus,* (gentil. *Tincius* (21). — Wisques, *Wiciacus* (22), *Wisseke* (23) (gent., *Vitius* (24).

(1) 1227 (Ch. de St-Bert., n⁰ 709).
(2) Brambach, n⁰ 493. — C. I. L., t. xii, n⁰ˢ 1028, 4683, 4538 et 2750.
(3) 1139 (Cart. de St-Omer, f⁰ 1 r⁰).
(4) Cf. Billy.
(5) 1199 (Ch. de Samer, p. 54).
(6) Que l'on trouve dans une inscription de Nîmes (d'Arbois, p. 148).
(7) 1170 (Ch. de Licques, p. 47).
(8) Cf. Ligny et note.
(9) *Menteka*, 877 (Cart. Sith., p. 122).
(10) Prouvé par les inscriptions (C. I. L., t. xii, n⁰ 708).
(11) *Kessiacus*, 830 (Cart. Sith., p. 80).
(12) *Keseka*, 1078 (Histor. de Fr., t. xiv).
(13) Très fréquent dans les inscriptions (Brambach, n⁰ˢ 1080, 1187, 99, 1143, 1256, 598).
(14) 1170 (Ch. de Licques, p. 48).
(15) Formé sur le nom d'homme *Sigerus*, Soyer.
(16) *Setliacus*, 867 (Ch. de St-Bert., n⁰ 43).
(17) 1175 (*Id.*, n⁰ 624).
(18) Porté par plusieurs romains connus (d'Arbois, p. 319). — Boissieu, n⁰ 194. — Brambach, n⁰ˢ 1088 et 1879. — C. I. L., t. i, n⁰ˢ 570, 1196, 632, 1037 et ii, n⁰ 4970.
(19) 1144 (Cart. Sith., p. 319).
(20) Ou Tillius (C. I. L., t. ii, n⁰ 1930).
(21) C. I. L., t. xii, n⁰ˢ 418, 1872, 2555 et 1521.
(22) 648 (Cart. Sith., p. 18).
(23) *Wisseca*, 1197 (Ch. de St-Bert., n⁰ 414).
(24) Formé sur le cognonem Vitus (d'Arbois, p. xi).

— Zouafques, *Suaviacus*, *Suavekes* (1) (gent. Suavius (2).

Le suffixe *que* a même disparu dans Marthes, *Martiacus*, *Marteke* (3) (gentil. *Martius* (4) et dans Wittes, *Vittiacus*, *Witteke* (5) (gentil. *Vitius* (6).

A côté de la forme en *y* qui est de beaucoup la plus générale dans notre département, on trouve aussi, mais rarement, la forme wallonne — *ies* ou — *ie* qui provient du même suffixe *I-âcus*, comme dans Beaumerie, *Belmeriacus* (7) ; Ecurie, *Scuriacus* (8) ; Morchies (9), *Mauriciacus* (10).

Quant à la forme en — *ay*, on la rencontre dans Bruay (11), *Bruacus*, pour un plus ancien *Buracus* (gentil. Burius (12); Gosnay (13), *Godiniacus* (14) ; Grenay (15), *Granacus* (gentil. *Granius* (16) ; Maintenay (17), *Montanacus* (gentil. Monta-

---

(1) *Suaveka*, 1193 (Ch. de St-Bert., n⁰ 395).

(2) Formé sur le cognomen Suavis (C. I. L., t. xii, n⁰ˢ 3193, 3859, 4733 et 4979.

(3) 1299 (Ch. d'Art., A 150).

(4) Fréquent dans les inscriptions (Brambach, n⁰ˢ 1330, 1331 *a* et 202. — Allmer, t. iii, p. 399. — C. I. L., t. xii, n⁰ˢ 1850 et 4983 et t. iii, n⁰ 6169.

(5) 1091 (Ch. de St-Bert., n⁰ 87).

(6) Voir p. 197, note 24.

(7) *Belmeriacum*, 1042 (Gall. Christ. t. x, p. 285).

(8) *Scuriacum*, 1154 (Cart. Chap. d'Arr., n⁰ 23).

(9) *Morceis*, 1108 (Moreau, t. xli, p. 186).

(10) Gent. Mauritius.

(11) *Bruacum*, 1152 (Bullet. antiqu. Morinie, t. ix, p. 199).

(12) C. I. L., t. v, n⁰ 6512).

(13) *Gosnacum*, v. 1000 (Mirœus, t. ii, p. 945). — *Gotnai*, 1152 (Bullet. Morinie, t. ix, p. 199).

(14) Gentil. Godinius formé sur le nom d'homme romanisé *Godinus*.

(15) *Granai*, 959 (Cart. Sith., p. 152).

(16) Gentilice fréquent dans les inscriptions (D'Arbois, p. 247).

(17) *Monteniacum*, 1207 (Arch. du Pas-de-Calais, Prieuré de Maintenay).

nius (1) et Marquay (2), *Marcacus* (gent. Marcius (3)).
— *Acus* paraît s'être francisé en *eux* dans Brimeux, *Brivermacus* (4).

Enfin le suffixe *i-acus* s'est combiné avec un nom commun, pour former des noms de situation, dans Sailly (5) et Saulty (6), *Saltiacum*, de *saltus*, bois ; Boiry (quatre), *Bariacum* (7), de *Barum*, enceinte palissadée ; Conchy, *Conchiacum* (8), au sens de forêt, et Monchy (trois), *Montiacum* (9), de *mons*, hauteur.

### III. — Noms d'origine purement romaine.

A partir de la conquête romaine, c'est le nom du propriétaire qui a servi à former la plupart des noms de lieu, suivant l'usage suivi à toutes les époques de donner à un domaine le nom de celui qui l'habite. Dans notre département un gentilice a souvent été employé pour désigner le *fundus*, la *villa* primitifs, en y ajoutant le suffixe *inius* — (10) = *in*, parfois orthographié *ain*, après avoir passé, aux XIIe et XIIIe siècles, par la forme germanique *ing*, *eng*, ou *ign*. Quarante-huit de nos vocables communaux entrent dans la première catégorie, où

---

(1) Gentilice que nous avons déjà rencontré plus haut dans Montigny.

(2) *Marchais*, 1104 (Abb. du Mont-Saint-Eloi).

(3) Formé sur le prénom *Marcus* (D'Arbois, p. 271 et 272).

(4) *Brivermacum*, 1042 (Gall. Christ. t. x, c. 284. — *Brimoniacum*, 1154 (*Id.*, c. 315).

(5) *Saltiacum*, 680 (Pardessus, t. II, p. 181).

(6) *Salti*, 1158 (Titr. de Haute-Avesnes, p. 7).

(7) *Villa Bariacum*, 877 (Histor. de Fr., t. VIII, p. 667).

(8) 1241 (Bét., Cart. d'Auchy, p. 158).

(9) XIIe siècle (Guiman, p. 294).

(10) Ces vocables sont de formation analogue à ceux au suffixe — *anus* des pays de langue d'oc.

le mot *fundus* est sous-entendu. Ce sont : Ablain (1), *Habelinius* (fundus) ; Acquin (2), *Aquinius* (3) ; Annequin (4), *Anicinius* (5) ; Annezin (6), *Anicinius* ; Antin (7), *Antinius* (8) ; Anvin (9), *Avinius* (10) ; Anzin (11), *Anicinius* ; Attin (12), *Attinius* (13) ; Aubin (14), *Albinius* (15) ; Barlin (16), *Ballinius* (17) ; Beugin (18), *Belginius* (19) ; Beutin (20), *Bottinius* (21) ; Bléquin (22), *Bellicinius* (23) ;

(1) *Ableng*, 1065 (Le Carpent., pr., p. 9).

(2) *Aquin*, 1172 (Cart. Sith., p. 340).

(3) Le gentilice romain Aquinius figure dans des inscriptions de la ville de Lyon (A. de Boissieu, p. 355 et 356). — Cf. C. I. L., t. ii, n° 2405.

(4) *Anekin*, 1217 (Ch. de St-Bert., n° 552).

(5) Gentil. *Anicius* (Brambach, n° 1659). — C. I. L., t. ii, n° 2458 et xii, n°s 3402 et 3403.

(6) *Anasin*, 1119 (Ch. de St-Bert., n° 138).

(7) *Antin*, vers 1154 (Cart. d'Aubigny, f° 4 r°).

(8) Gentil. *Antius*, fréquent dans les inscriptions (C. I. L., t. i, n° 593. — ii, n°s 438 et 4970. — xii, n° 1392).

(9) *Anving*, XII° siècle (Cart. de St-Georges, f° 46 r°). — *Avinyum*, 1300 (Ch. d'Art., A 158).

(10) Gentilice *Avius* des inscriptions (C. I. L., i, 571. — xii, 3453 et 3612).

(11) *Anzinium*, 870 (Guiman, p. 36).

(12) *Attinium in Bolonensi pago*, 917 (Mabillon, p. 561).

(13) Gentil, *Attius*, fréquent dans les inscriptions (de Vit, *Onomasticon*, t. i, p. 556 b. — D'Arbois, p. 197. — Brambach, n° 825 et 932. — C. I. L., t. xii, n° 718).

(14) *Albin*, 1123 (Cart. de St-Josse, f° 11 r°).

(15) Gentil. *Albius* formé sur l'adjectif *albus*, le Blanc, (D'Arbois, p. 190).

(16) *Badlin*, 1188 (Ch. de St-Bert., n° 363).

(17) Gentil. *Ballius* ; v. Barly.

(18) *Belgin*, 1132 (Mir., t. ii, p. 1313).

(19) Gentilice ethnique *Belgius*.

(20) *Botinum*, 1042 (Gall. Christ., t. x, instr., c. 285).

(21) On trouve au *Corpus* une certaine *Bottia* (C.I.L., t. xii, n° 4112).

(22) *Belkin*, 1206 (Cart. de Thér., p. 90).

(23) Gentil. *Bellicius* (Brambach, n° 825. — C. I. L., t. xii, n° 169).

Bouin (1), *Bovinius* (2) ; Camblain (3), *Camelinius* (4) ; Carvin (5), *Carvinius* ; Couin (6), *Covinius* ; Douvrin (7) et Drouvin (8), *Dobrinius* ; Enquin (9), *Anicinius* ; Erin (10), *Herinius* (11) ; Evin (12), *Edivinius* ; Febvin (13), *Fabinius* (14) ; Fléchin (15), *Felicinius* (16) ; Fouffelin (17), *Fuffinius* (18) ; Fressin (19), *Frissinius* ; Frévin (20), *Fabrinius* (21) ; Gauchin (22), *Galcinius* ; Hamblain (23), *Ambilinius* (24) ; Hénin (25) (deux), *Enninius* (26), avec le dimi-

---

(1) *Boin*, 1139 (pt Cart. de Dommart., fo 25 ro).
(2) Gentilice *Bovius* des inscriptions (C. I. L., t. II, no 5011. — Cf. t. XII, no 5686).
(3) *Camblinium*, v. 1106 (Duchesne, Mon de Béth., pr., p. 16).
(4) Gentilice *Camilius* (C. I. L., t II, no 4345. — t. III, no 4346. — t. VI, no 1430).
(5) *Caruin*, 1306 (Chap. de Lens).
(6) *Cuin*, 1149 (Abb. de Cercamp).
(7) *Dovrinium*, 1096 (Mirœus, t. III, p. 1146).
(8) *Drovin*, 1222 (Cart. de St-Barthélemy, n° 44).
(9) *Enkin*, 1139 (Cart. de St-Omer, fo 1 vo).
(10) *Herin*, 1143 (Bét , Cart. d'Auchy, p. 28).
(11) Gentil. *Herius* des inscriptions (C. I. L., t. II, nos 1151 et 4970).
(12) *Aivem*, 1249 (Cart. de la Brayelle, p. 350).
(13) *Fevin*, 1119 (Ch. de St-Bert., no 134).
(14) Gentilice *Fabius*, (Brambach, no 1606). — C. I. L. t. I, nos 732, 407, 528, 529 et 1466. — Table du t. XII).
(15) *Felcin*, 1187 (Ch. de St-Bert., no 353).
(16) Gentilice *Felicius* formé sur l'adjectif *Felix* (Brambach, no 1968).
(17) *Fofelinum*, 1131 (Bullet. Morin., t. VIII, p. 282).
(18) Gentil. *Fuffius* (C. I. L., t. XII, nos 4826 bis, 1250 et 1278).
(19) *Fressinium*, 800 (Cart. Sith., p. 65).
(20) *Fevrin*, 1088 (Abb. d'Etrun).
(21) Gent. *Fabrius* (C. I. L., II, 4627).
(22) *Galcin*, 1173 (Cart. de St-Josse, fo 4 vo).
(23) *Hambleng*, 1098 (Mir., t. III, p. 23).
(24) Gentil. *Ambilius* (De Vit., *Onomasticon*, t. I, p. 252).
(25) *Henninium*, 966 (Annales Sti Petri Blandin., p. 90).
(26) Gentil. *Ennius* (d'Arbois, p. 128).

nutif Héninel ; Herlin (1), *Hellinius* (2) ; Hermin (3), *Arminius* ; Hersin (4), *Hersinius ;* Houchain (5), *Ulcinius ;* Houvin (6), *Ovinius ;* Manin (7), *Maninius* (8) ; Meurchin (9), *Marcinius* (10) ; Vendin (11), *Vendinius ;* Verchin (12), Verquin (13), *Evercinius* ; Wanquetin (14) ; auxquels il paraît y avoir lieu d'ajouter Lens, *Lensium* (15), formé sur le gentilice *Lentius* (16).

D'autres vocables proviennent de noms imparisyllabiques en — o — onis, dérivés également de gentilices romains. Tels Avion, *Avio* (17), (Gentil, Avius (18) ; Divion (19), *Divio* (Gentil, *Divius* (20) ; Marquion (21), *Marcio* (Gentil. *Marcius* (22) ; Royon (23), *Rogio* (Gentil. Rogius). D'autres proviennent de noms de femmes, en sous entendant le mot

---

(1) *Hellin*, 1186 (Cart. d'Aubigny, f° 17 r°).
(2) Gentilice *Hellius* ; voir Herly.
(3) *Aremin*, 1107 (Abb. du Mont-St-Eloi, Cart. 1).
(4) *Hersign*, 1152 (Bullet, Mor., t. ix, p. 199).
(5) *Hucin*, 1104 (Abb. du Mont-St-Eloi, Cart. 1).
(6) *Uvin*, 1183 (Abb. de Cercamp, Cart. 1).
(7) *Maninium in pago Atrebatensi*, 765 (Tailliar, rech., p. 347).
(8) Gentil. *Manius* (C. I. L., ii, 2289 — xii, 4454 et 5686).
(9) *Marchein*, 867 (Histor. de Fr., t. vii, p. 605 c).
(10) Gentil. *Marcius* (Boissieu, p. 236. — Brambach, n°s 637, 541, 1891.
(11) *Wendinium*, 1152 (Bullet. Morinie, t. ix, p. 194).
(12) *Wercin*, 1120 (Bét., Cart. d'Auchy, p. 33).
(13) *Vuerkin*, 1139 (Cart. Sith., p. 312).
(14) *Wanketinium*, 1074 (Cart. du Chap. d'Arr., n° 2).
(15) *Lensium in pago Atrebatensi*, 1072 M°n de Neufville, p. 51).
(16) C. I. L., t. xii, n° 345.
(17) 1275 (Chap. d'Arr., Cart. H-L.
(18) C. I. L., t. i, n°571. — t. xii, n°s 3453 et 3612.
(19) *Divion*, 1131 (Ch. de St-Bert., n° 166).
(20) C. I. L., xii, 2222.
(21) *Markion*, 1186 (Mir., t. i, p. 718).
(22) Formé sur le prénom *Marcus* (C. I. L., t. i, n°s 455 et 354).
(23) *Royon*, 1425 (Ch. d'Art.).

*villa* : Hestrus (1), *Hiltrudis* (2) (villa) ; Sorrus, *Sigetrudis* (3). Hénu paraît avoir la même origine.

On peut joindre à cette catégorie certains noms de communes à terminaison muette, comme *Aire* (4), *Aria* (5), nom parallèle à Arius (6) ; Alette, *Alesta* (7) ; Avondances, *Abundantia* (8) ; Belle, *Bella* (9) ; Bellone, *Balona* (10) ; Béthune, *Bitunia* (11) ; Boulogne, *Bononia* (12), de Bononius (13), remplaçant l'ancien nom gaulois *Gessoriacus* ; Boyelles, *Budella* (14) ; Marconne, *Marcona* (15), avec son diminutif Marconnelle, de *Marconius* ; Thérouanne, *Tarvenna* (16), nom de femme parallèle à Tarvius (Gaulois *Tarvos* (17); Thièvres, *Tevara* ou *Tevera* (18), de *Tevarus*). Chériennes, *Cariana villa* (Gentil. Carius (19), présente une forme adjective.

(1) *Elstrud*, 1119 (Cart. Sith., p. 246).
(2) De Vit, *Onomasticon*.
(3) *Villa quœ vocatur Sigetrudis*, V. 814 (Mirac. Ste Richarii, ap. acta sanct., apr. III, p. 447 D).
(4) *Aria*, 856 (Cart. Sith., p. 162).
(5) *Villa Aria*, 1093 (*Id.*, p. 205).
(6) V. d'Arbois, p. 380.
(7) 1151 (Pet. cart. de Dommart. f⁰ 32 v⁰).
(8) *Habundantia*, 1177 (Bullet. Mor., t. VIII, p. 216). On trouve au *Corpus* le nom d'Abundus (t. XII, n⁰ 4394).
(9) Bellus était un nom d'homme (Brambach, n⁰ 1302).
(10) 1145 (Cart. du chap. d'Arr., n⁰ 18. — Une inscription présente le gentilice *Balonius* (C. I. L., t. I. n⁰ˢ 570, 835 et 838. — Brambach, n⁰ 1724).
(11) 1115 (Cart. du Chap. d'Arr. n⁰ 11). — On trouve sur une inscription du musée de Grenoble le nom d'une certaine *Bitunia Titiola* (C. I. L., t. XII, n⁰ 2288).
(12) 867 (Cart. Sith., p. 167).
(13) Boissieu, p. 355.
(14) *Budellœ villa*, 1074 (Cart. du Chap. d'Arr., n⁰ 2).
(15) V. 1120 (Bét., Cart. d'Auchy, p. 35).
(16) IIIᵉ siècle (Itin. d'Antonin, *édit.* Parthey, p. 376).
(17) Cf. d'Arbois, p. 465 et 466.
(18) *Teucera* pour *Tevara* (Carte de Peutinger).
(19) Formé sur l'adjectif carus, cher.

Deux villes, chefs-lieux de *Civitates* ont emprunté, au IIIe siècle, le nom du peuple gaulois qui les habitait : *Atrebates* (1) substitué à *Nemetacum* (2) est l'origine du nom d'Arras et le *pagus* des Atrébates, le *pagus Atrebaticus* a pris le nom d'Artois. A la même époque le nom du peuple qui habitait la *civitas Taruannensis*, *Morini* (3), remplaça l'ancien nom d'origine celtique ; mais il ne prévalut pas et *Taruenna* persista pour former le nom moderne de Thérouanne.

### IV. — Noms d'origine gallo-franque

Les noms de nos communes empruntés à la langue des Francs sont rares. On peut citer toutefois Athies, *Atheiæ* (4), d'*Attegia*, cabane ; Ardres, *Arda* (5), la terre ; Oyes (6), *Augiæ*, de *augia*, prairie. Peut-être faut-il chercher le souvenir d'un établissement de *Senones* dans le nom de Sains (7) (deux) et celui de cavaliers maures dans le hameau de Mortagne, *Mauretania*, forme basse de *Mauritania* (8) ? Gacogne, hameau d'Azincourt, *Wasconia* (9), rappellerait les Vascons, ancêtres des Gascons ; de même que le Wast, *Wasconis villare* (10). Un Breton aurait également donné son nom à l'un de nos Monchy, Monchy-Breton (11). Le *chemin*

---

(1) 52 ans av. J.-C., Cæsar, Comment., L. vii.
(2) IIe siècle (Itinéraire d'Antonin).
(3) *Civitas Morinum*, IIIe siècle (Notitia provinciarum).
(4) 871 (Tailliar, *Rech. sur l'Abb. de St-Vaast*, p. 360).
(5) 1084 (Chron. Andr., p. 703 a).
(6) *Hoia*, 1164 (Ch. de Licques, p. 41).
(7) *Senonæ*, 1079 (Bét., Cart. d'Auchy, p. 19). Il s'agit de Sains-lez-Hauteclocque.
(8) 1226 (Abb. de Cercamp, cart. 3).
(9) *Wascoigne*, xiiie siècle (Bibl. nat. *Lat.* 10112, fo 222 ro).
(10) *Wachonevillare*, 858 (Acta SS. Julii V, p. 285 E ; translat. sancti, Wandregisilii.
(11) *Montiacum Britonicum*, xiie siècle (Guiman, p. 294).

*de Barbarie* qui relie Boulogne à Hesdin attesterait l'établissement des peuples barbares dans cette région.

### § 1. *Noms d'origine saxonne.*

Il n'est pas douteux que les Saxons, qui se répandirent au III⁰ siècle sur les côtes de la Gaule et qui de 549 à 584 fondèrent sept royaumes en Grande-Bretagne, aient laissé une colonie importante dans le pays des Morins. Cela résulte des textes (1) et, à notre point de vue particulier, de la similitude d'origine de toute une classe de noms de lieu de la région boulonnaise et de la Grande Bretagne. Ce sont ceux au suffixe — *thun*, synonyme de *villa*, domaine (haut allemand *tun*, allemand moderne *zaun*, anglais *ton* et *town*), avec un préfixe rappelant le nom du propriétaire primitif. Une trentaine de nos communes ou écarts présentent cette combinaison ; nous ne citerons que les noms les plus intéressants.

Alenthun, *Ellengatum* (2) (cf. Allenton (3) et Ellington, en Angleterre). — Alincthun, *Alingetuna* (4), variante du précédent (cf. Allington). — Audenthun, *Hodingenthum* (5) et Audincthun, *Odingatun* (6) (cf. Oddington, *Glocester*). — Baincthun, *Bagingatun* (7) (cf. Baginton, *Warwick*). — Colincthun (8), *Coningthun* (9) (cf. Collington, *Hereford*). — Fréthun, *Fraitum* (10) (cf. Frieston, *Lincoln*). — Godincthun (11),

---

(1) Dans le vie de St-Omer (Acta SS., sept. III, p. 1087), le rivage des environs de Boulogne est qualifié *terra Saxonica* et, dans la *Notitia Dignitatum*, on lit : *Marcis in littore Saxonico*. Il s'agit de Marck, près Calais.

(2) 1084 (Chron. Andr., p. 785 *b*).
(3) Winchester.
(4) 1208 (Cart. de N.-D. de Boulogne, p. 118).
(5) 1200 (Chron. Andr., p. 831 *a*).
(6) 1046 (Miræus, t. IV, p. 176).
(7) 844 (Cart. Sithiense, p. 72).
(8) Hameau, commune de Bazinghen.
(9) 1492 (Comptes de Beuvrequen, f⁰ 2 r⁰).
(10) 1084 (Chron. Andr., p. 783 *a*).
(11) Ecart commune de Pernes.

*Godingetuna* (1) (cf. Goddington, comté de *Kent*). — Hardenthun (2), *Hardentuna* (3) (cf. Hardington, *Sommerset*). — Landrethun (4), *Landregatun* (5) (cf. Landistown, *Hildare*). — Offrethun, *Guelferton* (6). — Paincthun (7), *Panningatum* (8) (cf. Paignton, *Devonshire*). — Raventhun (9), *Raventum* (10). — Rocthun (11), *Roketun* (12). — Terlingthun (13), *Telingetum* (14) (cf. Terringthon, comté d'*York*). — Todincthun (15), *Totingetun* (16) (cf. Toddington, *Glocester*). — Verlincthun, *Werlinghetun* (17) (cf. Warlingham, *Sussex*). — Wadenthun (18), *Wadingatun* (19) (cf. Waddington, comté d'*York*). — Warincthun (20), *Wadingetuna* (21). — Witrethun (22), *Westretun* (23) (cf.

(1) 1209 (Cart. de N.-D. de Boul., p. 181).
(2) Ham., commune de Marquise.
(3) Cart. de N.-D. de Boul., p. 119.
(4) Il y en a deux : Landrethun, canton d'Ardres et Landrethun-le-Nord, canton de Marquise.
(5) 1084 (Chron. d'And., p. 786 a).
(6) 1181 (Ch. de St-Bert., n° 322).
(7) Ham., commune d'Echinghen.
(8) 1118 (Chron. Andr. p. 795 b).
(9) H., commune d'Ambleteuse.
(10) 1084 (Chron. Andr. p. 785 b).
(11) Ham., commune de Leubringhen.
(12) 1297 (Ch. d'Art., A 143, f° 21 r°).
(13) H., commune de Wimille.
(14) 1208 (Cart. de N.-D. de Boul., page 118).
(15) Ham., commune d'Audinghem.
(16) 807 (Cart. Sith., p. 316).
(17) 1199 (Ch. de Samer).
(18) H., commune de St-Inglevert.
(19) 1084 (Chron. Andr., p. 785 b).
(20) Ham., commune d'Audinghem.
(21) 1208 (Cart. de N.-D. de Boul.).
(22) Ham., commune de Leubringhen.
(23) 1496 (Ch. de St-Bert., n° 3609).

Widdrington, *Northumberland*). — Zeltun (1), *Sceltun* (2) (cf. Skelton, *York*).

### § 2. *Noms d'origine purement germanique.*

Toute une série d'autres suffixes d'origine germanique combinés également avec des noms de personnes a servi à former des vocables topographiques dans notre département.

1° *Acker*, champ (flamand *akker* ; allemand *acker*). Particulier au Boulonnais.

Ce suffixe se retrouve dans les noms d'écarts qui suivent :

Le Denacre (3), *Audenacker* (4) (nom d'homme *Odo*); Dampnacre (5), *Dampnacker* ; Lacres ; Landacre (6), *Landacker* (nom d'homme *Landericus*).

2° *Beke*, ruisseau (allem. *bach;* flam. *beke*), latinisé *becca* : Estiembecque (7), *Stainbecca* (8) ; Guarbecque, *Gualteri becca* (9); Rebecque (10) et Robecque (11), *Hrodeberti becca* [cf. Rosbach (Prusse) et Rossebeeke (Belgique). Le même suffixe se trouve dans les noms de ruisseaux : la Becque, *Becca* (12), la Colombecque, *Columbarum becca*; la Guarbecque, *Marsbeka* (13), la Lennebecque, la Quabecque, la Robecque, etc.

3° *Berg* = *mons*, élévation, francisé *bert* ou *Bergues*,

---

(1) Ham., commune de Polincove.
(2) 1084 (Chron. Andr., p. 785 *b*).
(3) Ham., commune de Wimille.
(4) *Odenacre*, 1415 (Mém. de la Soc. Acad. de Boul., t. vii, p.11).
(5) Commune d'Outreau.
(6) Commune de Wissant.
(7) Commune de Louches.
(8) 1084 (Chron. Andr. p. 348).
(9) *Gauerbeka*, 1173 (Chap. d'Aire, collect., f° 162 r°).
(10) *Resbeca*. 1084-1099 (Cart. de Thér., p. 5).
(11) *Rosbecca*, 1163 (abb. de Chocques).
(12) *Rivulus quem Beca vocant*, 1182 (Ch. de St-Bert., n° 525).
(13) *Fluvium Marbsbeke*, 887 (Cart. Sith., p. 129).

après avoir passé souvent par la forme *berch* ou *berc* (allem. *berg*, flam. *bergh*). — Audembert, *Hundesberch* (1) ; Autembert (2), *Hetenesberg* (3) ; Berck, *Berg* (sur les dunes) ; Brunembert, *Brunesberg* (4) (nom d'homme *Bruno*, *Brunellus*) ; Colembert, *Colesberge* (5), (nom d'homme *Colo*) ; Fauquembergues, *Falcomberga* (6) (Falco) ; Humbert, *Hundberc* (7) ; Isbergues, *Ibergue* (8) (Iccius) ; Rebergues, *Rosberge* (9) (Hrodebertus) ; Montlambert (H.) (pour Bouvembert), *Bovemberg* (10) (Bovo). Berguettes, près Isbergues, présente une forme diminutive, avec *berg* pour préfixe.

4° *Brig*, pont (allem. *brück* ; angl. *bridge*), francisé *brique*.— Cobrique (11), *Quodbrigge* (12); Etiembricque (13) (*stein brig*, pont de pierre) ; Cambrique (14) (cf. Cambridge en Anglet.). Tous trois ne sont que des écarts.

5° *Broec*, marais, ruisseau (angl. *brook* ; flam. *brouck*), francisé *breucq*, *brœucq*, ou *breux*. — Dennebrœucq (15) (n. d'h. Dano, Daning); Evrebreucq, (n. d'h. Ebarhard, Eberhart,

---

(1) 1179 (Cart. de Thér., p. 53).
(2) H., commune de Wierre-Effroy.
(3) 826 (Cart. Sith., p. 158).
(4) *Brunnesbercha*, 1181-1185 (Cart. de Thér., p. 55).
(5) 1107 (Ch. de Samer, p. 22).
(6) x$^e$ siècle (Act. SS. febr. I, p. 680, n° 17). — *Falcoberg*, v. 935 (Cart. Sith., p. 138).
(7) 1192 (Cart. de St-André-au-Bois).
(8) 1138 (Moreau, t. 57, p. 201).
(9) 1119 (Chron. Andr., p. 803 *b*).
(10) 1208 (Cart. de N.-D. de Boul. p. 119).
(11) Ham., commune de Bellebrune.
(12) 1286 (terrier de Beaulieu).
(13) Ham., commune de Wimille. — *Estiebricq*, 1492 (comptes de Beuvrequen, f° 29 r°).
(14) Commune de St-Léonard. — *Le Gambricque*, 1492 (comptes de Beuvrequen, f° 2 v°).
(15) *Denebruec*, 1198 (Cart. de N.-D. de Boul., p. 123).

Everaldus); Hambreucq (1), Requebreucq (2) (n. d'h. Rico), Sinembreucq (3) (n. d'h. Sino, Sinigus). Dans la partie flamande de l'arrondissement de St-Omer, on a la forme *brouck*, Hellebrouck (4) (nom. d'h. Heling), Schoubroucq, Widdebrouck (5) (Wido).

6° *Brunn*, fontaine, (angl. *borne* ; allem. *boren*), latinisé *brona*, francisé *bronne*, dans Acquembronne (6), Coubronne (7), Hellebronne (8) (Helleboldus, Hello), Houbronne (9), Liembronne (10) (Ledo-onis), Thiembronne (11) (Thietboldus) ; en *brune* ou *bourne*, dans Bellebrune (12), Rosquebrune (13), Cosebourne (14), Courtebourne (15); par exception, en *barne*, dans Lostebarne, *Lodebrona* (16).

7° *Dale*, vallée (angl. *dale* ; allem. *thal* ; flam. *dael*), latinisé *dala* et francisé *dal* ou *dale* : Belledale (17), Dippendale (18), Piquendal (19) n. d'h. Picc), Water-

---

(1) *Hambrœc*, 1340, (Mém. soc. acad. de Boul., t. ix, p. 357).
(2) *Eskelbruec*, 1177 (Ch. de Renty, p. 218).
(3) Commune de Saint-Léonard.
(4) *Hairebreuc*, 1325 (Cart. des Chartr., f° 198 r°).
(5) *Widebroc*, 1100 (Arch. du N., abb. d'Anchin, cart. 1).
(6) *Eskembronne*, 1333 (Ch. d'Art., A 76).
(7) *Cobrone*, v. 1304 (Arch. de St-Omer, G 860).
(8) *Helecbruna*, 867 (Cart. Sith., p. 113).
(9) *Holebronne*, 1240 (Ch. d'Art. A 8).
(10) *Lienenbronne*, 1294 (Mém. soc. acad. de Boul., t. xiii, p. 451).
(11) *Tinnebrone*, v. 1150 (Chron. Andr., p. 812 a).
(12) *Berebronna*, 1116 (Id., p. 796 a).
(13) Ham., commune de St-Martin-Choquel.
(14) Aujourd'hui le Poirier, commune d'Audrehem. — *Cusebrona*, 1084 (Chron. Andr., p. 784 b.).
(15) *Cortebronna*, 1114 (Chron. Andr., p. 784 b).
(16) 1084 (Id., p. 784 b.).
(17) Commune de Tardinghen.
(18) *Dippendala*, 1084 (Chron. Andr., p. 784 a).
(19) Ham., commune de Merck-St-Liévin.
(20) *Pikendale*, 1139 (Cart. du chap. de St-Omer, f° 100).

dale (1), Wimerdale (2) (n. d'h. *Winimar, Winemarus*).

8° *Felt, velt*, champ, synonyme de *campus* (flam. *veld ;* angl. *field ;* allem. *feld*), francisé *faut*, et *vaux* : Clémevaux (3), *Clemesfelt* ; Hellefaut, *Helechfeld* (4) ; Honvaut, *Honnesfelt* ; Milfaut (5), *Millesfelt* ; Pittefaux, *Pitesfelt* (6) (n. d'h. *Pittherus*). Quand le suffixe n'a pas été romanisé, la liquide R est venue se substituer à la liquide L, suivant une loi phonétique connue. Balvert (7), *Bardevelt* (8) ; Gazevert (9) (les Gages-Verts du cadastre), *Gasevelt* (10) ; Onglevert (11), *Hongrevelt* (12) ; Pichevert (13), *Pissevelt* (14) ; Saint-Inglevert, *Santingeveld* (15).

9° *Fort*, synonyme de *vadum*, gué (angl. *ford ;* flamand *voorde ;* allem. *fürth*) : Audenfort (16), *Aldenfort* (17) (Aldinus) ; Etienfort (18), *Estenvort* (19) (*Steinfort* ; cf. Steenwoorde) ; Houllefort, *Holesfort* (20) ; Londefort, *Londesford*.

---

(1) Ham., commune de Seninghem. — *Watredale*, 1240 (1er cart. d'Art., fº 26 rº).
(2) Commune d'Outreau.
(3) *Id.*
(4) *Sanctus campus, vulgariter Helechvelt* (XIVe sᵉ, Yperius, chron.)
(5) Commune d'Audincthun.
(6) 1208 (Cart. de N.-D. de Boul., p. 119).
(7) Commune de Maninghem.
(8) 1393 (Arch. nat., F. 1124, nº 16).
(9) Commune de Wissant.
(10) XIIIe sᵉ (Ch. d'Art., A. 182).
(11) Ham., commune d'Audinghen.
(12) 1200 (Cart. de N.-D. de Boul., p. 119).
(13) Ham., commune de Wimille.
(14) 1305 (commune de Beuvrequen, p. 219).
(15) XIIIe sᵉ (Chron. Andr., p. 811).
(16) H., commune de Clerques.
(17) 1105 (Cart. Sith., p. 242).
(18) H., commune de Bellebrune.
(19) XIIIe sᵉ (Ch. d'Art., A 156).
(20) 1208 (Cart. de N.-D. de Boul., p. 119).

10° *Gate*, trou, passage (angl. *gate*), latinisé *gata*. Enguinegate, *Inkenegata* (1); Sangatte, *Sandgata* (cf. Sandegate, Anglet.) ; Tégatte (2), *Tegata* (3).

11° *Hem*, manoir clos de haies, village (gothique *haims*; allem. *heim*; angl. *ham*), latinisé *hamus*; d'où le mot hameau, petit village, et son diminutif hamel, *hamellus*. Ce suffixe a formé une des catégories les plus nombreuses des noms de lieu de notre département, comme en Flandre, en Angleterre, en Allemagne, attestant des origines ethniques communes. On le trouve combiné, soit avec un nom propre, soit avec un nom commun et la graphie, comme la prononciation, varient, suivant les endroits. Orthographié habituellement *hen* dans le Boulonnais, on le prononce *an*. On l'écrit *hem* de préférence et on le prononce *ain*, dans les arrondissements de St-Omer et de Béthune. L'*m* finale ne sonne jamais dans la prononciation locale.

Cinquante-deux vocables communaux appartiennent à cette catégorie : Audinghem, *Odingehem* (4) (n. d'h. Odoonis) ; Audrehem, *Aldenehem* (5) (Aldo-onis) ; Bainghen, *Baingehem* (6) (Bago-onis) ; Balinghem, *Balingehem* (7) (Balo-onis) ; Bayenghem (deux), *Bavelenghem* (8) (Bavoonis) ; Bazinghen, *Basingahem* (9) (Bazzo-onis) ; Beuvrequen, *Bovrinkehem* (10) (Bevro) ; Bezinghem, *Bissingehem* (11) (Biso); Boisdinghem, *Bodningahem* (12) (Bodo);

---

(1) 1168 (Gall. christ., t. x, p. 408).
(2) Ham., commune de Ricquebourg.
(3) 1208 (Cart. de N.-D. de Boul., p. 119).
(4) 1148 (Guiman, p. 188).
(5) 1084 (Chron. Andr., p. 784 *b*).
(6) 1131 (Arch. nat., J. 792).
(7) 1127 (Ch. de St-Bert., n° 162).
(8) 1084 (Chron. Andr., p. 703).
(9) 1119 (*id*. p. 803 *b*).
(10) 1139 (Cart. Sith., p. 218).
(11) 1139 (Cart. du chap. de St-Omer, f° 1 v°).
(12) 844-864 (Ch. de St.-Bert., n° 40).

Bouvelinghem, *Bovelingehem* (1) (Bovo); Corbehem, *Corbelhem* (2) (Corbo); Dohem, *Dalhem* (3) (Dalo); Echinghen, *Essingehem* (4) (Adso); Floringhem, *Floringehem* (5) (Florus); Glominghem, *Gomelinghehem* (6) (Gothmarus); Gonnehem, *Godneham* (7) (Gotso); Hardinghen, *Hervadingahem* (8) (Hervæus); Herbinghen, *Helbodingahèm* (9), (Herleboldus); Hermelinghem, *Hermelingehem* (10) (Armelius); Hervelinghem, *Helvinghehem* (11); Heuringhem, *Huringehem* (12); Hocquinghem, *Hoquingahem* (13) (Occo); Ledinghem, *Ledingueham* (14) (Ledo); Leubringhen, *Lebringuehem* (15) (Libro); Leulinghem (deux), *Loningahem* (16) (Lano); Linghem, *Leingehem* (17) (Lino); Locquinghen, *Lokingahem* (18) (Lokardus); Lottinghen, *Lustinkehem* (19) (Lusto); Lozinghem, *Lesengehem* (20) (Lezzo); Maninghem (deux), *Manengehem* (21) (Mano, Mannus); Matringhem,

(1) 1157 (Cart. de Thér., p. 27).
(2) *Corbelhan*, 1081 (Chap. de St-Amé de Douai, cart. 1).
(3) 1088 (Cart. du chap. de St-Omer, f° 48 v°).
(4) 1112 (Ch. de Samer, p. 25).
(5) 1145 (Ch. de St-Bert., n° 196).
(6) 1035 (Mém. Morinie, t. xi, 1re partie, p. 312).
(7) 1163 (Abb. de Chocques).
(8) 1084 (Chron. Andr., p. 790 *b*).
(9) 1016 (Mir., t. iv, p. 176).
(10) 1138 (Cart. de Thér., p. 17).
(11) *id.* p. 50.
(12) *id.* p. 47.
(13) 857 (Cart. Sith., p. 161).
(14) 1177 (Bullet. Mor., t. viii, p. 220).
(15) 1170 (Ch. de Licques, p. 49).
(16) V. 850 (Cart. Sith., p. 97).
(17) 1142 (Abb. d'Etrun, doss. 1).
(18) 1084 (Chron. Andr., p. 789).
(19) 1102 (Ch. de St-Bert., n° 102).
(20) 1163 (Abb. de Chocques, cart. 1).
(21) 1208 (Cart. de N.-D. de Boul., p. 119).

*Matrinkehem* (1) (Maternus) ; Mazinghem, *Masingehem* (2) (Mazo); Molinghem, *Mallingehem* (3) (Mallo) ; Moringhem, *Morningehem* (4) (Maurus) ; Nabringhen, *Nameringehem* (5) (Namero) ; Nort-Leulinghen, *Lullingahem* (6) (Lullo) ; Oblinghem, *Offlingehem* (7) (Ovo) ; Racquinghem, *Rackingehem* (8) (Raulco) ; Radinghem, *Radingehem* (9) (Rado) ; Reclinghen, *Ricolvingahem* (10) (Ricoaldus) ; Rodelinghem, *Rollingahem* (11) (Hrodowaldus) ; Ruminghem, *Rumingahem* (12) (Rumoaldus) ; Seninghem, *Sinningahem* (13) (Sina, Sinigus) ; Tardinghen, *Terdingehem* (14) (Tardo); Tatinghem, *Tathingahem* (15) (Tatto); Tournehem, *Turringahem* (16) (Turo); Vaudringhem, *Vualdringahem* (17) (Waldo) ; Waben ; Wacquinghen, *Wakingehem* (18) (Wacko) ; Widehem, *Widingaham* (19) (Wido).

Parfois le suffixe *hem* s'est corrompu en *in, ain* ou *aing*, comme dans Etaing, *Stohem* (20) ; Epenchin (H.), *Spi-*

---

(1) 1120 (Cart. d'Auchy, p. 33).
(2) 1136 (Cart. de Thér., p. 16).
(3) V. 1154 (Cart. de Marœuil, f° 85 r°).
(4) 854-864 (Cart. Sith., p. 98).
(5) 1208 (Cart. de N.-D. de Boul., p. 118).
(6) 1084 (Chron. Andr., p. 784 a).
(7) V. 1000 (Miræus, t. II, p. 945).
(8) 1239 (Cart. de Thér., p. 145).
(9) XIIe s[e] (Abb. d'Etrun, liasse 2).
(10) 857 (Cart. Sith., p. 161).
(11) 1159 (Ch. de St-Bert., n° 231).
(12) 850 (Cart. Sith., p. 101).
(13) 877 *(Id.*, p. 124).
(14) 1070 (Cart. de Thér., p. 3).
(15) 826 (Cart. Sith., p. 158).
(16) 877 *(Id.*, p. 122 .
(17) 867 *(Id.*, p. 115).
(18) 1208 (Cart. de N.-D. de Boul., p. 119).
(19) 894 (Cart. Sith., p. 133).
(20) XIIe siècle (Guiman, p. 268).

*nehem* (1); Olhain (H.), *Olehem* (2). De plus, dans la partie méridionale du Boulonnais la forme qui précède s'est modifiée par suite de la combinaison de la finale *hem* avec le suffixe — *es* du cas oblique, pour se franciser en — *sent:* Beussent, *Bucquessem* (3); Brexent, *Brekenessem* (4); Engoudsent, *Ingoldeshem* (5); Hardinxent (éc.), *Hardingassem* (5); Hubersent, *Helbodeshem* (6) (Helbodo); Inxent, *Eneshem* (7); Rinxent, *Erningasem* (8); Tuberseht, *Thorbodeshem* (9).

*Hem* s'est aussi francisé en — *ent* dans Hydrequent, *Hildrikem* (10) (Hildericus) et dans Tollent, *Tollehem* (11) (Tollo).

Parfois, mais rarement, le radical du vocable est un nom de femme, comme dans Fromessent, *Fremehessem* (12) (Framehildis hamus). Par exception aussi le *hem* est désigné seulement par sa situation dans Norrent, *Nord — hem* (13); Upen, *Op — hem* (14); Westrehem, *Wester — hem*.

12° *Hof*, cour, ferme (flam. *ove;* allem. *hof;* angl. *oven*) latinisé *hova* et francisé *hove* ou *ove*: Catove (15) (Catto); Cocove (16), *Cukehova* (17); Fouquehove (18), *Fou-*

---

(1) 1104 (Abb. du Mont-St-Eloi).
(2) 1188 (Abb. d'Etrun).
(3) XVe siècle (Arch. nat., J. 792).
(4) 1196 (Chron. Andr., p. 826 *b*).
(5) 1130 *(Id.*, p. 800 *b)*.
(6) XIIIe siècle (Lambert. Ard., p. 235).
(7) 1224 (Ch. de Samer, p. 64).
(8) 1107 (Chron. Andr., p. 787 *a*).
(9) 844-864 (Ch. de St-Bert., n° 40).
(10) 1225 (Chron. Andr., p. 864 *b*.)
(11) *Tollehant*, 1374 (Ch. d'Art.).
(12) 1207 (Ch. de l'Hôtel-Dieu de Montreuil).
(13) *Norhem*, 1182 (Gall. Christ, t. x, instr., Col. 406).
(14) XIe siècle (Mém. Mor., t. xiii, p. 87).
(15) Commune de Belle-et-Houllefort.
(16) H., commune de Recques.
(17) 1084 (Chron. Andr., p. 784 *a*).
(18) H., commune de Pernes-en-Artois.

*kenhove* (1) (Fulko).; Monnecove (2) ; *Monacohova* (3) ; Ostove (4), *Ostova* (5) (*Oost*, est); Polincove, *Pullingehova* (6) ; Westove (7) (*west*, ouest) ; Wiove (8). On le trouve employé seul dans Ouve, et, à l'état de préfixe dans Offekerke, anciennement *Houve* (9). Il s'est corrompu en *euse*, dans Bergueneuse, *Bergenehove* (10).

13° *Holt*, bois (h$^t$ allem. *holtz* ; flam. *hout* ; angl. *wood*), s'est francisé, tantôt en *hout, oult*, parfois adouci en *ourt*: Arquengoult(11), *Arkingolt* ; Avroult, *Averholt*(12) ; Ecoust, *Scolt* (13) ; Northout (14), *Norholt* (15) ; Rihout, *Ruholt* (16) ; Bécourt (trois),*Boocholt*(17)(Nort-Bécourt etWest-Bécourt); Boncourt, *Bocolt* (18) ; — tantôt en *haut :* Bouquehaut, *Bucholt* (19) ; Colhaut (20), *Coleholt ;* Hodrenault, *Hodeneholt ;* Enguinehaut, *Inkeneholt*.

14° *Ness*, promontoire (comme en anglais) : le Gris-Nez

---

(1) 1249 (Duchesne, Maison de Guînes, p. 288).
(2) H., commune de Bayenghem-lez-Eperlecques.
(3) V. 1119 (Chron. Andr., p. 789 *b*).
(4) H., commune de Bazinghem.
(5) 1208 (Cart. de N.-D. de Boul., p. 119.
(6) 1157 (Cart. de Thér., p. 27).
(7) H., commune de Blandecques.
(8) H., commune de Réty. — *Westhove*, 1304 (Arch. de St-Omer, G 860).
(9) 1000 (Mir., t. II, p. 1311).
(10) 1051 (Ch. de St-Bert., n° 73).
(11) Commune de Leulinghem-lez-Etrehem. — *Erkingaut*, 1312 (Ch. de St. Bert., n° 1346).
(12) *Averhot*, 1139 (Cart. chap. de St-Omer).
(13) 1171 (Cart. du chap. d'Arras, n° 37).
(14) Commune de Nielles-lez-Ardres.
(15) V. 1119 (Chron. Andr., p. 467).
(16) Ancien nom de la forêt de Clairmarais. — *Ruholt*, 1190 (Ch. St Bert., n° 370).
(17) 1182 (id. n° 325).
(18) 1157 (Cart. de Thér., p. 27).
(19) V. 1119 (Chron. Andr., p. 789 *a*).
(20) Ec., commune de Réty.

(Ec.), *Blacness* (1) ; Longuenesse, *Loconessa* (2) ; le Nez (éc.), *le Nesse* (3) ; Péternese, *Peternessa* (4), ancien nom de St-Pierre-lez Calais ; Witernesse, *Westernessa* (5).

15° *Sand*, sable, synonyme d'*Arena* : Wissant, *Wethsand* (6) ; Sangatte, *Santgata* (7).

16° *Stein.* pierre (flam. *steen*), employé seulement comme préfixe dans quelques écarts : Estiembecque (cf. Steenbecque, Nord) (8), Etiembricque (9), Etienfort (10) (cf. Steenwoorde, Nord).

17° *Wych*, village, synonyme de *villa* (angl. *wich* ; flam. *wiick*), conserve sa forme *wick*, *uicq*, ou s'adoucit en — *uy*, — *uit* : Audruicq, *Alderwiic* (11) (n. d'h. Aldericus) ; Quentowic, *Quantiœ vicus* (12), ancien nom d'Etaples; Salperwick, *Salprewiic* (13). — Austruy (h.), *Osterwic* (14) ; Baduy (éc.), *Badewic* (15).

18° *Zele* ou *sele*, cellule, *cella* (flam. *zeele*), combiné avec un nom d'homme : Audresselles, *Odersele* (16) (Aldericus) ; Floringuezelle (H.), *Floringesele* (17) (Florus) ; Waringuezelle (h.) (Warinus) ; Watrezelle (h.) (Walterus).

(1) *Blacquenetz*, 1551 (Cueill. de N.-D. de Boulogne).
(2) 877 (Cart. Sith., p. 125).
(3) 1312 (Comptes des Baillis de Calais).
(4) 1104 (Cart. Sith., p. 218).
(5) *Villa que vocatur Witerness*, 1119 (Chap. d'Aire, collectanea, f° 251).
(6) 1036 (Histor. de Fr., t. xi, p. 40 C.).
(7) *Arenœ foramen, vulgo autem Sant Gata*, xiii° siècle (Lambert. Ard., p. 179).
(8) *Stainbecca*, 1084 (Chron. Andr., p. 348).
(9) *Estiebricq*, 1492 (Compt. de Beuvrequen, f° 29 r°).
(10) *Estenvort*, xiii° siècle (Ch. d'Art., A. 118).
(11) 1155 (Cart. de Watten, f° 140 v°).
(12) *Quentowicus*, 831 (Histor. de Fr., t. yi, p. 572 D).
(13) 1175 (Ch. de St Bert., n° 265).
(14) 1084 (Chron. Andr., p. 784 *b*).
(15) *Badehuic*, 1320 (Cart. de N.-D de Boul., p. 185).
(16) 1150 (Chron. Andr., p. 809 *b.)*
(17) 1107 (id., p. 787. *a*)

## § 3. — Noms franciques romanisés (vi⁰ siècle).

*a.* Une première catégorie de noms franciques romanisés comprend les vocables topographiques qui, à l'imitation de ceux formés à l'époque romaine à l'aide d'un gentilice et du suffixe *i acus,* ont pour étymologie le même suffixe combiné avec un nom propre d'origine germanique. Ce suffixe prit souvent alors la forme féminine *i acæ, i-acas,* comme dans Béhagnies, *Baginiacas* (1), formé sur le nom d'homme Bago- onis ; Barly, *Balliaras* (2) (Balo onis) ; Beugny, *Butniacas* (3) (Buitno onis) ; Rocquigny, *Rocquiniacas* (4) (Raulco- onis), qui rationnellement devraient s'écrire Barlies, Beugnies et Rocquignies ; Liévin, *Ledvinius* (4) (nom d'h. *Ledvinus*)* présente une forme adjective analogue en sous-entendant *fundus.*

*b.* Mais à l'usage que nous venons d'indiquer on préféra une nouvelle méthode consistant à unir le nom du proprié- taire primitif, au génitif ou sous une forme adjective, à des noms communs. Ces noms communs ou suffixes sont les suivants :

1° *bach,* synonyme de *rivus,* ruisseau, que l'on rencontre à l'état de suffixe dans Fleurbaix, *Floribaccus, Florbais* (5) et de préfixe, dans Bajus (6) et dans le nom du ruisseau du Bajeul.

2° *Boort,* source : Bourthes, *Bortheem* (7) (une des sources de l'Aa) ; Bours, *Bors* (8) (source de la Clarence) ; Boursin

---

(1) *Baginiæ,* 1154 (Cart. du chap. d'Arras, n⁰ 24). — *Bahiniez,* 1111 (Guim. p. 289).

(2) *Badli,* 1144 (Ch. de St-Bert., n⁰ 191).

(3) *Buisnies* 1212 (Cart. du Chap. d'Arras, n⁰ 1119).

(4) *Laivin,* 1104 (Abb. du Mont-St-Eloi).

(5) 1098 (Bibl. d'Arras, ms. n⁰ 1051).

(6) *Basia,* 1186 (Cart. d'Aubigny, f⁰ 17 recto). — Bajus est sur le ruisseau du Bajeul, affluent de la Nave.

(7) 811 (Cart. Sith., p. 80).

(8) 1190 (Titr. de H<sup>te</sup>-Avesnes, p. 24).

(autre source de l'Aa) ; Lisbourg, *Ligesborth* (1) (source de la Lys).

3° *Fara,* famille, dans Adinfer, *Aldini fara* (2) et dans Palfart.

4° *Inga* (allem. *ingen*), indiquant la descendance et francisé en *enges,* dans Hallenges (3) ; en *ingues* ou *engues* dans la région boulonnaise : Affringues, *Alverdinga* (4) ; Autingues, *Altenga* (5) ; Boningues (deux), *Bonenga* (6), Hazuingue, (h.), *Haustebenga* ; Herquelingues (h.), *Hele keninga* (7) : Noirboningue (h.), *Northboninga* (8) ; Pepeulingue, *Pipelinga* (9).

Ce suffixe se trouve de plus en composition dans un grand nombre de noms de lieu formés au moyen d'adjectifs d'origine germanique et précédant les finales *hem, zelle, thun,* comme dans Floringhem, Floringuezelle, Florincthun. — Se reporter aux séries précédentes.

5° *Ham,* village, latinisé *hama,* employé isolément pour désigner plusieurs de nos localités : Ham-en-Artois (10) et Ham, hameau de Blessy ; Ames, *Hammæ* et, près de lui, son diminutif Amettes ; Hames, *Hamæ* (11), section de Hames-Boucres. La forme diminutive hamel, *hamellus* se rencontre dans un assez grand nombre d'écarts.

6° *Laer, laris,* au sens de *fundus,* a donné lieu aux termi-

---

(1) 844 (Mém. Morin., t. xiii, p. 87).
(2) *Andifer,* 1154-1159 (Cart. du Chap. d'Arras, n° 28).
(3) H.. commune de Bucquoy. — *Hallenghes,* 1313 (Titr. et compt., d'Art. t. i. f° 61).
(4) 1191 (Ch. de St-Bert., n° 379).
(5) *Altenges,* 1084 (Chron. Andr., p. 783 *b*).
(6) 1084 *(id.).*
(7) *Helkeninges,* 1208 (Cart. de N.-D. de Boul., p. 119).
(8) *North Boninghes,* xiii° siècle (Ch. d'Art., A. 18).
(9) *Pipelingehem,* 1070 (Cart. de Thér., n° 2).
(10) *Hamma,* 887 (Cart. Sith., p. 129).
(11) 1164 (Ch. de Licques, p. 40).

naisons *laires, lers, lier* et *liers*. Amplier, *Ampelii laris* (1) ; Canlers, *Canasii laris* (2) ; Chelers (3) ; Flers, *Faronis laris* (4) ; Groffliers, *Geroldi laris* (5) ; Hucliers (6) et Hucqueliers (7) ; Laires, *Laris* (8) ; Lillers, *Lilaris* (Lilirs (9).

7° *Loh, loo* bois, synonyme de *lucus*, qui a servi à désigner nos anciennes forêts : Hardelot (10), Beaulo (11) (forêt d'Eperlecques), Wasselau (12) (forêt de Nieppes).

8° *Moer, meer*, lac, étang, marais, employé sans modification dans la région flamande, francisé en *miers* dans le reste du département : la Grande-Meer, la Petite-Meer (h.), Camiers, *Cafitmere* (13).

9° *Stroom*, latinisé *strummus*, au sens de cours d'eau, se présente sous sa forme primitive dans la désignation des cours d'eau du Kelterstroom, Meulestroom, Naartstroom et prend un *e* euphonique quand il est employé isolément : Etrun, *Stroms* (14), *Strumum* (15) et Lestrem, *Strumum* (16).

10° *Cortis*, synonyme de *villa*, domaine rural avec ses dépendances (allem. *dorf*), romanisé en *cort* et *curt*, francisé en *court*. On ne le trouve à l'état isolé que pour quelques

---

(1) *Amplers*, 1138 (Gall. Christ., t. x, p. 307).
(2) *Canlers*, 1218, (Cart. d'Auchy, p. 119).
(3) *Celest*, 1090, (Cart d'Aubigny, f° 22 v°).
(4) *Fleirs*, 1079 (Cart. d'Auchy, p. 19).
(5) *Groffliers*, 1222 (Cart. de St-Josse-sur-Mer).
(6) *Huclers*, 1136 (Cart. de Watten, f° 196 v°).
(7) *Hukelirs*, 1069 (Cart. de Thér., p. 2).
(8) 1148 (Miræus, t. iv, p. 17).
(9) 1114 (Ch. de St-Bert., n° 122).
(10) *Hardrelo*, 1203 (Ch. d'Art., A 5).
(11) *Bethlo*, XIe siècle (Histor. de France, t. xi, p. 392 A).
(12) *Vastus Saltus Vernaculè Wasselau seu Wastelau*, X[e] s[e] (Act. S. S., Oct. V, p. 128).
(13) 853 (Cart. Sith., p. 94).
(14) 881 (Annales Bertin. *Ap.*, Histor. de Fr., t. viii, p. 35 D).
(15) XIIe siècle (Guim., p. 15).
(16) *Strumum in Bethuniensi pago*, 1140 (Ch. de St-Bertin, n° 181).

noms d'écarts et avec un déterminatif : Cour-Collette (1), Cour-St-Vaast (2), Court au-bois (3) ; mais dans de nombreux vocables communaux il figure en combinaison avec un nom propre d'origine germanique romanisé rappelant le plus ancien propriétaire de la *cortis* : Achicourt, *Harigeri cortis*(4) (Harigaer) ; Ambricourt, *Almerici cortis* (5) (Almer, Almericus) ; Beaudricourt, *Balderici cortis* (6) (Baldarich) ; Bermicourt, *Bermerici c.* (7) (Bermer) ; Bertincourt, *Bertini c.* (8) (Berting) ; Bihucourt, *Buheri c.* (9) ; Drocourt, *Drogonis c.* (10) (Drogo) ; Eaucourt, *Agiulfi c.* (11) (Agiulf); Ecourt, *Adili c.* (12) ; Ecquemicourt, *Erkamari c.* (13) (Erchanmar); Framecourt, *Wulframni c.* (14) (Wolfrahan); Frémicourt, *Frethmeri c.* (15); Gomiecourt, *Gosmari c.* (16); Gommecourt, *Guntbodi c.* (17) (Gundbolt) ; Graincourt, *Guarini* ou *Warini c.* (18) ; Grand-Rullecourt, *Rorici c.* (19) (Rorich) ; Grincourt, *Gerini c.* (20) (Ghérin) ; Haillicourt,

(1) H., commune de Baincthun.
(2) H., commune de Richebourg-St-Vaast.
(3) Commune de Tilloy-lez-Mofffaines.
(4) *Harcicurt*, 1036 (Guim., p. 175).
(5) 1346 (titre cité par Ricouart, p. 461).
(6) Devrait s'orthographier Baudricourt, 1222 (Cart. de Marchiennes, fo 30 ro).
(7) *Bernimi cortis*, 1096 (Miræus, t. II, p. 1146).
(8) *De Bertinocurte*, 799 (Histor. de Fr., t. v, p. 761 C).
(9) 893, (Guiman, p. 60).
(10) *Droecort*, 1171 (Cart. du Chap. d'Arr., no 36).
(11) *Ayulcurtis*, 1146 (Guim. p. 188).
(12) *Hailcurt*, 1152 (Cart. du chap. d'Arras, no 11).
(13) *Erchemeri curtis*, XIIo siècle (Cart. de St-Georges, fo 25 vo).
(14) *Vulframecurt*, 1084 (Abb. de Ham).
(15) *Fremiercort*, 1212 (Cart. du chap. d'Arr., no 119).
(16) *Goesmenri curtis*, 1070 (Mir., t. I, p. 160).
(17) *Guntbodecurtis*, 799 (Tardif, p. 73, no 99).
(18) *Graincort*, 1297 (Bullet. Mor., t. VII, p. 599).
(19) *Roricurt*, 1104 (Abb. du Mont-St-Eloi, cart. 1).
(20) *Gerincurtis*, 1022 (Guiman, p. 57).

*Davelli c.* (1) ; Hamelincourt, *Amelani c.* (2) ; Haucourt, *Aldi c.* (3) ; Havrincourt, *Haverani c.* (4) ; Hendecourt (deux), *Hernani c* (5) ; Héricourt, *Leherici c.* (6) ; Herlincourt, *Erliwini c.* (7) (Erliwin) ; Hernicourt, *Evercini c.* (8) ; Imercourt (St-Laurent), *Witmari c.* (9) (Wimar) ; Libercourt, *Lietberti c.* ; Mondicourt, *Monderici c.* (10) (Moderich) ; Ramecourt, *Rameri c.* (11) (Ramerich) ; Ranchicourt (12) ; Récourt, *Ratarii c.* (13) ; Roëllecourt, *Roderici c.* (14) ; Rollencourt, *Rotleni c.* (15) ; Rumaucourt, *Rumoaldi c.* (16) ; Ruyaucourt, *Rhodoaldi c.* (17) ; Tramecourt, *Transamari c.* (18) ; Vaudricourt, *Walderici c.* (19) (Waldirich) ; Vraucourt, *Everaldi c.* (20) (Ebarhard) ; Wambercourt, *Waldberti c* (21) (Waldobert) ; Willencourt, *Willani c.* (22).

Dans les vocables qui suivent ce sont des noms de femmes : Béalencourt (23) et Beaulencourt (24), *Betlindis c.* ; Berlen-

(1) *Davelli curtis*, 1154-1159 (Cart. du chap. d'Arr., n° 28).
(2) 1154 (*Id.*, n° 23).
(3) *Halcurt*, 1104 (*Id.*, n° 6).
(4) *Haveraincourt*, XIIIe siècle (Ch. d'Art.).
(5) 876 (Guiman, p. 36).
(6) *Lehericort*, 1193 (Cart. d'Auchy, p. 7).
(7) 891 (Tailliar, p. 359).
(8) *Hergnicort*, 1226 (Cart. des Chapell. d'Arr., f° 108 r°).
(9) *Ymercurt*, 1102 (Guiman, p. 71).
(10) *Mondricurt*, V. 1170 (tit. de Haute-Avesnes, p. 10).
(11) *Ramencort*, 1142 (Petit cart. de Domm. f° 10 v°).
(12) *Ranci curtis*, 1072 (M[on] de Neufville, Ch. citée, p. 52).
(13) *Raycourt*, 1283 (Chap. d'Arr.).
(14) *Rodricourt*, 1097 (Mir., t. I, p. 166).
(15) *Rolleni curtis*, 884 (Hariulf, p. 105).
(16) *Rumalcort*, 1111 (Abb. d'Anchin, cart. 1).
(17) *Roaucourt*, 1202 (Moreau, t. CIII, p. 96).
(18) *Tramecort*, 1242 (Cart. de Cercamp, p. 11).
(19) *Waudrericourt*, V. 1165 (Ch. de St-Bert., n° 248).
(20) 1207 (cart. de St-Jean-en-l'Estrée).
(21) 1042 (Histor. de Fr., t. XI, p. 575 B).
(22) *Villani cortis*, 1042 (Gall. Christ., t. X, p. 285).
(23) *Betlencourt*, XIIe siècle (Cart. de St-Georges, f° 20 v°).
(24) *Bellaincurt*, v. 1144 (Cart. du chap. d'Arras, n° 17).

court, *Berelendis c.* (1) ; Bétricourt *(h)*, *Bertildis c.* (2) ; Fresnicourt, *Fredesendis c.* (3), et, dans d'autres, des noms d'hommes de forme familière dite hypocoristique, e ı — o — onis francisé *an* et *en*. — Bancourt, *Bagonis c.* (4) ; Béthencourt *(h)*, *Bettonis c.* (5) ; Biencourt *(h)*, *Bodonis c.* (6) ; Liencourt, *Ledonis c.* (7) ; Riencourt, *Radonis c.* (8) ; Simencourt, *Symonis c.* (9) ; Wancourt, *Wagonis c.* (10) ; Warlencourt, *Wallonis c.* (11).

Dans quelques autres on trouve des formes diminutives de noms imparisyllabiques : Blavincourt, *Bavelini c.* (12) (dimin. de Bavo) ; Bullecourt, *Bolleni c.* (13) dimin. de Bolo) ; Roclincourt, *Raulcoleni c.* (14) (dimin. de Raulco) ; Warlincourt, *Walleni c.* (15), (dimin. de Wallo, Guaslo) ;

Si, en principe, le suffixe *cortis* s'est combiné avec des noms propres d'origine germanique, les vocables communaux qui suivent font exception à cette règle. Cormont, *Cortis montis* (16) a pour déterminatif un nom commun. Demencourt, *Dominica curtis* (17), ancien nom de Ste-Catherine, présente la combinaison d'un adjectif. Cagnicourt,

(1) *Berlencurt*, 1190 (Guiman, p. 296).
(2) *Berticurt*, 1098 (Guim., p. 68).
(3) *Friscini curtis*, 680 (Baldéric, p. 46).
(4) *Baioncort*, 1135 (Cart. du chap. d'Arras, n° 14).
(5) *Betencorth*, xi° siècle (Baldéric. p. 123).
(6) *Buiencort*, 1251 (cart. de Cercamp p. 97).
(7) *Liuncurt*, 1165 (cart. de St-Josse-sur-Mer).
(8) *Radincurt*, 1024 (Guiman, p. 60).
(9) 1154-1159 (Cart. du chap. d'Arras, n° 28 .
(10) *Wahencurt*, 1072 (M[on] de Neufville, ch. citée, p. 52).
(11) *Guasloncourt*, 1106 (M[on] de Béth., pr., p. 14).
(12) *Bavelainecurt*, 1119 (Abb. d'Etrun, doss. 1).
(13) *Builicurt*, 1142 (Abb. d'Etrun, cart. 1).
(14) *Rokelancurtis*, 1074 (Cart. du chap. d'Arras, n° 2).
(15) *Guarloncourt*, 1106 (Guim., p. 298).
(16) *Curmontium*, 831 (Cart. Sith., p. 156).
(17) 765 (Tailliar, Rech., p. 347).

*Cavini c.* (1) ; Caucourt, *Calvi c.* (2) ; Guinecourt, *Ginii c.* (3) ; Haplincourt, *Applinii cortis* (4) ; Lagnicourt, *Latini cortis* (5) ; Morcourt, *Mauri c.* (6), ancien village disparu ; Magnicourt (deux), *Magni c.* (7) ; Séricourt, *Cyrici c.* (8), Siracourt, *Syriaci c.* (9), ont pour radical un nom d'homme d'origine romaine. Dans Montenescourt, *Montaniaca cortis* (10) la *cortis* est déterminée par un adjectif nominal en *i-acus*. Dans Azincourt, *Adtsanœ cortis* (11) le mot Adtsa, féminin d'Adtso, est employé au cas oblique. Enfin Bavincourt, *Babanœ cortis* (12), présente un nom de femme imparisyllabique correspondant à Babo ou Bavo.

10° *Villa*, synonyme de *cortis*, à l'époque mérovingienne, et désignant un domaine important avec ses dépendances qui constituent un village, se trouve en combinaison avec des noms de personne d'origine germanique ou romaine, dans quinze communes de notre département. Ce sont : Acheville, *Ascii villa* (13), Berneville, *Berneri villa* (14), Blairville, *Blari villa* (15) ; Bournonville, *Burnulfi villa* (16) (Brunulf) ; Buneville, *Bunnonis villa* (17) ; Dainville, *Dagini*

---

(1) *Caweni curtis*, 1111 (Abb. d'Auchin, cart. 1).
(2) *Cauhescurt*, 1154 (Cart. du chap. d'Arras, n° 28).
(3) *Guignecort*, 1217 (Bét., cart. d'Auchy, p. 116).
(4) *Haplaincort*, XIII° siècle (Ch. d'Art.).
(5) *Laignicort*, 1212 (Cart. des chapell. d'Arr. n° 19).
(6) *Mauricurt*, 1024 (Guiman, p. 59).
(7) *Mainicurt*, 1141 (Abb. d'Etrun).
(8) *Syricort*, 1176 (Abb. de Cercamp, cart. 1).
(9) *Siriaucourt*, 1296 (Arch. du N., A 60, f° 760).
(10) *Montenoicurtis*, 1074 (Cart. du Chap. d'Arr., n° 2).
(11) *Aisincurt*, 1165 (Cart. de St-Georges, f° 4 r°).
(12) *Bavaincurt*, V. 1144 (Cart. du Chap. d'Arr., n° 17).
(13) *Axseville*, 1070 (Miræus, t. 1, p. 160).
(14) *Bernevilla*, 876 (Guiman, p. 44).
(15) XII° siècle, (*Id.* p. 292).
(16) *Burnulvilla*, 1084 (Chron. Andr., p. 784 *b*).
(17) *Bugnivilla*, 1196 (Abb. de Cercamp).

*villa* (1) (Dagewin) ; Grosville (h), *Geroldi villa* (2), Hermaville, *Harmari villa* (3) ; Menneville, *Magni villa* (4) ; Moyenneville, *Medoni villa* (5) ; Orville, *Audriaca villa* (6) (Aldericus) ; Ostreville, *Osterberti villa* (Austrobert) (7) ; Pronville, *Prodonis villa* (8) ; Regnauville, *Raginaldi villa* (Raginald) (9), Ruisseauville, *Russelli villa* (10).

*Villa* figure comme premier terme dans Willeman, *Villa Magni* (11).

11° *Villare*, diminutif de *villa* et synonyme de hameau, francisé *villers*, est intervenu, avec un emploi analogue à celui du premier suffixe, dans Biefvillers, *Bibiani villare* (12), Bienvillers, *Bodonis villare* (13); Brévillers, *Blari villare* (14); Ervillers, *Heirici villare* (15) ; Foncquevillers, *Fulconis villare* (16); Frévillers, *Fridegisi villare* (17); Grévillers, *Grati villare* (18).

12° *Mansus*, mot dont l'origine ne remonte qu'au moyen-âge et désigne une petite propriété, un corps d'exploitation et ses terres. Il s'est francisé en *metz* ou *mel*, dans notre

---

(1) *Daginvilla*, 680 (Pardessus, t. II, n° 395).
(2) V. 1154 (Cart. du chap. d'Arr., n° 23).
(3) *Harmavilla*, 1119 (Abb. d'Etrun, doss. I).
(4) 1173 (Ch. de Samer, p. 41). On trouve ici un nom d'homme d'origine Gallo-romaine.
(5) 680 (Baldéric, p. 46).
(6) 768 (Histor. de Fr., t. v, p. 715 E).
(7) *Ostroville*, XIIe siècle (Bullet. Morinie, t. IV, p. 453).
(8) *Prodovilla*, 1115 (Cart. du Chap. d'Arr., n° 11).
(9) 1244 (Vitasse, Hist. d'Auxy, p. 346).
(10) 1185 (Cart. de N.-Dame de Boul., p. 112).
(11) *Villamania*, 1298 (Ch. d'Art., A 2, f° 9 v°).
(12) *Bieviler*, 1258 (Cart. du chap. d'Arr., f° 30 r°).
(13) *Boinvillare*, 1106 (Guiman, p. 297).
(14) *Bleyrviler*, 1120 (Abb. d'Auchy).
(15) *Iriviler*, 1119 (Abb. d'Etrun, doss. I).
(16) *Fouconviler*, 1207 (Cart. des chapell. d'Arr., f° 22 v°).
(17) *Friviler*, 1200 (Abb. de Marœuil).
(18) *Grizvileir*, 1152 (Guiman, p. 281).

région, et a servi à former les vocables qui suivent : Aubrometz, *Alberici mansus* (1) ; Dangermel (éc.), *Dagini mansus* (2) ; Galametz, *Galandi mansus* (3) ; Gombremetz (H.), *Guntberti mansus* (4) ; Hérimetz (5) et Hermel (6), *Heinrici mansus* ; Radometz (h.), *Radonis mansus* (7), Ricametz, *Richildis mansus* (8).

13° D'autres noms de lieu ont été formés par la combinaison d'un nom propre de personne, ordinairement d'origine germanique, avec les mots *avesna*, terme dont le sens n'est pas encore fixé (9), *astrum*, foyer, demeure ; *boscus, buscus*, bois, employé tantôt comme préfixe, tantôt comme suffixe ; *burgus*, bourg ; *campus*, champ, sous une forme française et plus souvent sous la graphie picarde camp; *cultura*, coûture, champ cultivé ; *fontana*, fontaine ; *garba*, gerbe et par extension la ferme où on enserre les gerbes ; *lucus*, bois, francisé en *luch, lus* ou *lieu ; mons*, élévation de quelque hauteur qu'elle soit, francisé *mont* et quelquefois *mou* par adoucissement de la nasale ; *pratum*, pré ; *puteus*, puits ; *sartum, essartum*, champ défriché et mis en culture ; *silva*, forêt et son diminutif *silvula ;* enfin *vallis* (10) francisé en *val*.

Tel est l'origine des noms de Haravesnes, *Haroldi, avesna* (11). — Barastre, *Baronis astrum* (12) ; Beugnâtre,

---

(1) *Aubourmes*, 1239 (Abb. de Cercamp, cart. 2).
(2) *Dangermetz*, 1453 (Cart. de St-Saulve, f° 167 r°).
(3) *Galamni mansus*, 1042 (Gall. christ., t. x, p. 285).
(4) *Gombermes*, 1180 (Titr. de Hte-Avesnes, p. 14).
(5) *Henrimès*. 1293 (Cart. d'Auchy).
(6) *Henrimeis*, 1185 (Abb. de Cercamp, cart. 1).
(7) *Radomeis*, 1132 (Ch. de St-Bert., n° 168).
(8) *Riccomansus*, 1072 (M^on de Neufville, ch. citée p. 52).
(9) Voir la dissertation de M Ricouart à ce sujet dans ses savantes études sur les noms de lieu, p. 299.
(10) Et non *vallam*, comme le dit M. Ricouart. Ce mot ne se trouve dans aucun texte.
(11) *Haravesna*, xii^e siècle (Cart. de St-Georges, f° 34 v°).
(12) *Barastre*, 1072 (maison de Neufville, ch. cit. p. 52).

*Bunnonis astrum* (1) ; Bryas, *Brittonis astrum* (2) ; Longâtre (h.), *Longi astrum* (3) ; Proyatre (h,), *Prodonis astrum* ; Souastre, *Sihieri* ou *Sigeri astrum* (4); Lattre, *astrum* (5).

Bois-Bernard, *Boscus Bernhardi* (6) ; Bois-Jean, *Boscus Johannis* (7). — Farbus, *Faronis buscus* ; Richebourg (8) et Ricquebourg (9), *Richildis burgus*. — Bucamp (h.), *Bunnonis campus;* Cercamp, *Cari campus* (10) ; Hanescamp, *Enninii campus* (11) ; Humbercamp, *Hildiberti campus* (12); Quercamp, *Cari campus* (13) ; Roclincamp (14), *Raulcoleni campus ;* Campaliame (éc.), *Campus Alelmi* (15).

Berlencouture (éc.), *Berelendis cultura ;* Metz-en-Couture, *Mahesindis cultura* (16).— Bénifontaine, *Bonini fontana* (17), Hulluch, *Hugonis lucus* (18) ; Thélus, *Thietboldi lucus* (19); Vélu, *Vetus lucus* (20) ; Warlus, *Warini* ou *Guarini lucus* (21) et son diminutif Warluzel. — Bimont, *Buheri*

---

(1) *Buinastra*, v. 1142 (Moreau, t. LX, p. 102).
(2) *Briastrum*, 1096 (maison de Neufville ch. citée, p. 58).
(3) *Longastrum*, 1072 (*id.* p. 52).
(4) *Soast*, 1171 (Cart. du chap. d'Arr., n⁰ 36). — *Soiastre*, 1296 (Arch. du Nord, A. 60, f⁰ 74 v⁰).
(5) *Atrium*, 1197 (maison de Neufville, ch. cit., p. 138).
(6) 1221 (Abb. d'Hénin, doss. 1).
(7) *Nemus Johannis*, 1207 (Maladrerie du Val, pr., p. 66).
(8) *Richesborg*, 1171 (Cart. du chap. d'Arr., n⁰ 37).
(9) *Rikebourc*, 1301 (Darsy, pouillé, p. 159).
(10) *Cercampus*, v. 1150 (Moreau, t. LXV, p. 28).
(11) *Hannencamp*, 1170 (Cart. du chap. d'Arr., n⁰ 34).
(12) *Heudebercamp*, 1200 (*id.* f⁰ 32 v⁰).
(13) *Kercamp*, 1207 (Mir. t. III, p. 371).
(14) Commune de Dainville.
(15) 1248 (Abb. de Cercamp, cart. 3).
(16) *Mainsendis cultura*, 1227 (Moreau, t. CXXXVIII, f⁰ 17).
(17) *Bonifontana*, v. 1140 (Cart. de Marœuil, f⁰ 1 v⁰).
(18) *Huluz*, 1098 (Guiman, p. 66).
(19) *Thealudum*, 680 (Pardessus, t. II, p. 181).
(20) *Wellu*, 1202 (Moreau, t. CIII, f⁰ 96).
(21) *Guarluis*, 1119 (Abb. d'Etrun, doss. 1).

*mons* (1) ; Canettemont, *Caneteni mons* (2) ; Caumont (h.), *Calvi mons* (3) ; Flamermont, *Flotmeri mons* (4) ; Saudemont, *Sanderi mons* (5) ; Montauban, *Mons Albani ;* Mont-Bernanchon ; Mouriez, *Mons Richarii* (6).

Gaudiempré, *Gundewini pratum* (7) ; Héripré (h.), *Heirici pratum* (8). — Martinpuich, *Martini puteus* (9) ; Lambus, *Hamelini puteus* (10), dont il faut rapprocher Hébuterne, *Herleboldi cisterna* (11). — Querrieu, *Catti rivus* (12) (cf. le Boulenrieu, cours d'eau, *Bolani rivus* (13) ; Wimereux, *Witmari rivus* (14). — Béthonsart, *Bettonis sartum* (15) ; Faransart, (h.), *Faronis sartum* ; Fauquissart (h.), *Folckerii sartum* ; Grossart (h.), *Geroldi sartum* (16) ; Libessart (h.), *Lietberti sartum* (17) ; Ransart, *Radonis sartum* ; Rochart (h.), *Rothgarii sartum* (18) ; Sacriquier ou St-Riquier (h.), *Sartum Richarii* (19) ; Saternault, *sartum Raginaldi* (20). — Ablainzevelle, *Albani silvula* (21) ;

(1) *Buhimont,* xiie siècle (Cart. de St-Georges, f[o] 38 r[o]).
(2) *Canetemont,* xiie siècle (Abb. de Cercamp).
(3) *Calmons,* 877 (Histor. de Fr., t. viii, p. 664 D).
(4) *Frodmermunt,* 1079 (D. Bét., cart. d'Auchy, p. 19).
(5) *Sandemont,* 1123 (Cart. de St-Amé, f[o] 15 v[o]).
(6) *Monrehier,* v. 1142 (pet. cart. de Domm., f[o] 17 v[o]).
(7) *Gonduwini pratum,* 1179 (tit. de Hte-Avesnes, p. 11).
(8) *Henripré,* 1196 (chap. d'Arr., cart. C-F).
(9) *Martinput,* 1202 (Cart. de St-Omer, f[o] 41 r[o]).
(10) *Emelinpuz,* 1079 (Cart. d'Auchy, p. 19).
(11) *Herbodcisterna,* 765 (Tailliar, Rech., p. 347).
(12) *Cathriu,* 885 (Cart. Sith.).
(13) *Bollani riu,* 1036 (Guiman, p. 171).
(14) *Wimereue,* 1305 (Invent. de Beuvrequen, p. 222).
(15) *Betunsart,* 1190 (Cart. d'Aubigny, f[o] 33 r[o]).
(16) *Geroldisart,* 1142 (Abb. d'Etrun, doss. 1).
(17) *Libersarth,* 1184 (Abb. de Cercamp, cart. 1).
(18) *Rogiersart,* 1267 (Cart. d'Aubigny, f[o] 59 r[o]).
(19) *Sartum Richeri,* 1199 (Ch. de Samer, p. 53).
(20) *Chastel Regnaut,* 1569 (centièmes).
(21) 1142 (Abb. d'Etrun, doss. 1).

Bugueseule (éc.), *Buitnonis silva* (1). — Assonval (h.), *Atsonis vallis* (2); Aumerval, *Othmari vallis* (3); Béthonval (h.), *Bettonis vallis*; Boyaval, *Boheri vallis* (4); Estruval (éc.), *Hiltrudis vallis* (5); Herbeval, *Herleboldi vallis* (6); Mingoval, *Mingoaldi vallis* (7); Morval, *Mauri vallis* (8); Rimboval, *Erembaldi vallis* (9); Willerval, *Willeri vallis* (10); Valhuon, *vallis Hugonis* (11); le Valinglin (h.), *Vallis Engherramni*; le Val-Restaud (h.), *Vallis Restoaldi* (12); le Valtencheux (h.), *Vallis Estenselini* (13).

## V. — Noms d'origine romane.

### § 1. *Ordre civil.*

Les noms qui suivent remontent pour la plupart à l'époque mérovingienne et quelques-uns même probablement à la conquête romaine :

*Aix* (14) (trois) et *Eps* (15), *Aquæ*, indiquant une localité où jaillissent des sources. Un déterminatif de situation distingue entre eux ces différents Aix : Aix-en-Ergny, Aix-en-

---

(1) *Bugni silva*, 1224 (Maladr. du Val, pr., n° vii).
(2) *Azonval*, XII° s° (Cart. de St-Georges, f° 64 v°).
(3) *Omerval*, 1444 (Cart. des charit. de Béth., f° 1).
(4) *Boelval*, 1159 (Cart. d'Aubigny, f° 5 v°).
(5) *Hutreval*, XII° s° (Cart. de Dommart., f° 37 r°).
(6) *Herbouval*, 1124 (Ch. d'Art.).
(7) *Maingoval*, 1215 (Cart. de St-Barthél., n° 25).
(8) *Moironval*, 1267 (Ch. d'Art., A. 7).
(9) *Raimboli vallis*, 1177 (Prieuré de Renty).
(10) 1072 (M<sup>on</sup> de Neufville, Ch. cit., p. 52).
(11) 1261 (Cens. d'Arr., f° 49 v°).
(12) *Vallis Restaudis*, 1244 (Abb. de St-André-au-Bois).
(13) 1177 (Ch. de Renty, p. 216).
(14) *Aqua*, 1200 (Chron. Andr., p. 830 b).
(15) *Eiz*, 1196 (Cart. de Thér., p. 75).

Issart, Aix-en-Fampoux. — Agnères, *Agnariæ* (1), lieu où on élève des agneaux. — Avesnes (trois), *Avesnæ* (2) et Haute-Avesnes, *Alta Avesna* (3). — Brebières, *Berbicariæ* (4), synonyme de bergeries. — La Bœuvrière, *Bovaria* (5), endroit où on élève des bœufs. — Campagne (trois), de *Campagnia*, la plaine, avec un déterminatif topographique (6) et les diminutifs Campigneulles (deux), *Campiniolæ* (7) et Campaniette (h.), *Campanietta*. — Courcelles (8), *Corticella*, la petite *cortis*. — Etaples, *Stopula* (9), synonyme d'*emporium*, marché public d'un port de mer ; nom substitué, au IX<sup>e</sup> siècle, à celui de Quentowic. — Escales, *Scala* (10), le petit port (11). — Fontaine (quatre), *Fontana*, avec un déterminatif. Celui ci indique les sinuosités du cours d'eau dans Tortefontaine, *Torta fontana* (12). — Fontes, *Fontes* (13), au même sens de fontaine. — Izel (14) (deux) et Lizel, faubourg de St-Omer, *Insuletta*, forme diminutive d'*insula*, l'île. — La Vacquerie, *Vaccaria* (15), lieu où on élève les vaches. — Louez (h.), *Longum vadum* (16), de

(1) *Anyeriæ*, XIII<sup>e</sup> s<sup>e</sup> (Obit. attrebat.).
(2) V. Ricouart, *loc. cit.*
(3) *Altavena*, 1178 (Titres de H<sup>te</sup>-Avesnes, p. 11).
(4) *Berbiariæ*, 871 (Histor. de Fr., t. viii, p. 634).
(5) *Boevraria*, IX<sup>e</sup> siècle (Act. Sanct., Oct. vita S<sup>tæ</sup> Christin. p. 530, § 14.).
(6) Campagne-lez-Boulonnais, Campagne-lez-Hesdin, Campagne-Wardrecques.
(7) 867 (Histor. de Fr., t. viii, p. 605 C).
(8) *Curcellæ*, XII<sup>e</sup> siècle (Guiman, p. 256).
(9) *Staplæ*, 1042 (Gall. Christ., t. x, p. 285).
(10) 877 (Cart. Sith., p. 124).
(11) On appelle encore *échelles*, les ports du levant.
(12) 1137 (Petit cart. de Domm., f<sup>o</sup> 9 r<sup>o</sup>).
(13) 1222 (Cart. de St-Barthélemy, n<sup>o</sup> 43).
(14) *Iser*, 1088 (Abb. d'Etr., doss. 1).
(15) *Vacaria*, 1079 (D. Bét., cart d'Auchy, p. 19).
(16) *Longvez*, 1119 (Abb. d'Etrun, doss., 1).

*vadum*, le gué, mot qui se retrouve dans Vis-à-Marles (h.) (1), *vadum ad Malnas* et qui devrait avoir pour graphie : Wez-à-Marles.

Le mot *mansus* que nous avons rencontré déjà en combinaison avec des noms propres de personne, a, précédé ou suivi d'un adjectif qualificatif, servi à désigner les trois communes du nom de Beaumetz, *bellus mansus* (2) et celle de Mametz, *malus mansus* (3).

*Mons* se retrouve de même dans Beaumont (deux), *bellus mons* (4), Blangermont, *Blandiacus in monte* (5), Mont-St-Eloi, *mons Sancti Eligii* (6), Monts-en-Ternois, *montes* (7), Pierremont, *petrosus mons* (8).

Nempont, *mitis pons* (9) ; Pont-à-Wendin, *pons Wendinii* (10); Ponches (h.), *Poncœ* (11), indiquent des ouvrages de l'homme et une localité assise sur une rivière. — Maizières, *Makeriœ* (12) rappelle une muraille, des palissades. — Puiseux, *puteœ aquœ* (13), évoque des puits. — Violaines, *Villanœ* (14) est un diminutif de *villa*. — Vis-en-Artois est un *vicus* (15). — Vaux, Vaulx, *valles* (16), Troisvaux, *Tres valles* (17), ainsi que Wail, *vallem* (18), sont des formes du

(1) *Vadum*, 1222 (Cart. de St-Barthél., n° 43).
(2) 1158 (Histor. de Fr., t. xi, p. 599 D.).
(3) *Maumez*, 1250 (Cart. de Thér., p. 171).
(4) 1104 (Le Carp., pr., p. 16).
(5) *Blaisel ou Mont*, 1375 (Arch. nat., J. 790, n° 28).
(6) 1097 (Chap. d'Arras, cart. Divers).
(7) *Mons*, 1104 (Abb. du Mont-St-Eloi).
(8) *Pirremont*, 1133 (Cart. de Thér., p. 13).
(9) IXe siècle (acta SS. Jul. v, p. 283 C ; mirac. sancti Wandregisilii).
(10) *Pons de Windino*, 1036 (Guiman, p. 171).
(11) 1157 (Cart. de Thér., p. 27).
(12) 648 (Act. ss. O. S. B.).
(13) *Putialis in pago Adratinse*, 799 (Histor. de Fr., t. v, p. 760 C.).
(14) 1231 (Cart. de St-Barthél., n° 67).
(15) XIIe siècle (Guiman, p. 264).
(16) 830 (Hariulf, Chron. Centul. p. 85).
(17) 1270 (Abb. de Cercamp).
(18) *Villa Vallis dicta*, 1079 (Bét., cart. d'Auchy, p. 18).

mot *vallis*, la vallée, qui a servi à déterminer un Blingel ou Petit-Blangy ; Blangerval, *Blandiacellus in valle* (1). On peut ajouter à cette liste : Fosseux, *Fossœ* (2), de *fossa*, la fosse ; Marest, *Marescus* (3), le marais, avec son diminutif Maresquel, *Marescellus* (4).

Palluel (5), *Paludellus*, a un sens analogue ainsi que Nœux (6) (deux), de *noda*, mot qui désigne des lieux humides.

On peut faire remonter également à la période gallo-romaine ou aux premiers siècles du moyen-âge la plupart des noms de village formés sur le vocable du cours d'eau qui les arrose : tels Bajus, arrosé par le Bajeul ; Cavron, par le *flumen Capriunus* (7), aujourd'hui la Planquette ; Courset, sur la Course ; Ternas, *Tenastrum* (8), sur la *Tena* ou Ternoise ; Wimereux, à l'embouchure du ruisseau de ce nom ; auxquels on peut ajouter les hameaux de Course, de la Lacque et de Loisne.

Parfois un suffixe se joint au nom de la rivière pour indiquer que la localité est près de sa source, comme dans Lisbourg, *Ligesborth* (9) (*Legia*, la Lys et *boorth*, source), ou au-delà de la rivière, comme Trescault (10), *trans Scaldim*. Dans Coullemont (11), le nom du cours d'eau, la Coulle, s'est combiné avec le suffixe *mons*.

---

(1) *Blaisel ou Val*, 1341 (Ch. d'Art., A. 892).
(2) 1111 (Guiman, p. 290).
(3) *Marischus*, 1236 (Cart. des chapell. d'Arr., f° 114 v°). On sait que Marais, *Mares*, est l'ancien nom de St-Aubin-lez-Anzin.
(4) *Maresquellium*, 1156 (Turpin, Histor. comit. Tervan., p. 80).
(5) *Paluel*, 1140 (Cart. du chap. d'Arr., n° 16).
(6) *Nuet*, v. 1000 (Mir. t. II, p. 945).
(7) 800 (Cart. Sith., p. 65).
(8) *Ternast*, v. 1159 (cart. d'Aubigny, f° 5 v°).
(9) 844 (Mém. Mor., t. XIII, p. 87).
(10) *Trescaltum*, X<sup>e</sup> siècle (Act. SS., Febr., II, p. 495 C).
(11) *Colummunt*, 1102 (Guiman, p. 71).

*Noms empruntés au domaine végétal.*

1º Sans suffixe ; il s'agit d'une simple plante, qui a donné son nom à la localité. — Le Faux et Fay (h.), de *fagus*, le hêtre, mot employé avec un qualificatif dans Ferfay, *fracta fagus* (1) et Rougefay, *rubra fagus* (2); ou, sous une forme diminutive, dans Fayel (h). — Fresnes (3), de *Fraxinus*. — Licques, *Liskœ* (4), de *lisca*. — Nesles (5), Nielles (6) (trois), Noyelles (7) six), *Nigella*, avec les diminutifs de Noyellette et Neulette, *Nigellula*. — Le Saulx (h.), *Salix* ; Courbesseau (8), *Curva Salix*. — Lépine, *Spina* (9). — Tortequesne, *Torta quercus*, rappelant le fresne, la laiche, plante des lieux humides, le saule, l'épine ou le chêne.

2º *Collectifs avec le suffixe etum = oy ou oye, ay ou et.*

Annay, *Alnetum* (10) ; Malannoy (h.), *Malum Alnetum*, (11). — Bucquoy, *Buxetum* (12). — La Carnoye (éc.), *Carpinetum*. — Le Cauroy (h.). *Coryletum*. — Epinoy, *Spinetum* (13). — Fresnoy, *Fraxinetum* (14). — La Houssoye, *Hulsetum* (15). — Halloy, *Halletum*. — Labroye, *Arboretum* (16). — Quesnoy, *Casnetum* (17). — Rouvroy,

---

(1) *Fracfagium*, IXe siècle (Acta S.S., oct. x, p. 120, nº 12)
(2) *Rouscheufai*, 1266 (Abb. de Cercamp, cart. 1).
(3) *Fraxinus*, XIIe siècle (Guiman, p. 362).
(4) *Lisces*, 1084 (Chron. Andr., p. 784 a),
(5) *Nieles*, 1208 (Cart. de N.-D. de Boul., p. 118).
(6) *Nellœ*, 1164 (Ch. de Licques).
(7) *Nigella*, 1154-1159 (Cart. du chap. d'Arr., nº 28).
(8) *Corbesauch*, 1256 (Cart. de Dommart., fº 42 vº).
(9) 1305 (Mém. soc. acad. de Boul., t. xvii, p. 152).
(10) 1204 (Gall. Christ., t. iii, instrum., col. 97).
(11) 1210 (Ch. d'Art., A. 5, nº 12).
(12) *Buscoi*, 1172 (Cart. du chap. d'Arr., nº 34).
(13) 880 (Histor. de Fr., t. viii, p. 488 E).
(14) 1218 (Abb. de Cercamp).
(15) Ham., Cne de Buire-le-Sec.
(16) *Arboreia*, 1172 (Cart. de St-Georges, fº 6 rº).
(17) *Casnotum*, XIIe siècle *(Id.,* fº 30 rº).

*Roboretum* (1). — Saulchoy (2) et Saussoy (éc.), *Salicetum.* — Tilloy (deux), *Tilietum* (3). — Transloy, *Tremuletum* (4), désignant des localités où croissent des aulnes (alnus), des buis (buxus), des charmes (carpinus), des coudriers (coryletus), des épines (spina), des broussailles, des houx (hulsus), des chênes ordinaires (quercus, casnus). des chênes rouvres (robur), des saules (salix), des tilleuls (tilus, tilia), des trembles (tremulus).

3º *Collectifs avec le suffixe aria = ière.* — Le Bucquière et la Buissière (5), *Buxaria*; Favreuil (6), diminutif de Favières, *Fabaria*, lieu où poussent des fèves. — Humières (7), *Ulmariæ*, d'ulmus, l'orme. — Rosière (h.), *Rosaria*, lieu où croissent les roseaux. Auxquels il faut ajouter les quelques vocables communaux où le suffixe *aria* s'est combiné avec le nom du propriétaire primitif, tels que Bonnières (8), *Bunnaria* (sur Bunno); Erquières (9), *Erkaria* (Erkarius) et Fouquières (10) (deux), *Fuscharia*, formé sur Fuskerius, Foucher, diminutif de Fulco.

### § 2. *Ordre religieux.*

L'élément ecclésiastique si puissant sous les premières races de nos rois ne pouvait manquer de laisser son empreinte dans la topographie du Pas-de-Calais. La classe la

---

(1) *Roveroium*, 1154-1159 (Cart. du Chap. d'Arr., nº 28).
(2) *Salceium*, 1226 (Prieuré de Maintenay).
(3) *Tilleium*, 1074 (Cart. du chap. d'Arr., nº 2).
(4) *Le Trembloi*, 1281 (Ch. d'Art., A. 122).
(5) *Buxeria*, 1189 (Titr. de Hte-Avesnes, nº 22).
(6) *Farreolum*, 876 (Guiman, p. 36). — *Faverolæ*, 1142 (Moreau, t. LX, p. 102).
(7) *Humeræ*, 1208 (Cart. de N.-D. de Boul., p. 120).
(8) *Boneres*, 1163 (Cart. de St-Georges, fº 3 rº).
(9) *Erqueres*, 1202 (D. Bét., cart. d'Auchy).
(10) *Fuscheriæ*, 1110 (Mir., t. II, p. 1313). — *Foscariæ*, 1098 (Guiman, p. 60).

plus nombreuse de cette catégorie est celle qui porte le nom d'un bienheureux précédé, soit de *dominus, domnus*, francisé en *don*, parfois adouci en *dou*, soit de *sanctus, sancta*, saint, sainte, parfois plus ou moins défiguré.

En général c'est le nom du patron de la paroisse qui s'est substitué aux IX$^e$, X$^e$, ou XI$^e$ siècles à l'ancien vocable de la localité ou qui s'est joint à lui, comme diminutif. Dommartin (h.), *Domnus Martinus* (1) ; Douriez, *Domnus Richarius* (2); Saint-Aubin (deux), *Sanctus Albinus* (3), remplaçant, dans l'une des deux communes de ce nom, un plus ancien *Marais* ; Saint-Amand, *Sanctus Amandus* (4) ; Saint-Blaise, *Sanctus Blasius* substitué à *Mellèque* (5) ; Saint-Etienne, *Sanctus Stefanus* (6), Saint-Floris, *Sanctus Floribius* (7); Saint-Folquin, *Sanctus Folquinus* (8), anciennement le Bage ; Saint-Georges, *Sanctus Georgius* (9), Saint-Hilaire, *Sanctus Hylarius* (10) ; Saint-Josse, *Sanctus Jodocus* (11) ; Saint-Laurent, *Sanctus Laurentius* (12), substitué à Imercourt ; Saint-Léonard, *Sanctus Leonardus* (13), auparavant Hocquinghem ; Saint-Léger, *Sanctus Leodegarius* (14), primitivement *Sarcin*; La Madeleine, *Sancta Magdalena* (15) ; Saint-Martin (six), *Sanctus Martinus*, dont l'un, hameau d'Aire s'appelait d'abord *Melemodium* (1) ; Saint-Michel

(1) 1199 (Cart. de St-Josse, f° 11 v°).
(2) XI siècle (Hariulf, p. 28).
(3) XII$^e$ siècle Guiman, p. 280).
(4) 1171 (Cart. du Chap. d'Arr., n° 36).
(5) *Milleca*, 1116 (Chron. Andr., p. 796 *a*).
(6) 1131 (Arch., nat., J. 792, n° 30).
(7) 1287 (Chap. de Lillers, cart. 1).
(8) *Sancti Folkini Kerke*, 1119 (Ch. de St-Bert., n° 135)
(9) 1094 (D. Bét., cart. d'Auchy, p. 22).
(10) 1201 (Abb. de Chocques, cart. 1).
(11) 841 (Histor. de Fr., t. VII, p. 483 B).
(12) *Beatus Laurentius de Imercort*, 1225 (Cart. d'Aubigny, f° 48 v°).
(13) *Sainct Léonnard*, 1387 (Mém. Soc. Acad. de Boul., t. XV, p. 307),
(14) 1154-1159 (Cart. du chap. d'Arr., n° 28).
(15) *Le Magdelaine*, 1475 (Cueill. hôt.-Dieu de Montr., f° 57).

(deux), *Sanctus Michael* (2) ; Saint-Nicolas, *Sanctus Nicolaus* (3), substitué au XII⁰ siècle à Méaulens ; Saint-Omer, *Sanctus Othmarus* ou *Audomarus* (4), remplaçant au IX⁰ siècle le nom de Sithiu ; Saint-Pierre, *Sanctus Petrus* (5), primitivement Péternesse ; Saint-Pol, *Sanctus Paulus* ; Saint-Quentin (h.), *Sanctus Quentinus*, jadis Bléty (6) ; Saint-Rémy, *Sanctus Remedius* ou *Remigius* (7), d'abord *Remmie* (8) ; Saint-Tricat, *Sanctus Nicasius* (9) ; Saint-Vaast, *Sanctus Vedastus* (10) ; Saint Venant, *Sanctus Venantius* (11), anciennement Papinghem (12) ; Sainte Autreberthe, *Sancta Austorberta* (13) ; Sainte-Catherine, *Sancta Catharinæ* (14), l'ancien Demencourt (15) ; Sainte-Marguerite, *Sancta Margareta* (16), nom porté en même temps que celui de Poméra (17) ; Sainte-Gertrude (h.), *Sancta Gertrudis* (18). — Le nom d'un seigneur s'est par exception

(1) 1075 (Rouyer, chap. d'Aire, p. 247).
(2) 1193 (Ch. de Samer, p. 46).
(3) *Sanctus Nicolaus de Mellens*, 1154-1159 (Cart. du chap. d'Arr., n⁰ 20).
(4) *Villa Sancti Audomari*, 1042 (Ch. de Saint-Bert., n⁰ 71).
(5) *Sanctus Petrus in Petrenesse*, XV⁰ siècle (Tassart, pouillé de Thér.).
(6) *Villa Sancti Quintini*, 1160 (Cart. de Thér., p. 30). — *Bléty dit St-Quentin*, 1744 (Arch. du presbytère de St-Quentin).
(7) 1250 (Polyptique de Dommart.).
(8) *Villa quæ dicitur Remmia super fluvium Alteiæ*, 883 (Cart. Sith., p. 127).
(9) *Saint Nichas*, 1556 (Terr. angl. du Calais., f⁰ 74).
(10) 1122 (D. Bét., Cart. d'Auchy, p. 44).
(11) 1190 (Mém. Mor.. t. xi, 1ʳᵉ part., p. 311).
(12) 1075 *(id.)*.
(13) *Villa beate Ostroberte Hesdiniensis*, 1220 (Abb. de Sainte-Austreb.).
(14) *Sainte Katherine*, 1308 (Titr. et compt. d'Art., t. i, f⁰ 35).
(15) *Dominica curtis*, 765 (Tailliar, Rech., p. 347).
(16) XII⁰ siècle (Abb. de Cercamp).
(17) *Pomera Sainte Marguerite*, XVIII⁰ siècle. (c. de Cass.).
(18) 1173 (Ch. de Samer, p. 42).

substitué à celui de Saint-Vaast pour la commune de Le Biez (1).

On trouve le nom du patron de la paroisse joint à l'ancien vocable de celle-ci dans Ablain St-Nazaire, *Abelinius Sancti Lazarei* (2) ; Airon-Notre-Dame (3) et Airon-St-Vaast (4) ; *Agrona Sanctæ Mariæ, Agrona Sancti Vedasti;* Boisleux-Saint-Marc, *Balliolum Sancti Medardi* (5) ; Boiry-Notre-Dame, *Bariacum Sanctæ Mariæ* (6) et Boiry-Saint-Martin, *Bariacum Sancti Martini* (7); Ecourt-Saint-Quentin, *Hadili cortis Sancti Quentini* (8) ; Ecoust-Saint-Mein, *Scolt Sancti Meveni* (9) ; Erny-Saint-Julien, *Herniacus Sancti Juliani* (10); Gouy-Saint-André (11), *Gaudiacus Sancti Andreæ;* Huby-Saint Leu(12), *Ulpiacus Sancti Lupi* ; Lattre-Saint-Quentin, *Astrum* ou *Atrium Sancti Quentini* (13) ; Ligny-Saint-Flochel(14), *Liniacus Sancti Flosculi;* Nempont-Saint-Firmin (15), *Mitis pons Sancti Firmini ;* Sus-Saint-Léger, *Silva Sti Leodegarii* (51).

(1) *Sanctus Veeste*, 1142 (Petit cart. de Domm., f° 162). — *Le Bies*, 1342 (Ch. d'Art., A. 602 n° 5).
(2) *Saint Nazare*, 1623 (Epigr. Arras, p. 312).
(3) *Sancta Maria d'Airon*, 1154 (Gall. Christ., t. x, c. 314).
(4) *Ayron Sainct Vaast*, 1311 (Av. de Maintenay).
(5) *Bailoes Sancti Medardi*, 1276 (Chap. d'Arr., cart. B).
(6) *Bairy Nostre Dame*, XVᵉ siècle (Compt. d'Art., f° 17 v°).
(7) *Bairy Sainct Martin*, 1469 (Arch. nat., J. 1003, f° 10 r°).
(8) *Ecou Saint Quentin*, 1359 (Arch. nat., J. 789, n° 1).
(9) *Escoult Sainct Main*, 1546 (Chap. d'Arr., cart. C-F).
(10) *Arny en Artois*, 1469 (Arch. nat., J. 1003, f° 15 v°). — *Ergny-Saint Julien*, 1761 (Bibl. nat., fr. 8546, f° 37 r°).
(11) *Gouy lez Sainct Andrieu*, 1539 (Arch. nat., J. 1016, f° 211 v°).
(12) *Hupi*, 1157 (Gall. Christ., t. x, col. 316).
(13) *St Quentin en l'Atre*, 1447 (Abb. de St-Vaast).
(14) *Ligni Saint Flocel*, 1725 (Ev. de Boul., G. 32, f° 245). Auparavant *Liniacum in Wandi Campania*, 1170-1191 (Cart. de Thér., p. 40).
(15) *Nampont Sainct Fremin*, 1301 (Darsy, pouillé, p. 199).
(16) 1104 (Cart. du chap. d'Arr., n° 6).

Parfois le mot saint provenant d'une forme corrompue ou populaire n'indique pas une origine religieuse et n'est que le résultat d'un calembourg analogue à ceux que commettaient les bons moines du XII⁰ siècle qui traduisaient Montreuil par *Monstra oculum* (1) et Sentenoy par *Centum nuces*. Tels Saint-Inglevert, *Santingevelt* (2), où le mot saint est une déformation de l'adjectif nominal germanique *santing* et qui devrait régulièrement s'écrire *Santinglevert*. Saint-Denœux, *Sendenodum* (3), pour Sindeneux ; Saint-Riquier (h.), *Sartum Richarii* (4), pour Sarriquier ou Sacriquier ; Saint-Moquant (éc.), *Simonis campus*, pour Simoncamp ; Saint-Bovat (éc.), *Sinnibaldi vallis*, pour Simboval.

Parfois en revanche le mot *saint* s'est combiné avec l'ancien vocable de telle façon qu'il est malaisé de retrouver l'un ou l'autre mot, comme dans Samer, *Sanctus Wlmarus* (5), anciennement *Silviacus* (6), auquel s'est substitué, au XII⁰ siècle, le nom du saint local, St-Vulmer, et dans Maresville, qui n'est pas la *villa* du marais ; mais *Sanctæ Mariæ villa* (7).

*Vocables formés à l'aide d'un nom de sanctuaire.*

Zoteux, *Altaria* (8); la Bazèque (h.), *Basilica* (9), nom qui dés le VI⁰ siècle désigne une église chrétienne ; Nouvelle-

(1) De Loisne, *le Cueill. de l'Hôt.-Dieu de Montr.*, p. 11 et fig. 2.
(2) V. 1040 (Chron. Andr., p. 806 *b*).
(3) 1170 (Haigneré, *Dict.*, p. CIII)
(4) *Sartum Richeri*, 1199 (ch. de Samer, p. 53).
(5) 1107 (Ch. de Samer, p. 22).
(6) Mabillon, *Annales*, l. XVII, p. 584.
(7) 1042 (Gall. Christ., t. x., col. 285).
(8) 1142 (Petit cart. de Domm., f⁰ 33 v⁰).
(9) La Bazèque est un hameau de la commune de la Herlière. — Le village disparu de la Bazèque, dans la commune d'Achicourt, est désigné dans le cartulaire de Guiman sous le nom de *Basilica*, 1098 (p. 66).

Eglise, *Nova ecclesia* (1), substitué à Herewègue (2) ; Vieille-Eglise (3), *Vetus ecclesia*, précédemment Saint-Omer-Glise (4), *Sancti Audomari ecclesia* ; Saint-Martin-Glise (h.) (5), *Sancti Martini ecclesia* ; Nortkerque, *Northkerka* (6) et Zutkerque, *Zutkerka* (7) (flam. *kerk*, église). Le nom de Hauteclocque, *Alta clocca* (8), désignant un clocher élevé, a une origine analogue.

Le mot *capella*, au sens de sanctuaire peu important, a pris la forme Capelle (trois), Coupelle (deux), Capples (h.) que l'on retrouve avec un qualificatif dans Neuve-Chapelle (9), Vieille-Chapelle, anciennement Baquelrot (10), Saint-Omer-Capelle, *Sancti Audomari capella* (11), Coupelle-Neuve (12) et Coupelle-Vieille (13).

Selles, *Cella* (14) rappelle la demeure d'un solitaire qui plus tard lui a été consacrée. Vieil-Moutier, *Vetus Monasterium* (15), indique un ancien monastère. De même que Montreuil, *Monasteriolum*, est le moûtier de St-Saulve.

Les nombreux écarts du département dénommés l'Abbaye, l'Abby, *Abbatia*, le Prieuré, *Prioratus*, indiquent qu'une abbaye ou un prieuré existaient en cet endroit. Le Temple

(1) *Neufveglise*, 1583 (Terr. de Miraulmont, p. 725 r°).
(2) *Herwega*, 1110 (Ann. du com. flam., t. IX, p. 367).
(3) *Vielle glise*, 1556 (Terr. du Ht-Pays reconquis, f° 293 r°).
(4) *Sancti Audomari kerca*, 1132 (Ch. de St-Bertin, n° 167).
(5) Ham., comm. d'Hernicourt. — *Saint-Martin esglise*, 1725 (évêché de Boul., G. 32, f° 243).
(6) 1219 (Chron. Andr., p. 859 *b*).
(7) 1220 (Privil, comit. Guisn., f° 6 v°).
(8) 1083 (Abb. de Ham).
(9) *Le Neuve-Capielle*, 1296 (Arch. du N., A. 60, f° 153 r°).
(10) *Bakelerot*, 1194 (Cart. de St-Barthél., n° 9).
(11) 1228 (Chron. Andr., p. 866).
(12) *Noefve Couppelle*, 1476 (Arch. nat., J. 807, n° 29).
(13) *Cupella*, XI° siècle (Act. SS. Julii II, p. 59 C ; vita Sanctæ-Berthæ).
(14) *Selæ*, 866 (Cart. Sith., p. 159).
(15) 1173 (Ch. de Samer, p. 41).

(s^on de Conchil-le-Temple), *Templum* (1), rappelle une commanderie de cet ordre célèbre. Un Villers doit son surnom distinctif de *l'Hôpital* (2), à une commanderie de chevaliers hospitaliers de St-Jean-de-Jérusalem. Saint-Jean (h.) en indique une autre de St-Lazare, ordre dont on retrouve le souvenir dans Saint-Ladre (3) et les nombreux écarts ou lieux dits (4) du nom de *la Maladrerie* ou *la Maladrie*.

Nous citerons enfin comme étant d'origine religieuse trois noms de commune rappelant les croix que la piété des fidèles érigeait aux carrefours : Croix, *Cruces* (5) et les diminutifs : Croisilles, *Cruciculœ* (6) et Croisettes, *Cruceolœ* (7).

### VI. Noms d'origine française.

Nous ferons entrer dans une dernière catégorie divers noms de lieu qui la plupart ne sont pas antérieurs au XI<sup>e</sup> siècle et qui n'ont pas trouvé place dans les divisions qui précèdent.

Une première série comprend les diminutifs reproduisant le vocable de la localité principale, avec le suffixe *el* ou *elle*, *et* ou *ettes*, et indiquant originairement ce que la phraséologie officielle désigne aujourd'hui du nom d'*écarts*. C'est ainsi que nous avons Achiet, *Asceel* (8), diminutif d'Acq, *Asc* (9) ; Auchel (10), diminutif d'Auchy ; Blingel, pour Blan-

---

(1) 1222 (Cart. de St-Josse, f<sup>o</sup> 8 v<sup>o</sup>).
(2) *Vilers Hospital*, 1244 (Cart. de St-Josse).
(3) Ham., commune de Famechon et commune de Ramecourt.
(4) Il y en a plus de deux cent dans le département. Voir notre notice sur le Val-de-Montreuil, p. 4 et 5, notes.
(5) *Crois*, 1289 (D. Bét., Cart. d'Auchy, p. 157).
(6) XII<sup>e</sup> siècle (Guiman., p. 263).
(7) 1153 (Cart. de Cercamp, p. 72).
(8) 1081 (Ch. de St-Amé, *cart.* 1).
(9) 1137 (Cart. d'Aubigny, f<sup>o</sup> 300).
(10) *Auceel*, 1219 (Cart. de Marœuil, f<sup>o</sup> 86 r<sup>o</sup>).

gizel (1), dimin. de Blangy ; Coquelle, *Calquella* (2), dimin. de *Calcata* (3), la Chaussée ; Croisettes, diminutif de Croix ; Fléchinelle (4), de Fléchin ; Estréelles, *Stradella* (5), d'Estrées, *Strata* ; Givenchiel (h.) (6), de Givenchy ; Héninel (7), d'Hénin ; Marconnelle (8), de Marcone ; Monchel (9) et Monchiet (10), de Monchy ; Nédonchel (11), de Nédon ; Neulette (12) et Noyellette (deux) (13), de Noyelles ; Warluzel (14), de Warlus.

Nos noms de commune d'*origine féodale* sont ceux qui se sont formés à l'aide des mots *castellum*, le château ou le châtel, *forte*, le château-fort, *haia*, désignant l'enceinte du château et ce dernier par extension, *firmitas*, la ferté, synonyme de forteresse. Tels Mercatel, *Mansus castelli* (15) ; Neufchâtel, *Novum castellum* (16) ; Villers-Châtel, *Villare castelli* (17) ; Auxy-le-Château.

Le diminutif *castellutium*, le châtelet, se trouve dans des écarts.

(1) 1079 (D. Bét., Cart. d'Auchy, p. 19).
(2) 1168 (Gall. Christ., t. x, p. 405).
(3) XIIIe siècle (Lamb. Ard. p. 375).
(4) *Felcinel*, 1119 (Ch. de St-Bert., no 138).
(5) *Straheles*, 1170 (Ch. de Licques, p. 50).
(6) *Juvencel*, XIIe siècle (Guiman, p. 398).
(7) *Villa quæ ab Henninio Henninellus dicitur*, XIIe siècle (*Id.*, p. 262).
(8) *Marconella*. v. 1120 (D. Bét., Cart. d'Auchy, p. 36).
(9) *Moncellus*, 1154-1159 (Cart. du chap. d'Arr., no 28).
(10) *Moncellæ*, 1169 (Guiman, p. 93).
(11) *Niedoncel*, 1119 (Cart. de Thér., p. 50).
(12) *Niellula*, 1104 (Abb. de Mt-St-Eloi, cart. 1).
(13) *Noeletta*, XIIe siècle (Guiman, p. 302). — *Nigellula*, v. 1154 (Cart. du Chap. d'Arr. no 23).
(14) *Warluisel*, 1220 (Cart. de Marœuil, fo 30 ro).
(15) *Mez le Castel*, 1379 (Arch. du Nord, ch. des compt., reg. A. 20).
(16) 1173 (Ch. de Samer, p. 42).
(17) *Villers le Chastel*, 1421 (Arch. du Nord, A. 20).

Beaufort, *Bellum forte* (1); Ayette, *Haiestæ* (2), forme diminutive de *haga*, *haia* : la Haye, nom d'écarts, parfois avec un déterminatif rappelant le propriétaire primitif (3). *Haiæ* est l'étymologie d'*Hées* (4), ancienne section du village d'Achicourt. — La Ferté (h.) *Firmitas* et Festubert, *Firmitas Huberti* (5). — Beauvois, *bellus visus* (6) et Beauvoir (h.), *Bellum videre* (7), indiquent des lieux d'observation. Il en est de même de Beauregard, nom porté par trois hameaux (8).

A ces noms, d'origine féodale, il y a lieu d'ajouter celui de Fiefs, *Feoda* (9) et de la Comté, *Comitatus* (10).

Nous avons aussi dans le département des villes neuves créées par les seigneurs du moyen-âge, qui y attiraient les habitants du voisinage par divers privilèges et franchises. Le nom de l'ancien seigneur ou la situation servent de déterminatifs : Neuville-Saint-Vaast, *Nova villa Sancti Vedasti* (11), nom dans lequel le second terme n'indique pas le patron de la paroisse, mais son seigneur ecclésiastique. De même une longue suite de seigneurs du nom de Vitasse, *Eustachius*, a laissé son surnom à Neuville-Vitasse, *Nova villa domini Eustachii* (12).

C'est au contraire leur situation qui a déterminé les Neuville-en-Bourjonval 13). (Bourjonval (14) est l'ancien nom de

(1) 1225 (Chap. d'Arr., *cart.* C),
(2) *Aeste*, 1154-1159 (Cart. du chap. d'Arr., nº 28).
(3) Cf. la Haye-Grard (Les Grares du Cadastre), *Haia Gerardi*. — Haye-Renaud, etc.
(4) *Hadæ*, 680 (Pardessus, t. II, p. 181).
(5) *Le Frete Hubert*, 1360 (Ch. d'Art., A. 691).
(6) 1058 (Histor. de Fr., t. XI, p, 599 D).
(7) 1209 (Abb. de Cercamp).
(8) Communes de Boiry-Becquerelle, Camiers et Pihen.
(9) *Les Fieus*, 1288 (Ch. d'Art., A. 903).
(10) 1154 (Cart. du Chap. d'Arras, nº 23).
(11) V. 1154 (Cart. du Chap. d'Arras, nº 23).
(12) XIIe siècle (Guiman, p. 244).
(13) *Neuville en Pourgonval*, 1559 (Arch. nat., J. 789, nº 1).
(14) *Porrivallis*, XIe siècle (Baldéric, p. 343).

la localité), Neuville-au-Cornet (h.) et Neuville-sur-Montreuil (1).

Plusieurs titres nobiliaires sont entrés dans la toponymie artésienne pour former le vocable de la localité, comme Contes (2), Conteville (deux), *Comitis villa* (3) ; Avesnes-le-Comte, *Avesnæ comitis* (4) tenu en fief du comte d'Artois par le comte de Ponthieu ; Magnicourt-en-Comté, au comte de St-Pol; Camblain-Châtelain (5), fief du châtelain de Lens, au XIIIe siècle ; Richebourg-l'Avoué (6), à la maison de Béthune qui avait l'avouerie héréditaire de St Vaast.

Le souvenir d'anciens seigneurs ecclésiastiques, d'autre part, se retrouve dans Camblain-l'Abbé (7), à l'abbé de Mont-St-Eloi ; Hesdin-l'Abbé, *Hisdinium abbatis* (8), fief de l'abbé de Samer ; Biache-Saint-Vaast et Richebourg-Saint-Vaast (9), à l'abbaye d'Arras. Le nom de Prédefin, *Presbiteri fenum* (10) a été formé à l'aide du mot *presbiter*, au cas oblique. On retrouve de même le souvenir d'une possession monacale ou cléricale dans Muncq (de *monachus*) et dans les écarts de Monnecove, *Monachi hova* (11); Monneville (12),

---

(1) *Nova villa prope Monsterolum*, 1245 (Cart. de Domm. fo 71 ro).
(2) *Contæ*, 1154 (Gall. Christ., t. x, p. 315).
(3) 1121 (Arch. nat. J. 792, no 30).
(4) *Avesnæ domini comitis Pontivensis*, XIIIe siècle (Obit. Attrebat., fo 68 ro).
(5) *Gambelin le Chastellain*, 1481 (Cart. de Gosnay, t. II, fo 6 ro).
(6) *Ricquebourg en l'Advouerie*, 1520 (Arch. nat., J. 1005, no 8).
(7) *Gamblin juxta Stradellam*, 1154-1159 (Cart. du chap. d'Arras, no 28).
(8) 1512 (Tassart, pouillé, fo 201 vo).
(9) *Ricquebourg ou pouvoir de Saint-Vaast*, 1516 (Arch. nat., J. 1005, no 3).
(10) 1051 (Ch. de St-Bert., no 73).
(11) *Munelcehove*, 1084 (Chron. Andr., p. 189 b). — *Monaco hova*, 1119 (*id.*, p. 789 b).
(12) H., commune de Bours.

*Monachorum villa*; le Mont-Eclair (1), *Mons clerici* (2). De même, dans les surnoms d'Auchy-les-Moines (3), actuellement Auchy-lez-Hesdin et Avesnes-les-Nonains (4), aujourd'hui Avesnes-lez-Bapaume.

Des seigneurs laïques d'un degré inférieur dans la hiérarchie féodale ont laissé leur nom à Fontaine-les-Hermans, *Fontes Heremanni* (5) dont un Herman était seigneur au XIIIe siècle ; à Fontaine-les-Boulans, *Fontanæ Bolani* (6) ; Bailleul-sire-Bertoul, *Baillioalus domini Bertulfi* (7), Hénin-Liétard, *Hinninius Lietardi* (8) ; Hénin-le-Renard, *Hinninius Rainardi* (9), actuellement Hénin-sur-Cojeul; Noyelles-Godault, *Nigella Godoaldi* (10) ; Noyelles-Wion, *Nigella Widonis* (11); Villers Brûlin, *Villare Brovelini* (12); Villers-sire-Simon, *Villare domini Simonis* (13) ; Wierre-Effroy, *Wileria Hainfridi* (14).

D'autres vocables révèlent pour origine des habitations d'ordre divers : Coulogne, *colonia* (15), maison de cultivateur (*colonius*) ; la Loge, anciennement la Loge-Cornillot (16),

(1) H., commune d'Alette.
(2) 1282 (D. Bét., Cart. d'Auchy, p. 268).
(3) *Aulchy les Moisnes*, 1638 (Colbert, Fl., t. cxl, fo 7 vo).
(4) 1759 (Vingt., t. 47).
(5) 1151 (Ch. de St-Bert).
(6) Malbrancq, t. i, p. 592.
(7) *Bailluel monsignor Bertoul*, 1230 (Abb. d'Btrun, cart. 1).
(8) *Hennin Lietart*, 1388 (Chap. de Lens).
(9) *Henninus Rainardi*, 1135 (Cart. du Chap. d'Arr, no 24).
(10) *Nigella Godeldis*, 1070 (Mir., t. i, p. 160).
(11) *Nigella Guidonis*, 1207 (Cart. des Chapell. d'Arr., fo 21 vo).
(12) *Vilers Brovelin*, XIIIe siècle (Fiefs du chât. d'Avesnes-le-Comte, fo 18 ro).
(13) *Villers messir Simon*, 1429 (Ch. d'Art.).
(14) *Wierre le Haimfroy*, 1393 (Arch. nat., J., 792, no 2, fo 6, ro).
(15) *Colonia sancti Vulmari*, Xe siècle (Act. SS., sept. ii, p. 603. a ; Mirac. Sti Bertulfi).
(16) 1367 (Ch. d'Art., A. 97).

de *laubia*, cabane de feuillages dans un bois, et les Loges, hameau d'un Beaumetz qu'il détermine ; Maisoncelle, *Maisoncella* (1), diminutif de *mansio*, maison, mot qu'on retrouve dans des écarts ; Maisnil (deux), *Mansionile* (2), forme adjective désignant une habitation, avec des déterminatifs dans Haut-Mesnil, *Altum mansionile* (3), Maisnil-lez-Ruitz (4), Maisnil-Boucher (h.) (5), Maisnil-Dohem (h.) (6), Maisnil-Boutry (h.) (7). — Ecuires (8) et Equire (9), *Scuræ*, dérivent de *scura*, dépendance de la ferme, grange, écurie ; Estevelles, *Stabulæ* (10), de *stabula*, l'étable. — Le Turne (h.) (11), de *taberna*, la chaumière.

Quelques vocables rappellent d'anciennes industries locales : Fillièvres, *Ferrobria* (12), allusion à l'industrie du fer ; de même que les hameaux de Filescamps, *Ferrei campi* (13), et Favril (14), *Fabrile*, adjectif dérivé de *faber*, le forgeron. — D'anciens fours à chaux, *calcis furnus*, ont laissé leur nom aux écarts du Chauffour (15), des Chauffours (16) et des Cauffours ; de même que d'anciennes

---

(1) *Maisoncelæ*, 1142 (Petit cart. de Domm., f° 25 r°).
(2) *Maisnilium*, 1271 (Cart. du chap. de St-Omer, f° 61 r°).
(3) *Haultemaisnil*, 1375 (Arch. nat., J. 790, n° 28).
(4) *Meisnil lez Ruyt*, 1518 (Arch. nat., J., 795, n° 47).
(5) *Maisnil le Bouciel*, 1312 (Mém. acad. d'Arr., 2ᵉ série, t. xviii, p. 160).
(6) *Maisnil lez Dohen*, 1508 (Bouthors, t. ii, p. 643).
(7) Ham., commune de Vaudringhem.
(8) *Squira*, 1042 (Gall. Christ., t. x, col. 284).
(9) *Escuræ*, 1079 (Dét., Cart. d'Auchy, p. 49).
(10) *Stevles*, 1203 (Abb. d'Hénin, liasse 5).
(11) *Le Ternes*, 1208 (Cart. de N.-D. de Boul., p. 118).
(12) *Ferieræ, Feriveres*, XIIᵉ siècle (Cart. de St-Georges, f°s 4 et 19 v°s).
(13) 1186 (Cart. d'Aubigny).
(14) *Faverilium*, 1186 (*Id.*, f° 17 r°).
(15) Commune de Bois-Bernard.
(16) Commune de Coullemont.

tuileries *tegularia*, à la Thieuloye (1), *Teguletum* et aux écarts de la Tuilerie (2). Même origine pour la Brique (3), la Briqueterie (4), la Poterie (5), *Poteria*, désignant des écarts où jadis se faisaient des briques, où se trouvaient des fours de potier.

Un certain nombre de nos communes rappellent par leur nom les anciennes voies romaines qui les traversaient : Quatre Estrée, *Strata* (6) et Estrehem (7), hameau de Leulinghem, avec les diminutifs Estréelles (8), *Stratella*, Etreuille (9), *Stratolium*, et Etrayelles, *Stradella* (10). — Cauchy (deux), la Cauchie, *Calcea* (11), *Calciata*, chaussée, synomyme de *strata*, avec les diminutifs de Cauchiette (12), *Calciatella* et de Coquelles, *Calquella* (13). Un autre nom, Outreau, *Ultra aquam* (14), indique que la localité, par rapport à Boulogne, est située au de là de la Liane.

D'autres vocables topographiques ont été empruntés à l'aménagement du sol. Des terres récemment défrichées ont servi à désigner Essars, *in Sartis* (15) ; Sars le-Bois, *Sartum bosci* (16) ; le Sars, *Sartum*, mot qui sert de second

---

(1) *Le Thuiloye*, 1313 (Titr. et compt. d'Art., t. I, f° 67).
(2) Communes de Boursin, Colembert, Menneville, Réty, La Beuvrière, etc.
(3) H., commune de Brunembert.
(4) H., commune de Coquelles.
(5) H., commune de Desvres.
(6) *Stratæ*, 1024 (Guiman, p. 60).
(7) *Stratum*, 723 (Cart. Sith., p. 49).
(8) *Estrœles*, 1150 (Petit cart. de Dommart., f° 20 v°).
(9) H., commune de St-Michel.
(10) 1154-1159 (Cart. du chap. d'Arr., n° 28).
(11) XII° siècle (Bullet., Morin., t, IV, p. 453).
(12) H., commune de Divion.
(13) 1168 (Gall. Christ., t. X, inst., c. 405).
(14) 1145 (Ch. de Samer, p. 33).
(15) 1190 (Cart. de St-Barthél., n° 8).
(16) *Sartum*, 1096 (maison de Neufville, ch. cit., p. 58).

terme à Aix-en-Issart (1), *Aquæ in essartis* et qu'on retrouve avec un suffixe dans Sarton (2) et avec un qualificatif dans Beaussart (h.) (3).

Les terres mises en culture ont laissé leur extrait de baptême à La Couture, *Cultura* (4) et Couturelle, *Culturella*, couture de peu d'importance, comme le mot *rodium*, terre arable, à Rœux (5). Pelves, *Pabulæ* (6), est le pays des pâturages ; Bus, *Boscus* (7) et Bois-en Ardres (h.), indiquent un ancien bois ; il en est de même de Beaurains, *Bellus ramus* (8) et de Beaurainville, *Belli rami villa* (9), le village de la belle ramée. Le Parcq, *Parcus Hesdini* (10) s'est construit dans la partie enclose de la forêt d'Hesdin. Une forêt a donné son nom à Le Forest, *Foresta* et à Fortel (11), *Forestella*. Pommier (12), *Pomerium*, le verger, indique des arbres fruitiers ; Rivière (13), *Rivaria*, doit son nom à la rivière du Crinchon qui traverse la commune ; Longfossé, *Altum fossatum* (14), à d'anciens fossés profonds; Pas, *Passus* (15), au passage d'une rivière.

D'autres vocables champêtres ont été formés dans la seconde partie du moyen-âge, à l'aide de formes verbales : Canteleux (16), *Cantat lupus ;* Cantemerle (h.), *Cantat*

(1) *Aix en Lihart*, 1337 (Titr. et compt. d'Art., t. III, f° 51).
(2) *Sarton*, 1170 (Abb. de Cercamp. carton 1).
(3) *Bellum sartum*, 1230 (Teulet, lay., t. II, p. 198).
(4) 1154 (Cart. du chap. d'Arr., n° 28).
(5) *Rodium*, 1262 (Cart. du chap. d'Arr., n° 28).
(6) 1098 (Guiman, p. 66).
(7) 1245 (Ch. d'Art.).
(8) XIIe siècle (Guiman., p. 255).
(9) 1236 (Archives de Beaurainville).
(10) 1219 (Teulet, lay. du trés. des Ch., t. I, p. 498 a).
(11) *Forestiel*, 1252 (terr. de Dommart.).
(12) *Pomeriæ*, 765 (Taill., Rech., p. 347).
(13) *Rivaria*, 1209 (Cart. du chap. d'Arr., n° 113).
(14) 1179 (Cart. de Thér., p. 51).
(15) 1229 (Chap. de Lens, liasse 1).
(16) *Cantus lupi*, XIIe siècle (Cart. de Cercamp, p. 44).

*merula* ; Canteraine (h.) (1), *Cantant ranæ* ; Clenleu (2), *Clamat lupus*. Plumoison (3), Happes (h.) et Happegarbe (h.) impliquent l'idée de rapine. Dans Bapaume, *Batpalmas* (4), il est fait allusion à un fait de guerre qui a fait battre les mains d'allégresse (5). Les écarts de Coupe-Gueule (6) et Coupe-Gorge (7) indiquent des lieux peu sûrs. Ceux exposés au vent de bise sont dénommés Hurtebise (8), Hurbise, (9), ou bien Heurtevent (10) et Hurtevent (11).

Il ne nous reste plus qu'à énumérer quelques surnoms communaux indiquant une situation naturelle ou administrative, la plupart antérieurs au moyen âge : Aix-en-Gohelle (12), Arleux-en-Gohelle (13), Givenchy-en-Gohelle (14) rappelant une région naturelle, la Gohelle, *Gauheria* (15), où sont situées ces communes. — Gouy-en-Artois (16), dans le *pagus Attrebaticus*. — Gouy-en-Ternois (h.) dans le *pagus*

---

(1) H., communes d'Audembert, Carly, Courset, Lillers, St-Pol, Tollent — *Cantarana*, 1259 (Cart. de Cercamp, fº 69 rº).

(2) *Cleneleu*, 1181-1185 (Cart. de Thér., p. 55).

(3) *Plume Oyson*, 1321 (Ch. d'Art., A. 393).

(4) 1142 (Histor. de Fr., p. 675 D).

(5) Des mains figurent comme pièces honorables sur le blason de la ville.

(6) Commune de Warlencourt-Eaucourt.

(7) Communes d'Hardinghen et Réty.

(8) Commune de Febvin-Palfart.

(9) Commune de la Calotterie.

(10) Communes de Maninghen et de Questrecques.

(11) Commune de St-Venant.

(12) *Aix en Gohelle*, 1507 (Bouthors, t. II, p. 341).

(13) *Arleux en le Gohelle*, 1507 (Id., p. 342).

(14) *Juvenci'in Gauharia*, 1154-1159 (Cart. du Chap. d'Arr., nº 28.)

(15) Dénomination plutôt physique que politique correspondant à la partie occidentale de l'ancien doyenné de Lens. Gouy en était la localité principale et c'est le nom de ses habitants, *Gauharii*, qui a servi à désigner le territoire environnant.

(16) *Goy in Artesio*, 1226 (Abb. d'Etrun, carton 1).

*Tarnensis* ou comté de St-Pol. — Sailly-en-Ostrevent (1), dans le *pagus Austrebatensis* (2), devenu le comté d'Ostrevent, sont des souvenirs de circonscriptions administratives de l'époque franque. Un Saint-Michel était dit situé en *Orthiois* (3) et un Villers, Villers-au-Bois (4), dans un autre canton dénommé l'*Oreillemont*.

(1) *Salgi in Ostrevant*, 1036 (Guiman, p. 171).
(2) Ce *Pagus* correspondait à l'une des deux divisions du diocèse d'Arras, l'archidiaconé d'Ostrevent, formé, comme son nom l'indique, de la portion orientale de l'ancienne cité des Atrébates. Il devint le comté féodal d'Ostrevent, dont subsista seule la châtellenie de Bouchain, dans les derniers temps du Moyen-Age.
(3) *Sainct Miquiel en Orthiois*, 1469 (Arch. nat., J. 1003, f° 23 r°).
(4) *Vilers in Oreillemont*, 1219 (Cart. des chapell. d'Arr., f° 168).

# L'ENQUÊTE INDUSTRIELLE

de 1781-1782

## dans l'Intendance de Flandre et Artois.

COMMUNICATION FAITE PAR

### M. A. DE SAINT LÉGER

*professeur d'histoire des Provinces du Nord de la France
à l'Université de Lille.*

---

MESSIEURS,

Les documents d'importance générale, auxquels on peut avoir recours pour étudier les questions économiques de l'époque actuelle, ne font pas absolument défaut pour les siècles passés, mais sont peu nombreux. Dans les dépôts d'archives on rencontre souvent des requêtes et des mémoires qui ont été adressés aux autorités locales ou au pouvoir central par les villes, par les corporations, par les particuliers, afin d'obtenir des privilèges industriels ou commerciaux, mais ce sont là des pièces qui nous fournissent seulement des renseignements de détail. Les documents plus généraux, tels que les statistiques, les rapports administratifs à la suite d'enquêtes, etc... sont beaucoup plus rares, et on ne trouve pas fréquemment, pour une région déterminée, à une date donnée, une série de pièces qui se complètent mutuellement. C'est cet ensemble que nous fournit précisément le dossier conservé aux *Archives départementales du*

Nord, liasse 187, du fonds de *l'Intendance de la Flandre wallonne*, relatif à une enquête industrielle faite en 1781-1782, dans l'Intendance de Lille.

*\*\**

Voici à quelle occasion eut lieu cette enquête. Depuis le milieu du XVIII° siècle, étaient en présence les protectionnistes, partisans du système de Colbert, et les économistes, qui réclamaient la libre concurrence et la liberté absolue de fabrication. Lorsqu'un des disciples de Vincent de Gournay, l'illustre Turgot, devint contrôleur général des finances, on put croire que la cause de la liberté allait triompher. Turgot, en effet, supprima les corporations à Paris par son célèbre édit de février 1776, et annonça son intention de faire de même dans les autres villes. Malheureusement il fut disgracié.

Sa chute amena une réaction contre les doctrines des économistes : non seulement on ne supprima pas les corporations dans les villes de province, mais on s'empressa de rétablir celles de Paris. Plus que jamais, les grands centres industriels prétendirent faire observer leur monopole de fabrication et empêcher les habitants des villages de s'adonner à certaines industries. Partout, on en revint à l'observation très stricte des règlements techniques, qui déterminaient tous les genres de fabrication et qui empêchaient tout esprit d'initiative, toute innovation.

Telle était la situation lorsque Necker arriva aux affaires (1777). Le directeur général du trésor royal comprit qu'un pareil régime était mauvais et voulut établir un système intermédiaire entre l'exécution rigoureuse des règlements et la liberté illimitée. Le 5 mai 1779, il fit paraître des lettres-patentes (1) concernant les industries textiles. Considérant

---

(1) Lettres patentes du roi, concernant les manufactures, 5 mai 1779, dans le t. VIII, p. 243-249 du *Recueil des édits, déclarations, lettres-patentes, etc., enregistrés au Parlement de Flandres*. Douai, 1785-1790. 12 vol. in-4°.

que « si les règlements sont utiles pour servir de frein à la
» cupidité mal entendue et pour assurer la confiance publi-
» que, ces mêmes instructions ne doivent pas s'étendre
» jusqu'au point de circonscrire l'imagination et le génie
» d'un homme industrieux, et encore moins jusqu'à résister
» à la succession des modes et à la diversité des goûts... »,
Necker confiait d'abord à chaque ville de manufacture le
soin de simplifier les règlements existants et de les adapter
au temps et aux besoins actuels ; de plus, il accordait à tous
« la liberté absolue de faire telle étoffe nouvelle ou différente
[des anciennes] qu'ils jugeront à propos ». Pour prévenir les
acheteurs au premier coup d'œil, les produits de ces deux
genres de fabrication devaient porter des marques distinc-
tives : Les tissus connus et réglés auraient, comme auparavant, les lisières indiquées dans les anciens règlements
et porteraient de plus, aux deux extrémités, la dénomination
de la pièce, le nom du fabricant et du lieu de fabrique. Quant
aux étoffes libres — c'est-à-dire fabriquées en dehors des
règles techniques, seules admises jusqu'alors — elles seraient
reconnaissables à leurs lisières différentes et à un plomb
distinct. Dans ces conditions, la liberté de fabrication était
assurée, puisqu'il était permis de suivre les règlements ou
de les négliger, et d'autre part les acheteurs ne pouvaient
pas facilement être trompés sur la nature de la marchandise.

Pour compléter ces mesures, des lettres patentes du
1er juin 1780 (1) établirent des bureaux de visite et de
marque des étoffes dans les principaux centres de fabrication,
puis des lettres patentes du 4 juin 1780 (2) et du 28 juin (3)

---

(1) Lettres patentes du 1er juin 1780 portant établissement des bureaux de visite et de marque des étoffes. *Archives municipales de Lille*. Registre aux édits. Année 1780, p. 173-179.

(2) Lettres patentes du 4 juin 1780, portant règlement pour la fabrication des étoffes de laine. *Archives de Lille, ibidem*.

(3) Lettres patentes du 28 juin 1780 portant règlement pour la fabrication des toiles et toileries. *Recueil d'édits*, t. VIII. p. 312.

de la même année simplifièrent la disposition des anciens règlements.

Enfin, Necker comptait ajouter à ces dispositions générales des prescriptions particulières, spéciales aux différentes généralités du royaume. Dans cette vue, il ordonna une enquête, et le Conseil du commerce demanda aux intendants des éclaircissements sur toutes les branches d'industrie établies dans les provinces. Malgré la retraite du directeur général du Trésor (mai 1781), l'enquête se poursuivit (1).

Le 11 septembre 1781, un des intendants du commerce, Blondel, s'adressa à l'intendant de Lille, Alexandre de Calonne et le pria de lui donner pour sa généralité des renseignements sur 1° l'état des manufactures et des fabrications les plus usitées ; 2° les différentes dénominations des étoffes courantes, 3° les principaux lieux de fabrique. « Pour les Flandres et l'Artois — écrivait Blondel — il serait peut-être utile de rédiger une loi particulière pour les manufactures, d'établir des bureaux de visite et de marque... et d'assimiler ces provinces aux autres généralités du royaume, relativement à la partie du commerce (2). Il serait peut-être également essentiel de nommer un inspecteur dont la mission aurait pour objet de travailler sous vos ordres, d'assurer l'exécution des règlements, d'éclairer les fabricants sur les procédés que l'expérience et l'industrie ont fait adopter dans les principales manufactures du royaume et d'éclairer le

---

(1) Le 9 août 1781, il parut même des lettres patentes pour la fabrication des toiles et toileries dans les généralités de Flandres et du Hainaut. *Recueil d'édits*, t. VIII. p. 367-369.

(2) Les pays de l'intendance de Lille (Flandre maritime, Flandre wallonne et Artois) formaient avec ceux de l'intendance de Valenciennes (Cambrésis et Hainaut français) un groupe de provinces *réputées étrangères*, au point de vue du commerce. Ce groupe était compris entre deux lignes de douanes, l'une qui le séparait des provinces du centre ou pays des cinq grosses fermes, l'autre à la frontière du royaume. Voir *infra* les plaintes à ce sujet, notamment celles du subdélégué de Saint-Omer.

Conseil sur tout ce qui peut avoir rapport aux progrès du commerce et de la fabrication, ainsi qu'au maintien des règlements. »

L'intendant de Calonne fit écrire en conséquence aux Chambres de commerce et à ses subdélégués pour obtenir les renseignements demandés. Ni les subdélégués, ni les Chambres de commerce ne s'empressèrent de répondre et, en décembre 1782 — c'est-à-dire plus d'une année après — l'intendant n'avait pas encore pu réunir les éléments nécessaires pour rédiger un travail d'ensemble. Dans une lettre adressée à Blondel, de Calonne s'excusait de son mieux et lui promettait d'envoyer le résultat de son enquête dans le courant de janvier 1783. Nous n'avons pas le rapport de l'intendant de Calonne, mais les documents qui ont servi à l'établir sont suffisamment nombreux et explicites pour qu'il soit possible, en les complétant les uns par les autres (1) de retracer la situation de l'industrie, surtout de l'industrie textile dans la *Flandre wallonne*, dans la *Flandre maritime* et dans l'*Artois*, vers 1782.

*\*\**

Dans la *Flandre wallonne*, c'est à Lille et aux environs que se trouvent les principales manufactures.

Dans la *ville de Lille* il faut citer :

Une manufacture royale d'*indiennes* ou de toiles de coton imprimé. La guerre contre l'Angleterre, entreprise pour soutenir les colons anglo-américains, révoltés contre la métropole, fait un tort considérable à cette industrie par suite de la difficulté de se procurer du coton blanc des Indes.

(1) Tous ces documents, la lettre de Blondel à Calonne du 11 septembre 1781, la lettre de Calonne à Blondel du 19 décembre 1782, les Mémoires des Chambres de commerce de Dunkerque et de Lille, les réponses des subdélégués, etc. se trouvent aux *Archives départementales du Nord, fonds de l'intendance de la Flandre wallonne, liasse 187.*

Une fabrique de *croisés de six-quarts, bataves, crépons, gros de Tours, florences* et autres *étoffes de soie*. Jusqu'ici ces étoffes étaient fabriquées seulement à Avignon, à Nîmes et dans les Pays-Bas autrichiens. On produit maintenant des *failles*, qui valent celles d'Anvers, mais qui sont moins bien teintes. S'il était permis d'envoyer teindre à Anvers les soies destinées à cette fabrique, les Lillois pourraient faire concurrence aux Anversois dans le commerce avec l'Angleterre.

Plusieurs manufactures de *draps communs et fins, pinchinats, estamets* ou *tricots*, propres à l'habillement des troupes. Cette fabrication s'est perfectionnée dans ces dernières années et la vente de ces étoffes s'augmenterait dans l'intérieur du royaume, si les droits, qui se lèvent à l'entrée des provinces des cinq grosses fermes étaient moins forts.

Plusieurs manufactures de *bourgeterie* et de *sayetterie*. Les bourgeteurs et les sayetteurs fabriquent les mêmes étoffes de laine, à l'exception des *camelots « blanc et bleu »* et de quelques autres ouvrages réservés aux derniers. Il y aurait intérêt à réunir ces corporations en une seule, afin de supprimer cette cause de conflits continuels. La fin des procès ranimerait l'émulation « engourdie par les privilèges exclusifs et particuliers et porterait les fabricants à perfectionner leurs ouvrages. »

La sayetterie et la bourgeterie ont des bureaux de visite et des tribunaux spéciaux. Les bureaux de visite sont composés de six auneurs jurés, nommés *égards*, et des deux mayeurs, nommés *haubancs*. Les fonctions des égards consistent à vérifier la qualité et la bonne fabrication des pièces qu'on leur apporte pour recevoir le plomb. Les étoffes, qui ne sont pas conformes aux règlements, sont déférées aux haubancs. Si la contravention est de peu d'importance, les haubancs font couper la moitié des deux bouts de la pièce ou bien appliquent le plomb portant la mention suivante :

*défectueux court ; défectueux étroit.* Si la contravention est plus considérable, ils adressent un rapport au siège de la sayetterie, qui prononce une amende proportionnée au délit. Le plus ancien des haubancs est commissionné par l'intendant pour faire des visites chez les magasiniers, teinturiers, apprêteurs, et pour opérer la saisie des étoffes qui ne seraient pas conformes aux règlements.

Plusieurs manufactures de *toiles rayées ou à carreaux*, de toutes les couleurs, *toiles à matelas, coutils* pour vêtements de chasse, pour tentures, etc... C'est une des industries les plus considérables de la ville. Les produits s'en exportent surtout aux colonies. — Les tisserands n'ont point de règlements particuliers. Ils sont assujettis aux règles et au bureau de la bourgeterie pour les étoffes qu'ils fabriquent au même titre que les bourgeteurs ; pour les toiles en couleur, la fabrication est libre. — La Chambre de Commerce de Lille demande qu'ils soient soumis à des règlements fixes, ce qui pourrait se faire très simplement en réunissant en une seule corporation les trois métiers rivaux des bourgeteurs, des sayetteurs et des tisserands.

Des fabriques de *fil à coudre, à broder et à faire dentelles.* C'est une industrie très importante, qui occupe un très grand nombre de personnes. Malheureusement il n'y a pas, à Lille, assez de blanchisseries, si bien que les fabricants ne peuvent suffire aux demandes et qu'ils sont souvent obligés d'employer du fil qui n'a pas toute la blancheur désirable.

Des fabriques de *dentelles, de bas et de bonnets de laine et de coton*, etc.

On trouve encore l'indication de :

quelques *raffineries de sel*, une *verrerie de bouteilles et de verres blancs*, établie récemment.

Une douzaine de *raffineries de sucre* dans l'inaction depuis que la guerre avec l'Angleterre entrave l'importation des sucres bruts.

Des *tanneries*, des *fabriques d'amidon* et de *savon noir*, toutes en déclin par suite des nouveaux droits sur le cuir, sur l'amidon et sur les huiles.

Dans la *châtellenie de Lille*, l'industrie est également très répandue.

Aux portes mêmes de la ville, 400 moulins à vent fabriquent des *huiles de colza et de lin*.

A *Lannoy*, on tisse des *calemandes* de toute espèce, des *moquettes* et *velours façon d'Utrecht* pour tenture d'appartement.

A *Roubaix* et dans les villages des environs, on compte plusieurs manufactures de *calemandes unies, rayées, damassées* ; de *prunelles* en laine, et laine et soie, de *ninas* ou *serges de Rome*, de *bazins*. Il y a quatre jurés-gardes, chargés de saisir les étoffes qui ne sont pas conformes aux règlements.

A *Tourcoing*, on fabrique les mêmes étoffes qu'à Roubaix, mais le grand commerce consiste surtout dans la vente des filés de laine, non seulement aux fabricants de toute la région, mais à ceux d'Amiens, de Lyon et de Nîmes et aux bonnetiers de Paris et d'Orléans.

A *Armentières*, à *Halluin* et à *Comines*, manufactures de *toiles à matelas* et de *toiles à carreaux bleus et blancs*, appelées *gingas*. Ces marchandises font concurrence aux produits de la tisseranderie lilloise. Aussi la Chambre de commerce de Lille propose-t-elle de soumettre les tisserands de ces villes aux mêmes règles que ceux du chef-lieu.

En résumé, la production de Lille et des localités de sa châtellenie est considérable. La Chambre de commerce l'évalue à plus de vingt-quatre millions de livres par année.

L'importance industrielle de la *ville* et du *bailliage de Douai* est beaucoup moins grande. Le subdélégué de l'intendant rappelle que plusieurs manufactures de draps, établies à Douai, furent ruinées au XVIe siècle, à la suite des troubles religieux qui occasionnèrent l'émigration des principaux fabricants, et surtout à cause de la supériorité de la fabrication lilloise.

Au commencement du XVIII<sup>e</sup> siècle, le sieur Ivin a monté une manufacture de *bouracans, camelots, peluches façon d'Utrecht*. Elle eut, à un moment, 300 métiers occupant 3.000 ouvriers. La concurrence des produits anglais dans le commerce du Portugal et de l'Espagne en amena le déclin, jusqu'au moment où elle fut complètement abandonnée, vers 1763.

Le Bureau de charité, créé par le Magistrat pour donner des secours aux malheureux, a fait établir plusieurs ateliers de *filature de laine*. Les administrateurs font chaque année leurs approvisionnements en matière première. Les laines brutes sont travaillées dans une peignerie. Les ouvriers reçoivent chaque semaine le gain net de leur travail. Cette filature vient de donner naissance à deux manufactures, dont l'établissement a été encouragé par l'administration municipale : une manufacture de *camelots*, qui fait battre dix à douze métiers ; une manufacture de *molletons* et de *rasies* dont l'importance est à peu près la même. L'administration municipale donne une pension à un teinturier, mais des apprêteurs font défaut.

Il n'y a, à Douai, ni gardes-jurés, ni bureau de visite ; le Magistrat veille à ce que les camelots soient fabriqués conformément aux règlements de Lille. Les étoffes sont marquées d'un plomb aux armes de la ville.

On trouve encore dans la ville plusieurs fabriques de *fil à coudre et à faire dentelles*, dont l'une, celle de Forceville, emploie 15 à 16 moulins ; plusieurs *tanneries, savonneries, raffineries de sel*, etc.; à signaler enfin l'établissement tout récent d'une fabrique de *poteries en grès d'Angleterre*.

Dans le *plat pays*, il y a seulement quelques *tisserands*, qui font des toiles pour leur usage personnel et qui travaillent à façon pour les particuliers. Cette industrie n'est pas règlementée. On a établi un bureau pour marquer les toiles (arrêt du Conseil du 9 août 1781), mais aucune pièce ne lui a encore été présentée.

*_*_*

La *Flandre maritime* (arrondissements actuels de Dunkerque et d'Hazebrouck) est un pays surtout agricole. L'industrie n'y avait que très peu d'importance.

La Chambre de Commerce de *Dunkerque* fait savoir à l'intendant que la ville est « absolument sans manufactures ».

Le subdélégué de *Bourbourg* écrit qu'il n'y a pas dans sa circonscription une seule fabrique.

Celui de *Gravelines* dit que « les habitants ne subsistent que du commerce qu'ils entretiennent avec la troupe. »

Celui de *Bergues* s'exprime ainsi : « Il n'existe maintenant aucune manufacture ni fabrique dans cette châtellenie. On est obligé de recourir chez les voisins pour avoir tous les draps et toiles dont on a besoin. La filature y est même négligée, quoique par sa position à portée de Dunkerque et par la quantité de lin qu'on y recueille chaque année, on pourrait y fabriquer de belles toiles. La raison, je crois, de ce manquement d'industrie provient de la quantité de pareilles manufactures qui se trouvent dans la Flandre, et qu'il n'y a personne assez riche pour oser commencer un semblable établissement. M. Coppens avait voulu, passé plusieurs années, établir une manufacture de toiles à carreaux à Hondschoote. Il a été obligé de cesser faute de débit.

» Il serait bien à désirer qu'il y en eut pour occuper une quantité de fainéans qui se trouvent ici et qui ruinent les tables des pauvres et les paroisses. Les administrateurs de cette ville viennent de former un établissement qui, par la suite, s'il est secondé, pourra être très avantageux et être suivi par toute la châtellenie. Ils ont une *école de travail* où on apprend les enfans de l'âge de six à sept ans à filer du coton et du fil. Ils se proposent par la suite, lorsque le nombre en sera plus grand, et qu'ils auront des fonds, de faire faire des voiles pour les vaisseaux. Peut-être que ce commencement de travail pourra donner l'idée de faire quelques ouvrages plus considérables et plus utiles à la province. »

A *Bailleul*, il n'y avait, d'après le subdélégué, qu'une *fabrique de fil*, dont le règlement avait été approuvé par l'intendant Caumartin, un certain nombre de *dentellières* et beaucoup de *fabricants de toiles* dans les environs. Les lettres patentes du 1er juin 1780 n'étaient pas exécutées et leur application entraînerait beaucoup d'ennuis et des frais considérables.

Tout le long de la vallée de la Lys, aussi bien dans la partie qui dépendait de l'Artois que dans celles qui se rattachaient à la Flandre wallonne et à la Flandre maritime, on s'occupait de la *fabrication des toiles*. A *Aire*, à *Merville*, à *Estaires*, à *La Gorgue*, à *Laventie*, à *Armentières*, c'était la spécialité. A Merville notamment, une manufacture de *nappes et serviettes* occupait 200 ouvriers et fournissait de l'ouvrage à 800 filtiers environ. Les manufactures n'étaient soumises à aucun règlement, si ce n'est pour les linons et les batistes. Les lettres patentes du 28 juin 1780, bien que très favorables en général, puisqu'elles simplifiaient les anciens règlements, ne sont d'aucune utilité et leur application déconcerterait les fabricants. Il n'y a ni corporation ni bureau de visite. Le plomb d'outil est apposé, quand on commence à tisser la pièce, par les gens de loi des bourgs et villages. Au marché, soit avant la vente, soit après, la pièce reçoit le plomb de la province et une marque indiquant l'aunage. L'exécution rigoureuse de l'arrêt du Conseil du 9 août 1781, qui a établi à Douai un bureau pour la visite et la marque des toiles, causait aux fabricants une grande perte de temps et d'argent.

A *Aire sur-la-Lys*, outre la manufacture de *faïences* de Jacques Dumetz, il faut citer la manufacture Wallart, dont il sort des *toiles d'ameublement*, des *toiles à matelas*, des *mouchoirs* et du *coton à tricoter*. Cette fabrique décline, on ne travaille plus qu'avec quatre métiers au lieu de dix.

Ce n'est pas seulement dans ces petites villes, mais dans toute la campagne que l'on fabrique des toiles. Le subdélégué de Merville écrit : « Il n'y a presque pas de ménager ou petit locataire, lesquels sont très nombreux dans cette partie de la province, qui ne fabrique au moins une pièce de ces étoffes chaque année ; laquelle est pour la plupart d'une très grande ressource ; car occupant très peu de terre, et ne récoltant par conséquent pas plus qu'il ne faut pour leur consommation, c'est le seul objet dont ils peuvent faire de l'argent pour payer leur loïer et qui les met à même de pouvoir subsister. »

*..*

L'industrie textile n'est pas non plus très développée dans la province d'*Artois*.

Il n'y a de manufactures d'étoffes ni à *Arras*, ni à *Lens*, ni à *St-Venant*, ni dans *le plat-pays*. A *Béthune*, la fabrication des *toiles* « fait une branche de commerce assez étendue ». Les ouvrages sont confectionnés par les tisserands selon le goût de ceux qui les leur commandent.

Le subdélégué de *St-Omer* rappelle que cette ville possédait jadis 500 métiers à usage de la draperie, mais que les guerres, les rigueurs dont on a usé à l'égard des calvinistes, etc., ont ruiné cette industrie. « Les lois prohibitives, établies à l'entrée des Pays-Bas cédés à la Maison d'Autriche ont fermé la porte à toute exportation dans ces provinces. L'Artois, quoique réunie à la couronne de France, a néanmoins continué d'être considérée comme province étrangère et soumise à payer des droits exorbitants à l'entrée du reste du roïaume, en sorte qu'il ne restait pour la circulation des marchandises que les parties de la Flandre et du Hainaut que la France a conservées ; mais cette étendue était trop bornée pour donner une nouvelle activité aux manufactures. Néanmoins les officiers municipaux de St-Omer firent des efforts pour en ramener quelque branche ; ils donnèrent des encouragements considérables ; ils rappelèrent quelques manufacturiers de draperie qui formèrent des ouvriers par l'établissement desquels les manufactures se sont multipliées, mais elles resteront dans un état de faiblesse et de langueur aussi longtemps que l'exportation de leurs marchandises restera bornée comme elle l'est de toute part... »

Les fabrications les plus usitées sont les *draps façon d'Elbeuf*, les *draps croisés*, appelés *pinchinats* et les *serges de laine*. Pour les draps on compte quarante métiers environ dans la ville ; les serges se font dans les villages voisins.

La manufacture la plus importante est celle des *bas de laine et de fil*.

« Le seul moyen, écrit le subdélégué, de faire subsister les manufactures a été de les laisser absolument libres, et l'on ne s'est pas encore aperçu que les manufacturiers aient abusé de cette liberté ». Tout ce qu'on exige est le plomb de la ville et le plomb du fabricant pour les marchandises exportées. « Il me semble, ajoute le subdélégué, que cette précaution est suffisante ».

A *Bapaume* et dans tous les villages de la subdélégation, on fabrique des toiles appelées *batistes* ou *linons* et connues plus communément sous le nom de *Cambray*. C'est une industrie très prospère, qui produit pour plus d'un million tous les ans.

Il a été établi, en 1780, à *Saint-Pol*, une manufacture pour les *étoffes de laine*. Placée sous la protection et sous la surveillance des Etats d'Artois, cette fabrique avait rapidement prospéré : 200 métiers étaient en activité.

Le subdélégué d'*Hesdin* donne des renseignements intéressants sur l'industrie des *bas au métier*, la seule importante de sa subdélégation. Les bas se fabriquent pour les 7/8 en fil, pour 1/8 seulement en laine. Un métier, sous la main d'un bon ouvrier, peut faire sept paires de bas par semaine, mais il faut compter qu'en moyenne quatre métiers donnent vingt-quatre paires. La ville d'Hesdin renferme 200 métiers ; dans le plat-pays, en y comprenant *Fruges* et *Auxi-le-Château*, on en compte 600. La production totale peut s'élever à environ 240.000 paires de bas par an. Le prix à Hesdin varie de 15 l. à 45 l. la douzaine, suivant la qualité.

Cette fabrique n'est assujettie à aucun règlement, à aucune visite, marque ou inspection, et cependant sa réputation se soutient et prend faveur de jour en jour. « Il y aurait peut-être du danger à introduire des nouveautés au préjudice de cette grande liberté, à la faveur de laquelle cette fabrique se soutient peut-être mieux par la bonne foy et sa réputation qu'il n'en arriverait sous la gêne d'aucuns règlemens. » Le droit d'entrée dans le royaume, qui s'élève à 30 sous du cent pesant, plus les sols par livre, porte un grand préjudice à cette fabrication.

*<sub>*</sub>*

Tels sont les renseignements qu'on peut dégager des mémoires et des lettres adressés à l'intendant par ses subdélégués et par les Chambres de Commerce de Dunkerque et de Lille. Ils nous permettent de nous faire une idée précise, sinon complète, de l'activité industrielle dans l'intendance de Lille, qui a formé une bonne partie des départements actuels du Nord et du Pas-de-Calais.

On voit que les industries textiles sont réellement importantes, que les grandes fabriques sont rares et que le nombre de fabricants travaillant à façon ou pour leur propre compte est très grand.

Constatons encore que la corporation, loin d'être le régime le plus répandu, est l'exception et que la plupart des métiers sont libres ; que les fabricants se prononcent pour la liberté — à moins qu'elle n'atteigne directement leur monopole — et pour la suppression des barrières douanières entre les pays conquis et les provinces des cinq grosses fermes.

Remarquons enfin que, sous l'influence des économistes, les pouvoirs locaux se préoccupèrent plus que jamais de rechercher les meilleurs moyens de développer l'industrie et le commerce. C'est ainsi que l'on voit des municipalités, comme celles de Douai et de Bergues, créer des ateliers de charité, en vue d'habituer au travail des gens qui ne vivaient que de mendicité, et aussi dans l'espoir de déterminer l'établissement de nouvelles industries dans le pays.

A. de Saint-Léger.

# MON ENQUÊTE

sur

# LA COLONNE MILLIAIRE

### de Devernia

(Desvres. — Pas-de-Calais).

**Par M. Alph. LEFEBVRE**

---

Messieurs,

Les anciens, parmi nos contemporains, se rappellent encore d'une haute borne en pierre qui se trouvait à *Desvres*, au lieu dit : *La Belle Croix*. Délaissée, sans emploi, gênante même, quelqu'un la fit transporter rue des Tanneries qui est proche, pour garantir des voitures un toit qui excédait désagréablement sur la voie publique. Il y a peu d'années, on la voyait encore en cet endroit, et nul ne s'en est préoccupé, n'ayant aucune idée de sa rareté et de sa haute valeur archéologique.

L'étude que nous entreprenons a pour but de démontrer qu'il s'agit très vraisemblablement d'une *borne milliaire*, remontant à l'époque romaine.

On a beaucoup vanté, avec juste raison, les voies militaires établies par les Romains dans leur Empire et jusque dans leurs conquêtes lointaines, pour assurer le passage des légions et maintenir chaque pays sous leur dépendance. La

Morinie en fut dotée et parmi les grands chemins qui la sillonnaient, nous citerons celui reliant la capitale Thérouanne avec Gesoriacum ou Bolonia (Boulogne) (1). Cette voie principale dénommée depuis, — comme tant d'autres, — *Chemin Brunehaut*, passait venant de Baincthun et Wirwignes, à l'angle et sur la droite de Desvres, au hameau dit encore *La Chaussée* (2), pour gagner, par le pied du Mont-Hulin, la montagne qui délimite la *Fosse Boulonnaise*.

Pour marquer les distances et indiquer les directions, nos conquérants, à l'instar de nos pays avaient échelonné, le long de ces routes des repères (comme nous faisons maintenant avec les bornes kilométriques) tous les milles pas et aux carrefours, au moyen de colonnes de pierre posées sur un petit soubassement carré. C'est sur ces colonnes qu'on gravait la mention indicatrice. Elles sont connues dans l'histoire sous le nom de *colonnes milliaires* (3).

Voici la description de celle que nous attribuons à Desvres. — Il s'agit d'un simple fût de colonne (son soubassement a disparu) ayant les dimensions approximatives suivantes : hauteur $1^m40$ à $1^m50$ ; diamètre du pied $0^m50$ à $0^m60$, diamètre se rétrécissant un peu en montant, c'est-à-dire avec un léger *fruit*, comme en architecture. De plus, il y avait un trou d'environ 0 m. 10 à 0 m. 12 creusé au centre du sommet. — Tout ceci résulte de notre enquête personnelle.

Il faut, avant toute discussion, se faire une idée exacte de ce qu'étaient les *pierres milliaires*. Il s'en trouvait de différentes grandeurs : aussi ne faut-il pas s'attacher exclusive-

---

(1) Voir Bergier, *Histoire des grands chemins de l'Empire.*

(2) La Municipalité de Desvres, sur l'initiative de son maire, M. Félix Vincent, a eu le bon esprit, afin de rappeler ce souvenir historique, de dénommer *Boulevard Brunehaut* toute la partie du chemin empruntant l'ancienne voie romaine et allant de *La Belle Croix* au haut du *Caraquet*.

(3) Sur certains points dans les Gaules, l'indication est marquée en *lieues gauloises.* (J. de Bast, *Antiquités*, Gand, 1813).

ment à celles de ces pierres quelquefois reproduites dans les recueils illustrés, qui ont adopté les plus beaux types. A Rome, il y avait une borne centrale agrémentée d'or, qui avait un aspect vraiment monumental. En Italie, elles étaient assez hautes, reposaient sur un véritable piédestal et possédaient un couronnement. Dans les pays conquis, éloignés de la métropole comme dans les Gaules par exemple elles se trouvaient au contraire moins grandes et beaucoup plus simples. Il faut en excepter pourtant celles portant une inscription compliquée, pour rappeler que tel Empereur, ou tel haut personnage, a établi ou réparé la voie, ou encore placées à des croisements de route pour remarquer la direction des différentes branches de cette voie. Aucun de ces cas particuliers ne s'applique à Desvres.

Notre *colonne milliaire* était du modèle le plus ordinaire, et Dom Grenier dans son *Introduction à l'Histoire de Picardie*, en cite une tout-à-fait semblable, découverte dans les environs de Soissons (1) et qu'il décrit ainsi :

« Le fût de la colonne porte quatre pieds dix pouces de
« haut, quatre pieds neuf pouces de circonférence pour le
« bas et quatre pieds cinq pouces pour le haut. Sa base a
« quatorze pouces de hauteur et chaque face deux pieds deux
« pouces de largeur. »

Et réduisant ces dimensions en mesures nouvelles métriques, on voit que nous cotoyons la vérité.

Il est certain qu'on pourrait en objecter qu'on n'a pas remarqué d'inscription sur notre colonne ; mais cela peut se concevoir, n'ayant pas l'esprit éveillé sur son existence, et l'action du temps, après 17 ou 18 siècles, pouvant en avoir atténué ou même effacé toute marque apparente.

Cette inscription devait d'ailleurs être bien concise : deux lettres M P *(Mille passus)* et quelques jambages pour chiffres

---

(1) Montfaucon *(Antiquité expliquée)* et Moreau de Mantous *(Histoire de l'Académie des Inscriptions)* en parlent également.

romains. A rappeler que la distance entre Thérouanne et Boulogne n'était que de XVIII milles ou lieues gauloises, d'après l'itinéraire d'Antonin, — ce qui paraît peu — et que Desvres se trouve peut-être à un tiers de la route.

Une autre considération est encore à faire valoir en faveur de la thèse, c'est le trou carré qui existe au sommet de la colone Desvroise. On a signalé la même cavité sur celle trouvée à Soissons, dont il a été parlé plus haut, Dom Grenier dit à ce propos : « Le trou qui est creusé au-dessus annonce qu'elle n'est point entière. »

Ce n'est pas la raison, et en voici la preuve.

Tous les auteurs anciens et ceux qui les ont commentés depuis, sont d'accord pour reconnaître qu'au Moyen-Age un grand nombre de monuments payens étaient remplacés ou transformés en édifices ou en symboles chrétiens. Dans les Flandres, en Artois comme en Picardie, on pourrait citer de multiples exemples de ces changements d'ordre religieux. En Boulonnais même, bien des chapelles ont été élevées sur l'emplacement de temples romains. Il en fut de même pour les *calvaires*, toujours placés sur les routes, aux bifurcations de chemins, non loin des centres habités. On se servit assez souvent des *colonnes milliaires*, juste à portée et sans frais de fondation, pour y planter des *crucifix* (1) toujours de moyenne dimension et tout en fer forgé. Il existe un peu partout des lieux dits qui rappellent cela : *Haute-Borne, Pierre-de Saint, Colon-Villers, La Pierre, Pierrefite, Pierregot, La Croix, La Croisette,* etc.

Or, c'est ce qui a dû arriver à Desvres, au carrefour de *La Chaussée*. On aura utilisé la borne milliaire qui devait

---

(1) Montfaucon, qui écrivait en 1719, dit dans son *Antiquité expliquée* : « Le trou qui est à la surface de dessus peut avoir été fait dit-on, *pour y planter une croix*, mais je ne sai si ceux qui le disent ont bien conjecturé. » C'était donc déjà l'opinion des savants il y a deux siècles.

s'y trouver pour y installer un crucifix de fer et c'est depuis ce temps, déjà fort reculé, que l'endroit a été appelé : *La Belle Croix* (1). Cela explique surabondamment le trou en question, qu'on a creusé exprès pour en sceller le pied. — Quand, à la Révolution, les calvaires furent abbattus, Desvres suivit le mouvement (2) ; l'ancienne borne romaine resta dépouillée de son ornement et fut laissée à l'abandon... On connait le reste.

Nous pensons en avoir dit assez pour prouver que, selon toutes les probabilités, la colonne qui exitait à Desvres était bien une Borne milliaire romaine,

Mais cette colonne avait disparu et c'était vraiment fort dommage ! Nous nous empressons d'ajouter que, heureusement, elle n'est pas tout à fait perdue. Voici le résultat de nos recherches. — Le propriétaire du mur contre lequel on l'avait adossée, comme nous l'avons dit en commençant, a trouvé avantageux de s'en servir comme matériaux en réédifiant ce mur ; elle a été employée dans la fondation, mais sans être brisée, affirme t-on, car elle sert de pied à deux arcs-boutants qui allègent la construction. Quoique aujourd'hui enterrée, nos descendants pourront la retrouver, dans

---

(1) Voici ce qu'on lit à l'article Desvres, par l'abbé D. Haigneré, dans le *Dictionnaire historique et archéologique du Pas-de-Calais* : « La Belle Croix, carrefour formé par le croisement de la voie « romaine avec la route départementale de Boulogne à St-Pol. Peut « être y avait-il en cet endroit une *borne milliaire* sur laquelle, comme « en plusieurs autres lieux, *la croix prit la place* de l'aigle impérial (?) « C'est une remarque judicieuse de M. Chotin, dans ses étymologies « du Brabant et du Hainaut. » Ainsi, tout en admettant l'existence de la *colonne milliaire de Desvres*, le savant auteur boulonnais penche pour la solution que nous préconisons.

(2) C'était sous l'administration de M. Framezelle-Dezoteux, qui était maire de Desvres en 1792.

l'avenir, à neuf mètres de l'angle nord-ouest du bâtiment élevé sur la rue et délimitant la tannerie Lengagne, presque en face de la ruelle Framezelle.

Nous estimons qu'il est d'un réel intérêt pour la science de signaler le fait et de lui donner la publicité.

*Boulogne-sur-Mer.*      Alphonse Lefebvre.

# RAPPORT SOMMAIRE

SUR

# LES MONUMENTS HISTORIQUES

classés et à classer

du département du Pas-de-Calais.

par M. Roger RODIÈRE

Messieurs,

J'étais, tout récemment, au cours d'un lointain voyage, lorsque l'honorable Président de l'Académie d'Arras me demanda, par lettre, si je consentirais à lire au Congrès un rapport sommaire sur les Monuments historiques de notre département. J'eus l'imprudence d'accepter ; lorsque je voulus me raviser, il était trop tard ; j'étais imprimé tout vif à mon rang de séance, sur le programme que vous avez reçu en temps et lieu. Tant pis pour moi et tant pis pour vous. Car, au lieu d'un mémoire sérieusement étudié et documenté, tel que plus d'un de nos confrères aurait pu le composer, je ne puis vous livrer que quelques notes hâtives, décousues et sans valeur d'érudition ; revenu à peine d'une longue absence, je n'ai eu le temps de revoir à loisir, comme je l'aurais voulu, ni les édifices eux-mêmes (dont la plupart m'étaient mal connus), ni les ouvrages qui traitent de leur histoire et description. Ce n'est donc pas une formule de style, un cliché, pour moi, que de solliciter votre indulgence ; si je la réclame, c'est que j'ai conscience d'en avoir besoin surabondamment.

J'ai seulement voulu, dans les quelques pages qui suivent, énumérer pour ceux d'entre vous qui sont étrangers à notre contrée, les rares monuments du Pas-de-Calais qui sont classés sur la liste officielle, et aussi ceux qui, à mon sens, mériteraient d'y être inscrits. Je tâcherai de justifier, par une indication très brève, les demandes de classement que je proposerai au nom du Congrès s'il veut bien y donner son assentiment.

### I.

Je viens de parler des *rares* monuments classés de notre département. En effet, le Pas-de-Calais est un des départements les plus déshérités de France, à ce point de vue : on verra plus loin qu'il ne compte que treize monuments historiques *officiels ;* encore faudra-t-il en supprimer un, qui a disparu depuis de longues années.

Cette pénurie étonne et choque sans doute ; notre département n'est certes pas des plus riches en édifices anciens, mais sans approcher de l'opulence architecturale de l'Oise, par exemple, qui compte plus de 60 monuments classés, il ne s'éloigne pas très sensiblement du bilan de tel autre département qui en catalogue à peu près autant. Pourquoi donc cet ostracisme ? Et quel est le mauvais génie qui s'acharne à proscrire nos monuments artésiens et boulonnais, à empêcher leur classement, bien plus, à les faire déclasser, comme il advint, on ne sait pourquoi, à la belle tour romane de Guarbecques ?

Quoi qu'il en soit, le Pas-de-Calais a eu longtemps et a même encore mauvaise réputation auprès des archéologues officiels. L'expression la plus notoire de ce mépris de commande fut le *Rapport sur les Monuments historiques de France*, rédigé par Vitet en 1831, à la demande du ministre de l'Intérieur. On y lit qu'il n'y a pas dans le Pas-de-Calais un édifice entier dont la construction remonte au-delà de l'an 1500, ou tout au plus de 1450. « Généralement parlant », dit l'auteur, « un édifice de 150 ans est, dans ce pays une sorte de rareté ». Et il donne de ce fait une raison bizarre : « Les hommes sont, chez nous, trop nombreux, trop riches, trop industrieux, pour que le sol ne change pas de face, sous leurs mains, toutes les deux ou trois générations ; la fièvre de construire règne là en permanence ».

Vitet exagérait, sans nul doute ; quelle que soit la pauvreté relative de l'Artois et du Boulonnais, en fait de monuments, elle n'est pas telle que le pensait et le disait cet archéologue. Je n'en veux pas d'autre preuve — pour être bref — que les listes assez nourries d'édifices du moyen âge, insérées dans son récent et remarquable *Manuel d'Archéologie française*, par M. Camille Enlart : tome I, pp. 428 et 655, églises ; t. II, p. 711-713, édifices monastiques, civils et militaires.

Si j'en avais eu le temps, Messieurs, je vous aurais présenté une liste raisonnée et détaillée de tous les monuments anciens et intéressants de notre département ; force m'est de me restreindre, comme je le disais en commençant, à ceux qui sont officiellement classés ou qui paraissent mériter de l'être.

II.

Et tout d'abord, puisque je suis d'une incompétence absolue en matière de monuments mégalithiques, vous me pardonnerez, Messieurs, si je me borne à vous citer, sans commentaires, les trois vestiges de l'époque gauloise qui seuls ont été classés dans notre département :

1° Les deux menhirs jumeaux, connus sous le nom de « Pierres d'Acq » ;

2° Le cromlech des « Bonnettes », à Boiry-Notre-Dame ;

3° Le dolmen dit « Table des fées », à Fresnicourt ; je

note que ce dernier est en bien mauvais état et que l'un de ses supports est effondré depuis longtemps.

J'en viens aux monuments du Moyen-Age, car il n'est pas question chez nous de l'époque romaine. Arras et Thérouanne, les deux seules villes d'Artois qui aient eu quelque importance durant cette période, n'en ont rien conservé, et Boulogne, qui avait gardé à travers les âges sa Tour d'Ordre, célèbre phare de Caligula, monument presque unique en son genre, l'a vu s'abîmer lamentablement dans les flots, en 1644, par la ruine des falaises.

Le plus beau monument religieux de notre département est, sans conteste, la cathédrale de Saint-Omer. Sans doute, cette église n'a pas la valeur esthétique et documentaire des édifices construits d'un seul jet, mais les maîtres d'œuvre successifs qui l'ont élevée ont respecté le plan primitif, et l'ensemble, bien que bâti pièce à pièce, du XIIe au XVIe siècle, n'offre à l'œil aucun disparate choquant. Par ses dimensions (101 mètres de long, 53 de largeur au transsept), Notre-Dame de Saint-Omer se place parmi les plus grandes églises de France. Ainsi qu'il arrive le plus souvent, la construction a été commencée par le chœur ; quelques parties de l'abside datent du XIIe siècle et présentent les caractères du style de transition ; le chœur proprement dit est du meilleur XIIIe, ainsi que la majeure partie du transsept et le beau portail du midi, malheureusement si mutilé. Les reprises du XIVe siècle, après une interruption dans les travaux, sont très visibles dans le transsept. La nef, ses bas-côtés et la tour occidentale sont de l'époque flamboyante. Indépendamment de son intérêt architectonique, cet édifice renferme une quantité considérable d'objets mobiliers précieux : clôtures de chapelles des XVIe et XVIIe siècles ; restes encore importants d'un fort beau carrelage émaillé du XIIIe ; monuments funéraires de toutes les époques depuis le XIIIe siècle, semés à profusion dans toute l'église. Tout cela forme un véritable musée, et, au seul point de vue de l'épigraphie, M. Loriquet a pu consacrer à la cathédrale de Saint-Omer un fascicule volumineux et bourré d'inscriptions. Faut-il ajouter que ce beau monument attend encore sa monographie, car les travaux publiés dans la première moitié du XIX$^e$ siècle ne sont certes plus au courant des progrès de la science archéologique.

La ville de Saint-Omer possédait encore une seconde basilique, sœur et rivale de Notre-Dame : c'était l'église de l'abbaye de Saint-Bertin, monument rare et précieux entre tous, car il datait presque en entier du XIV$^e$ siècle, et l'on sait combien peu d'édifices de cette importance ont été élevés sur le sol de France, à cette époque troublée. La Révolution, tout en désaffectant Saint-Bertin, ne l'avait pas démoli ; c'est en 1830 que la destruction fut consommée. Les vandales inconscients qui commirent ce crime laissèrent subsister seulement la belle tour de l'ouest et quelques piliers d'un bas-côté. Cette tour est certainement la plus belle de tout le nord de la France, et l'un des exemples les plus remarquables de l'art du XIV$^e$ siècle.

Non loin de Saint-Omer, la petite ville d'Aire-sur-la-Lys conserve aussi une grande église, l'ancienne collégiale de Saint-Pierre. Cet édifice a beaucoup souffert des guerres qui ont désolé la province ; tout le clair étage et les voûtes hautes ont dû être refaits après le siège de 1710 ; les parties basses ne sont pas antérieures aux XV$^e$ et XVI$^e$ siècles. Le plan a de l'ampleur, mais manque d'originalité. En somme, il faut reconnaître que cette vaste église est d'intérêt secondaire, et que beaucoup d'édifices de notre département mériteraient, plus qu'elle, d'être classés sur la liste officielle des monuments historiques.

Aire montre également aux visiteurs le gracieux et tout petit bâtiment qui, après avoir servi de Bailliage, a conservé son affectation judiciaire, car il est aujourd'hui le siège de la justice de paix. C'est un joli spécimen de la Renaissance flamande : il porte les dates de 1595 et de 1600. La colonnade, les triglyphes, les tympans sculptés, les bas-reliefs qui décorent ses façades en font un des meilleurs types de ce style si particulier et si peu étudié.

La seule église romane importante, qui ait subsisté en Artois, est la collégiale Saint-Omer de Lillers ; c'est un austère et noble édifice, que l'on a longtemps daté de 1043 ; mais M. Camille Enlart a établi que cette date est trop reculée, et qu'il faut attribuer l'église de Lillers à la première moitié du xiie siècle (probablement de 1120 à 1140). Une heureuse et délicate restauration a tout récemment sauvé de la ruine ce monument précieux. Le plan comporte un chœur demi-circulaire de onze travées, avec déambulatoire et trois chapelles ; un transsept muni de collatéraux et une nef à bas-côtés. Les absidioles du transsept ont disparu et les murs des bas-côtés ont été refaits aux xviie et xviiie siècles ; mais les gros piliers, les murs goutterots, le transsept, l'abside et la façade occidentale ont peu souffert et offrent un bel exemple du style roman de la région du Nord. Quant à la tour centrale, datant de 1821, on en a dit avec raison que, « si elle ne défie guère le ciel, [elle] défie certainement toute description ».

L'architecture civile, outre le Bailliage d'Aire susdit, compte, en Artois, deux monuments classés : les beffrois d'Arras et de Béthune. Ce dernier est le plus ancien des deux ; il fut élevé en 1388 ; c'est une tour carrée, flanquée de tourelles en encorbellement, sauf une seule qui monte de pied et contient l'escalier. Le tout est surmonté d'une flèche en charpente revêtue d'ardoises, d'un type aussi hardi que pittoresque.

Le beffroi d'Arras est plus considérable et plus orné, mais moins ancien ; il était commencé avant 1463 et ne fut achevé qu'en 1554 ; on y admire toute la finesse et la splendeur du style flamboyant à sa dernière période. Vraie dentelle de pierre, la flèche supporte une couronne et un lion, emblème héraldique de la ville, qui ont dû être refaits en 1838-1840, pour cause de vétusté. L'hôtel-de-ville, bien que fortement remanié, a conservé du moins, à l'extérieur, sa belle façade gothique, ses arcades, ses niches fleuries et son haut toit à lucarnes qui en font peut-être la plus belle maison communale de France. Pourquoi faut-il que les constructions pseudo-gothiques du XIXe siècle viennent gâter ce bel ensemble ?

Le Boulonnais n'est représenté sur notre liste que par deux édifices — ou plutôt deux parties d'édifices — d'importance secondaire : la crypte de Notre-Dame de Boulogne, et le chœur de Desvres. La crypte, perdue et enfouie depuis des siècles, a été retrouvée vers 1835, lors des travaux de construction de la cathédrale actuelle. Elle a dû à cette circonstance une certaine renommée, mais elle est, somme toute, assez peu intéressante. Elle ressemblait, comme plan, à la belle crypte de Nesle, et se composait de trois nefs de quatre travées. La voûte n'existe plus ; les colonnes qui la soutenaient sont encore debout avec leurs chapiteaux romans. Mais ce que cette crypte contient de plus curieux, ce sont divers chapiteaux provenant de l'ancienne cathédrale romane, démolie sous la Révolution. On trouve là de très intéressants restes de la sculpture boulonnaise vers l'an 1100, car c'est aux premières années du XIIe siècle qu'il faut attribuer et la crypte, et l'église qui la surmontait, si lamentablement sacrifiée par les terroristes.

Quant au chœur de Desvres, il vient d'être classé tout récemment, sur la demande de notre Commission départementale, en vue de préserver sa belle voûte qu'un zèle mal entendu voulait détruire. C'est un édifice flamboyant assez correct, qui offre cette particularité de dater de 1656 ; on sait d'ailleurs que les églises et manoirs boulonnais du XVIIe siècle sont encore, pour la plupart, élevés dans le style gothique. La croisée du transsept, qui porte la tour, paraît antérieure de cinq siècles au chœur qu'elle avoisine.

La liste des monuments classés du département du Pas-de-Calais comprend enfin un « triptyque dans l'église de Douvrin ». Il m'a été affirmé de bonne source que cet objet a disparu depuis vingt ou trente ans, et que c'est bien à tort qu'il est encore catalogué !

### III.

Vous le voyez, Messieurs, le bilan monumental du Pas-de-Calais est bien insuffisant. Convient-il de l'accroître ? Oui, sans aucun doute. Mais quels sont les monuments qui — puisque nécessairement il faut faire un choix — méritent le mieux d'être ajoutés à la courte liste précédente ?

Et tout d'abord, il y a lieu, ce me semble, de demander à la Commission des Monuments historiques de réparer une erreur qu'elle a commise : « la tour de Guarbecques a été rayée, on ne sait pourquoi, de la liste des monuments historiques, qui exceptait, on ne sait davantage pourquoi, le chœur qui s'y rattache. C'est un édifice unique dans le nord de la France, et l'un des clochers les plus riches et les plus beaux que nous ait légués la dernière période romane ». Ainsi s'exprime M. Camille Enlart à la page 228 de son grand ouvrage sur *l'Architecture Romane et de transition dans la région picarde*, après avoir donné sur cet édifice une notice de neuf pages qui en montre tout l'intérêt. Il est donc urgent de réclamer la réintégration du clocher de Guarbecques sur la liste des monuments classés (1).

Pour la période romane, on pourrait demander encore le classement du chœur d'Ames, curieux petit édifice de la fin du XII<sup>e</sup> siècle, fortifié au XIV<sup>e</sup>, sur lequel on peut consulter

---

(1) Depuis la lecture de ce Mémoire, l'église de Guarbecques, le château et deux des portes de Boulogne ont été inscrits sur la liste des monuments historiques, grâce aux instances de M. Camille Enlart.

une érudite notice de M. de Loisne dans le tome ı des *Mémoires de la Commission départementale.*

La belle église d'Auchy-les-Moines n'est pas assez connue ; c'est un intéressant édifice de l'extrême fin du xııı° siècle, ou des premières années du xıv°, quoique l'on ait soutenu, contre toute vraisemblance, qu'il date de 1072. D'ailleurs, les textes sont d'accord avec les caractères architectoniques pour dater ce monument, car le cartulaire imprimé d'Auchy, de dom Bétencourt, contient (n° cxcv) une charte de janvier 1282, qui nous dit que le monastère est alors grevé par la ruine de son église récemment écroulée, et qu'il convient de rebâtir avec une tour (1). Le classement de l'église d'Auchy me paraît très désirable ; si l'on voulait y ajouter un autre édifice du xııı° siècle, je proposerais le chœur et le transsept de Maintenay, d'une pure et svelte architecture.

Pour la période flamboyante, les exemples abondent dans la région. On n'a que l'embarras du choix. A mon sens, deux ou trois spécimens d'églises rurales, d'une élégance sobre et sans la surcharge d'ornements trop fréquente à cette époque, mériteraient le classement : je proposerais volontiers Ablain-Saint-Nazaire, Auxy-le-Château, Wismes et Fressin (xv° et xvı° siècles).

En outre, notre région possède un monument peut-être unique d'un style très rare en France ; je veux parler de l'église Notre-Dame de Calais, élevée au xıv° siècle (nef) et au xv° (chœur) par les Anglais lorsqu'ils détenaient cette clef de la France. Malgré de déplorables restaurations récentes, cet édifice est encore du plus haut intérêt et mérite évidemment le classement.

Quant à la Renaissance, elle a laissé peu de traces dans nos contrées ; le seul monument de cette époque présentant

---

(1) *Tam pro ruina ecclesie que corruit et pro relevatione ejusdem cum turri* (Bétencourt, p. 263). Le portail, avec ses colonnettes à chapiteaux à crochets retroussés, est sûrement du XIVᵉ siècle.

un réel intérêt est l'église des Jésuites de Saint-Omer (aujourd'hui chapelle du Lycée). Après la publication de M. Serbat sur *l'Architecture gothique des Jésuites au XVIIe siècle*, — article qui a été une vraie révélation, — l'intérêt évident des constructions de cet ordre fameux dans les Pays-Bas ne peut plus être contesté, et le classement de celles qui subsistent me paraît s'imposer.

Enfin, s'il n'y a pas parti-pris absolu et sans exception de ne classer aucun édifice postérieur au XVIe siècle, nous pourrions solliciter la Commission en faveur des tours du Mont-Saint-Eloy. Elles ne datent, je le sais bien, que du règne de Louis XV, mais elles sont un excellent modèle du style alors en cours, et leur disparition priverait l'Artois de l'un de ses points de vue les plus renommés, car leur emplacement sur un site dominant toute la région est éminemment pittoresque. Si notre Commission française des monuments historiques s'inspirait de l'exemple de la Commission belge, qui protège les sites aussi bien que les édifices, elle sauverait certainement nos deux tours du sort fatal auquel elles ont échappé cette année encore, mais qui les menace toujours dans un avenir plus ou moins rapproché (1).

Quant aux monuments civils, il faut reconnaître qu'ils sont rares dans notre département. Cependant, il y en a trois qui certainement mériteraient le classement :

D'abord, le château de Boulogne, auquel on pourrait même ajouter les remparts de la même ville : « Les ensembles d'architecture militaire du XIIIe siècle », dit M. C. Enlart, « sont aujourd'hui très rares ; aussi le château et les rem.

---

(1) A la dernière session du Conseil général, en août 1903, on avait osé proposer la démolition des tours de Saint-Eloy. Par bonheur, des protestations s'élevèrent ; la question fut réservée, et, à la session d'avril 1904, M. le Préfet soumit à l'assemblée départementale trois devis de réfection pour arrêter la ruine du monument. Le Conseil général vota un crédit de 4,500 fr. dans ce but.

parts de Boulogne peuvent-ils être considérés comme un monument précieux ; ils le sont d'autant plus que leur date précise (1231) est authentiquement constatée par une inscription ». La grande salle et la belle salle basse appelée « la Barbière » peuvent figurer parmi les plus intéressantes constructions, subsistant encore, du règne de saint Louis. Il convient d'ajouter que, à la différence, hélas ! de beaucoup d'autres, la ville de Boulogne a compris l'intérêt de ses vieux remparts, et fait tout ce qu'elle peut pour en assurer la conservation.

Le beffroi de Boulogne mérite bien aussi d'attirer l'attention ; sans doute, son étage supérieur, élevé en 1720, est hideux et dépare le monument, mais le reste est très intéressant ; la partie basse romane, du XII$^e$ siècle, est un reste de l'ancien donjon des comtes, antérieur à la construction du château actuel ; l'étage moyen est d'un bon style du XIII$^e$ siècle et a été élevé en 1266 par les bourgeois, à qui saint Louis venait de rendre leurs franchises communales.

Le beffroi de Calais, de la fin du XV$^e$ siècle, très-retouché au commencement du XVII$^e$, est encore un souvenir de l'occupation anglaise, d'un style assez curieux, et n'a certainement pas beaucoup de similaires en France.

En dernier lieu, la Commission départementale des Monuments historiques demande le classement des deux places d'Arras (y compris la rue de la Taillerie qui les réunit), qui sont un exemple unique en France du style wallon du XVII$^e$ siècle (faussement appelé espagnol), et qui font un si beau cortège au beffroi. Dans sa longue et savante étude sur les places d'Arras, M. de Cardevacque relate *in extenso* les différents placards des rois d'Espagne et des Archiducs ayant trait aux défenses faites aux propriétaires de modifier l'ordonnance des maisons lorsque celles-ci seraient réparées ou reconstruites. Le gouvernement de Bruxelles ou de Madrid voulait à tout prix garder à nos places leur physionomie générale. Il y a là un rapprochement évident à faire avec les conditions exigées aujourd'hui pour la conservation des monuments classés.

J'arrête ici, Messieurs, cette liste déjà longue ; je ne me fais pas l'illusion de croire que tous les monuments énumérés ci-dessus seront l'objet d'un décret de classement. Ne vous semble-t-il pas, cependant, qu'ils n'en sont pas indignes et que la mesure qui les sauvegarderait serait amplement justifiée ? N'est-il pas temps, en vérité, de voir cesser l'ostracisme dont souffre depuis 70 ans notre région du Nord ?

Plût à Dieu que la sollicitude officielle se fût éveillée plus tôt à l'égard de nos monuments ! Nous n'aurions pas à déplorer mille actes de vandalisme irréparable (1) ; nous ne regretterions pas, pour ne citer que l'exemple le plus récent et le plus triste, la destruction systématique et voulue des remparts d'Arras (1894-1896) : la porte d'Hagerue, la porte Saint-Nicolas, la Porte-d'Eau, la porte Maître-Adam, l'arc de la porte Méaulens seraient encore debout, et la capitale de l'Artois n'aurait pu sacrifier de gaîté de cœur les plus beaux fleurons de sa couronne. Quand on voit ce qu'ont fait, pour sauver et restaurer les débris de leurs remparts, des villes voisines, telles que Douai et Cambrai, une comparaison, humiliante pour les Atrébates, ne s'établit elle pas dans l'esprit du voyageur ?

« Le dur niveau partout !..... » (2).

(1) La destruction du chœur de Blandecques, des clochers de Lumbres, de Ferques et d'Audembert, du Sépulcre de Pernes, du bas-côté roman d'Houdain ; les brocantages éhontés et illégaux de mobiliers d'église à Dannes, à Avesne-lez-Herly, etc., etc.

(2) L'auteur prend toute la responsabilité de cet alinéa qu'il a supprimé à la lecture, sur la demande de la Commission. Il est bien évident que ces critiques ne visent en rien la municipalité actuelle d'Arras dont la constitution est bien postérieure en date au démantèlement, et qui vient de prouver son intelligent attachement aux choses du passé en décidant le classement et l'inventaire du riche fonds des archives hospitalières de Saint-Jean-en-Lestrée, en attendant qu'elle mette en lumière son richissime dépôt de l'Hôtel de Ville.

R. R.

A défaut de ce qui n'a pu échapper aux outrages du temps et des hommes, espérons, du moins, que les souvenirs encore subsistants du passé seront sauvés de la destruction, et que nous n'en serons pas réduits, dans notre amère douleur, à voir ces jours prédits par le poète, où :

> Notre globe rasé, sans barbe et sans cheveux.
> Comme un gros potiron roulera dans les cieux.

# Séance de Clôture

(Dimanche 10 Juillet).

*La Séance est présidée par M. SÉNART, membre de l'Institut.*

*A l'ouverture de la Séance, M. le baron CAVROIS, Président de l'Académie d'Arras, prononce l'allocution suivante :*

### Allocution de M. le baron Cavrois.

Mesdames, Messieurs,

Avant de commencer la séance, permettez-moi de prévoir une lacune qui vraisemblablement va se produire et que je voudrais combler par avance.

L'éminent Président de cette réunion remplira très complètement la mission qu'il a bien voulu accepter, mais il oubliera probablement de se remercier lui-même ! Je dois donc au nom de l'Académie et de cette Assemblée, le prier d'agréer l'hommage de notre profonde gratitude, car, pour venir à nous, il a dû franchir deux distances très grandes : la première est celle qui sépare l'Institut d'une Académie de province dont M. Sénart a daigné devenir Membre honoraire, ce qui nous donne l'illusion d'être ramifiés à cette illustre Compagnie vers laquelle sont fixés les regards de tous les savants ; la seconde est celle qu'il a réellement parcourue aujourd'hui, afin de donner à cette conférence de clôture un éclat qui est le digne couronnement du Congrès que nous avons tenu.

*\*\**

*M. SÉNART présente ensuite le Conférencier, M. ENLART, directeur du Musée du Trocadéro.*

### Discours de M. Sénart.

Mesdames, Messieurs,

En m'appelant parmi vous aujourd'hui, les membres de l'Académie d'Arras ne se sont pas uniquement inspirés d'un sentiment de confraternité délicat dont je veux les remercier. Ils se sont, je pense, souvenus du vœu que manifestait le fondateur de l'Institut quand il voulait que le corps qu'il organisait entretînt avec les Sociétés savantes répandues dans le pays des relations habituelles. Il jugeait qu'elles pouvaient être fécondes pour la culture des Lettres et le progrès des connaissances.

Depuis, les idées d'association, sous toutes les formes et dans tous les domaines, ont fait beaucoup de chemin. Il y a peu de semaines que se tenait à Londres la session triennale de l'Association où les principales Académies du monde entier mettent en commun leurs lumières et une partie de leurs ressources. Le Congrès même qui se termine aujourd'hui a étudié un projet tendant à fédérer, pour hâter des publications historiques, plusieurs sociétés régionales.

Il faut applaudir à cet effort. Dans l'ordre économique et social les bienfaits n'en sauraient être douteux ; ils peuvent être appréciables aussi dans le domaine intellectuel. Les vues neuves, les découvertes resteront le privilège du génie individuel. Et il serait fâcheux, dans un monde qui s'achemine à une uniformité inquiétante pour les amateurs de pittoresque, que les originalités locales, les dons particuliers tendissent à disparaître d'autant plus vite qu'ils seraient comme noyés dans des collaborations plus vastes. Il serait regrettable surtout que le ressort des activités individuelles se détendît dans l'atmosphère débilitante des responsabilités collectives. Mais nous voulons penser tout au contraire que de tant de compétences concurrentes il se dégagera un esprit d'émulation propre à stimuler le zèle et l'inspiration de chacun.

Assurément, dans notre pays où, plus qu'ailleurs, le goût de l'alignement et de la symétrie, la prépondérance d'un centre brillant mais un peu absorbant, risquent de tarir les courants locaux, peu de régions semblent plus capables de maintenir une vie propre, active et forte, que cette riche et laborieuse « France du Nord » qu'a voulu grouper et glorifier l'entreprise où tant de bonnes volontés se sont heureusement fondues dans l'unanimité d'un patriotisme agissant. L'énergie native de la race, la survivance puissante des traditions, les habitudes solides de travail l'arment, contre le nivellement qui anémie, pour l'ambition des nobles tâches.

A bien des branches de recherche l'Artois a donné des travailleurs éminents. Vous n'attendez pas de moi un dénombrement ; vous me laisserez au moins prononcer un nom. Il y a peu d'années je venais dans les environs de cette ville, à Vimy, rendre, au nom de l'Académie des Inscriptions, un suprême hommage à Abel Bergaigne, qu'un accident lamentable avait prématurément enlevé à des admirations et à des amitiés également chaleureuses. Je ne puis oublier en cette journée que c'est à cette circonstance que je dois mes premières relations avec l'Académie d'Arras. En Bergaigne, l'indianisme français a reçu de ce pays un de ses représentants les plus savants, les plus ingénieux, les plus enthousiastes. J'aime à me placer ici sous le patronage de son souvenir.

Vous êtes de ceux qui savent comprendre que toutes les activités de l'esprit réagissent les unes sur les autres. Rien n'est plus instructif que le spectacle des courants complexes qui contribuent à former les idées générales, à fixer par un travail obscur l'orientation de l'esprit public. Comme par une sorte d'harmonie mystérieuse tous les facteurs concourent vers un but commun. Sans que la masse s'en avise, les recherches les plus désintéressées et les plus spéciales tiennent leur part, souvent très large, dans la direction même pratique des idées.

Je faisais allusion tout à l'heure à ce penchant si frappant qui pousse aujourd'hui à l'association, à la fédération, même internationale, des intérêts et des entreprises. Il est bien clair que les inventions qui ont, depuis un siècle, multiplié et accéléré prodigieusement les communications, en sont un agent essentiel. Ne croyez pas qu'il soit le seul. C'est au cours de ce même siècle que des trouvailles heureuses ont révélé de peuple à peuple dans le passé lointain des pénétrations, des contacts, des parentés ignorées jadis ; elles ont évoqué des civilisations brillantes là où auparavant on n'apercevait qu'une barbarie un peu étrange. Douterons-nous que ces découvertes aient largement contribué à dériver du rapprochement que favorisaient l'électricité et la vapeur, les conséquences intellectuelles et morales qui, autant que les conséquences économiques, en font l'importance décisive ?

Me permettrez-vous, à ce sujet, une simple indication empruntée aux études qui me sont personnelles ou familières, à ces études qui de loin risquent de vous apparaître un peu rébarbatives et bien solitaires ? C'est donc dans le dernier siècle que l'on a constaté que de l'Inde à l'Irlande, à travers la Perse et l'Arménie, l'Asie Mineure, la Grèce et l'Italie, les pays Slaves ou Germaniques et la Gaule, il ne se parlait guère que des dialectes d'une langue dont l'unité primitive dénonçait l'unité originaire des populations, devenues si dissemblables, qui en ont conservé la tradition diversifiée. C'est dans le même temps que l'on s'est peu à peu avisé qu'une sorte de littérature universelle, parfois identique à grande distance jusqu'en des détails minutieux, survit dans ces contes que naguère on racontait encore chez nous à la veillée ou dont les mères berçaient leurs enfants, une littérature en partie au moins originaire de l'Inde, entraînée à travers le monde et à travers les siècles en une migration surprenante. Même dans des temps où les voyages étaient difficiles, nous savons aujourd'hui que l'on se rejoignait de peuple à peuple plus que nous le supposions autrefois. Peu à peu nous traçons les voies de commerce qui mettaient en relations suivies l'Orient et l'Occident. Fils de la civilisation hellénique, nous n'avons pu apprendre sans un vif intérêt que ce sont des influences occidentales, servies par les colonies survivant aux conquêtes d'Alexandre, qui ont éveillé et dominé dans le nord ouest de l'Inde les premières écoles de la sculpture en pierre, d'une plastique qu'il a fallu appeler gréco-bouddhique. Directement ou indirectement ces influences ont pénétré jusqu'en Chine. Il est probable qu'elles ne sont pas étrangères à ces œuvres admirables de la plus ancienne plastique japonaise que nous a révélées l'Exposition de 1900. N'est-ce pas une surprise curieuse de trouver dans un historien chinois antérieur à l'ère chrétienne les traces de la gamme de Pythagore ?

Rapprochés par le sang, par la langue et par l'histoire de peuples que notre ignorance était trop prompte à dédaigner, nous nous sommes habitués à prendre au sérieux leurs créations et même à chercher des inspirations dans leurs littératures sorties enfin de l'ombre. Que cette curiosité se tourne parfois en un engouement excessif, ce n'est pas moi qui le méconnaîtrai. Et je me sens par exemple peu d'inclination pour ces adaptations occidentales du bouddhisme que prétendent professer un certain nombre de nos contemporains. Nous ne pouvons cependant oublier que tel penseur qui a puissamment agi sur les idées du dernier siècle, s'est expressément appuyé sur les spéculations et les philosophèmes de l'Inde.

C'est ainsi, Messieurs, que, incessamment, du laboratoire silencieux où elles se dégagent d'abord, les notions scientifiques fraient leur chemin sur le théâtre bruyant du monde. Souvent altérées et déformées par une propagande hâtive et médiocrement informée, elles finissent par réagir bien loin de leur point de départ. C'est un honneur parfois, un danger peut-être. Leur puissance en tous cas est certaine... Il est donc logique et sage de leur marquer leur place jusque dans les manifestations de l'activité extérieure et pratique.

L'orateur, dont je m'excuse de vous avoir fait attendre quelques moments la parole, s'est, pour sa part, voué à des études qui, si sévères qu'elles soient, intéressent le cercle habituel de vos préoccupations familières. C'est au service de l'archéologie nationale que M. Enlart a mis de bonne heure des travaux solides et brillants. Artésien de Boulogne et directeur du Musée de Sculpture comparée du Trocadéro, il réunit tous les titres à votre accueil le plus empressé. C'est pour moi une bonne fortune d'avoir en cette circonstance solennelle, à lui donner ici la bienvenue en votre nom.

Conférence de M. Enlart.

# NOS CATHÉDRALES DISPARUES
## Térouanne, Arras, Boulogne.

Mesdames, Messieurs,

L'Artois, le Boulonnais et la Flandre n'ont pas toujours été pauvres en monuments, ni même en beaux paysages. Nulle contrée n'a plus changé, et cela pour bien des raisons. Les premiers chocs des invasions y ont multiplié les ruines, que les intempéries ont achevées, les bonnes pierres étant rares ; les habitants ont vite fait d'utiliser les ruines comme carrières ; surtout celles des meilleures constructions.

Le paysage n'a pas été mieux traité que l'architecture. Très industrieuses, nos contrées ont d'abord mis en œuvre leurs belles forêts, puis, au XIXe siècle, ont installé à la place trois sortes de nouveautés bien faites pour gâter n'importe quel site : champs de betteraves, usines à vapeur et puits à houille.

Le Boulonnais seul garde des sites pittoresques et il a de bonne pierre, mais en revanche, cette province plus ravagée et plus misérable que ses voisines est loin d'être moins pauvre en architecture. L'Artois et la Flandre ont bien, de leur côté, une pierre dure, le grès, mais elle est entre toutes rebelle au ciseau et jusqu'au XVᵉ siècle on n'a guère su en tirer que des œuvres tout à fait frustes.

De tout ceci, il résulte qu'en ce département, si nous voulons apprécier l'art des ancêtres, force nous est de tourner nos regards vers le passé, de scruter laborieusement les archives, les vieux dessins trop rares et trop peu précis ; souvent les musées trop peu étiquetés et le sol trop fouillé déjà.

Avouons que nous sommes, en matière d'architecture, des gens ruinés et sans autre consolation que la mémoire d'un passé plus heureux.

Conserver cette mémoire est un devoir pieux, car les artistes aujourd'hui si nombreux dans ces contrées, ont eu d'illustres ancêtres. Dès le XIIᵉ siècle, c'est un maître artésien qui éleva la belle cathédrale de Roeskilde et initia le Danemark à l'art gothique ; au XIIIᵉ, le seul maître d'œuvres qui nous ait laissé un enseignement écrit et dessiné, Villard de Honnecourt est né près de Cambrai, s'est instruit dans l'école de l'abbaye de Honnecourt, et sur les chantiers de Vaucelles, dont il fut maître d'œuvres. C'est de là qu'il fut mandé en la terre de Hongrie où il fut maint jour et dont il revint pour bâtir l'église de Saint-Quentin. Comme je l'ai montré dans une étude parue dans la bibliothèque de l'Ecole des Chartes, Villard de Honnecourt a dû se rendre en Hongrie pour le service des moines de Cercamp qui y fondaient précisément alors des colonies.

Au XIVᵉ siècle, la cour d'Avignon était devenue le plus merveilleux centre de l'activité artistique. De tous les points du monde chrétien y affluaient les meilleurs artistes, maîtres d'œuvres français, peintres siennois, et autres maîtres, et en venant aussi de tous les points de la chrétienté à la cour papale, les rois et les seigneurs y rencontraient les célébrités de l'art et les honoraient de commandes. Pierre Iᵉʳ, roi de Chypre et Charles, roi de Bohême emmenèrent d'Avignon dans leurs royaumes lointains des maîtres d'œuvres et des peintres. Parmi les maîtres d'œuvres, Mathieu d'Arras s'était sans doute déjà fait une réputation par des travaux que nous voudrions connaître, quand, en 1344, Charles le rencontra en Avignon, l'emmena avec lui, le chargea de construire le château et le pont de Karlstein et la cathédrale de Prague. A sa mort, en 1358, c'est de Boulogne que fut appelé son successeur, Henri Arler. Au XVe siècle, c'est Boulogne encore qui donnera, en 1435, le premier maître d'œuvres de la cathédrale d'Anvers, Jehan Amel, précédemment au service du duc de Bourgogne ; et c'est de Saint-Omer, en 1499, que Jehan Roquelin viendra diriger l'œuvre de la cathédrale de Milan.

Si, de l'architecture, qui nous a laissé si peu d'archives, on passait à la sculpture et à la peinture, il faudrait énumérer une longue liste de noms, dont beaucoup sont illustres, comme ceux d'André Beauneveu ou de Jacquemart de Hesdin ; mais c'est de l'architecture seule dont je veux m'occuper ici.

La gloire architecturale de nos contrées a été grande : Saint-Pierre de Lille et l'abbatiale d'Anchin n'avaient rien à envier à la cathédrale de Tournai ; la cathédrale de Cambrai et la cathédrale de Valenciennes, aux églises de Noyon et de Soissons ; l'abbatiale de Dommartin à Saint-Remi de Reims ; il serait long de parler de ces édifices à jamais regrettables et de tant d'autres grandes églises disparues : Saint-Vaast d'Arras, Mont Saint-Eloi, Saint-Sauveur de Montreuil, Saint-Josse, Beaulieu, le Wast, Andres, Licques, Cercamp, Vaucelles. L'énumération complète serait interminable.

Je choisis les trois cathédrales disparues les plus proches de nous, Arras, Boulogne, Térouanne. Je commence en ordre chronologique par Boulogne, édifice en grande partie roman ; je vous parlerai peu d'Arras, que vous connaissez bien et qui était une des plus belles cathédrales de la première période gothique ; enfin, je m'étendrai sur Térouanne qui a l'intérêt de l'inédit et que je suis en train d'étudier au fur et à mesure qu'elle sort de terre grâce à la généreuse et intelligente initiative de M. de Bayenghem, son propriétaire.

L'église Notre-Dame de Boulogne avait été cathédrale comme toutes les églises principales des anciennes cités romaines. Il est vrai qu'un de nos compatriotes les plus érudits a imaginé depuis peu de lui refuser ce titre, parce que le premier document connu parlant de l'existence d'un ancien siège épiscopal à Boulogne n'est que de 1159, mais cela n'implique nullement qu'il n'y ait pas eu de plus ancienne mention du fait ou que ce fait soit faux. L'inexistence d'un siège épiscopal dans une ancienne cité romaine serait une exception ; donc, en cas de doute, la bonne méthode serait de supposer qu'il a existé, mais à défaut de documents écrits qui sont perdus, nous avons une forte présomption archéologique dans l'existence d'un baptistère qui s'est conservé jusqu'au XVII\ siècle. Tout à côté de l'église Notre-Dame de Boulogne, existait une petite église Saint-Jean-Baptiste, qui appartenait à Notre-Dame et qui renfermait les fonts baptismaux. Elle fut démolie au XVII\ siècle. Il semble à peu près certain que c'était là un baptistère, et l'on sait qu'à peu d'exceptions près les baptistères sont toujours l'accessoire obligé des plus vieilles cathédrales.

Quoi qu'il en soit, l'église Notre-Dame avait été reconstruite vers 1104 et il semble que c'est alors que les comtes de Boulogne y installèrent des chanoines réguliers, comme Sainte Ide venait de le faire déjà dans l'église toute voisine de Saint Vulmer.

Cette fondation des comtes pourrait avoir eu pour but de prévenir le rétablissement du siège épiscopal, qui eût porté ombrage à leur puissance seigneuriale.

La fondation de l'abbaye de Notre-Dame semble pouvoir être fixée à l'an 1104 environ.

C'était la date donnée par un légendaire de la bibliothèque du chapitre, que le chanoine Le Roy avait compulsé au XVII\ siècle ; ce renseignement n'est malheureusement ni précis ni contemporain, mais il est très vraisemblable ; il s'accorde à merveille avec les plus anciens morceaux d'architecture de Notre-Dame de Boulogne. De la primitive cathédrale, on n'a retrouvé aucune trace certaine ; très probablement était-elle en bois comme l'ont été beaucoup d'églises jusqu'à la seconde moitié du XI⁰ siècle. L'édifice roman comprenait un chevet dont la forme ne nous est pas connue et sous lequel régnait une crypte à trois nefs, avec colonnes trapues, puis un vaste transept surmonté d'une grosse tour carrée ; une nef et des bas-côtés de sept travées ; une façade percée de deux grandes fenêtres et flanquée, comme celles de St Nicolas de Gand ou de la cathédrale de Tournai, de deux tourelles cylindriques contenant des escaliers. L'aspect général de cet édifice était tout à fait analogue à celui de la célèbre église abbatiale St-Georges de Boscherville près Rouen, et du reste, l'église participait du style normand.

Le grand portail n'était pas sur la façade, mais sur le côté sud, opposé au vent de mer.

A l'intérieur, la nef portait une charpente apparente, et sans doute un triforium ; les bas côtés pouvaient avoir des voûtes d'arêtes ; les gros piliers carrés étaient cantonnés de quatre colonnes engagées à chapiteaux ornés et très variés, où l'on voyait des monstres curieux et effrayants.

Cette église devint bientôt riche grâce à la célébrité de son pèlerinage, et à partir du XIII⁰ siècle, elle fut souvent remaniée.

C'est en 1212 que Jean d'Ypres signale les miracles de N. D. de Boulogne et le concours de peuple qu'ils provoquèrent. L'argent afflua et l'architecture fut mise au courant des progrès du temps : l'église fut voûtée et ses fenêtres furent agrandies, l'invention de la voûte d'ogive permettant ce double perfectionnement. La voûte entraîna la construction d'arcs-boutants et la surélévation des murs, que l'on couronna d'une des corniches les plus riches et les plus originales qu'aient produites l'art gothique ; elle se composait d'arcatures pleines de motifs sculptés et portés sur des têtes humaines. C'était la persistance d'un programme roman ; les fenêtres de la nef furent agrandies et devinrent semblables à celles de Notre-Dame de Paris. Quant au sanctuaire, on n'y toucha pas alors, sans doute afin de ne pas troubler les pèlerins.

Cependant, ce chœur roman était devenu tout à fait insuffisant à la fin du XIII° siècle ; en 1293, une grande chapelle fut fondée, et ce dut être là que l'on installa la Vierge miraculeuse pendant les travaux qui allaient commencer : l'abside romane fut démolie bientôt après, la crypte fut comblée, et en 1307 l'abbé Laurent de Condette posait la première pierre d'un vaste chœur, aussi grand et plus élevé que la nef et conçu dans le style léger, même un peu maigre, du temps. Il se raccordait au transept par deux travées de chœur roman qu'on avait gardées. Le déambulatoire et sa ceinture de chapelles peu profondes n'avaient qu'un seul système de voûte, suivant un parti architectural inauguré depuis un siècle à Soissons et brillamment représenté depuis un demi siècle à Tournai. Ce plan typique perpétuait donc une tradition régionale.

En 1361, l'œuvre était achevée, et Charles V, ce grand amateur de belle architecture, l'ayant visitée, voulut la parfaire en reconstruisant avec plus d'ampleur la chapelle de la Vierge.

L'Eglise dut alors présenter, pour quelque temps, une grande magnificence. On avait, au XIII° ou au XIV° siècle probablement, surmonté sa grosse tour centrale d'une flèche magnifique, trop belle sans doute et trop haute, puisqu'un ouragan l'abattit en 1367. Elle tomba, et si malheureusement qu'elle rompit les voûtes du nouveau sanctuaire et y causa d'autres graves dégâts.

On ne les répara point sans préjudice pour l'élégance de l'édifice. Il fallut boucher alors les deux grandes arcades de l'ancien sanctuaire roman et renoncer à rétablir la flèche de pierre. En 1389, la petite comtesse Jeanne de Boulogne épousait le vieux duc Jean de Berri, l'un des plus grands amateurs et protecteurs des arts. Il s'intéressa aussitôt à l'église Notre-Dame de Boulogne et fit rebâtir le grand portail, qui s'ouvrait sur un cimetière entouré de portiques. Ce portail fut somptueux. Le duc s'y était fait représenter avec sa femme, ainsi que Charles V son frère l'avait fait aux Célestins de Paris; l'ordonnance était encore celle des portails du XIVe siècle : comme aux cathédrales de Lyon et de Rouen, les montants s'ornaient d'une suite de quatrefeuilles contenant de petits bas-reliefs; des statues s'alignaient sous des dais élégants, et la voussure était festonnée d'une sorte de dentelle pendante comme au portail des Marmousets de Saint-Ouen de Rouen, et à Saint-Saulve de Montreuil. Sur le linteau était sculptée une vue du manoir de Moulin l'Abbé, possession de l'église ; le tympan était vitré.

Le XVe siècle fut pour Boulogne une époque de misère, et l'on n'ajouta rien à son église; elle n'eut plus d'avaries à subir jusqu'au bombardement de 1544, suivi de six ans d'occupation anglaise et protestante. Au cours de ces dures épreuves, la grosse tour perdit alors un étage, la chapelle de la Vierge fut ruinée; beaucoup de sculptures furent brisées, entre autres un Saint-Sépulcre dont on a retrouvé des débris dans les remparts en 1895.

En 1550, une restauration eut lieu, dans le style de la Renaissance, puis, après la prise de Calais, un très beau jubé de style Anglais du XVe siècle, provenant d'une église détruite de cette ville, fut donné à Notre-Dame qui recouvrait bientôt son titre de cathédrale.

Elle était à peine restaurée quand, en 1567, les Huguenots la saccagèrent de fond en comble. Le procès-verbal de leurs dégâts, publié par M. Arthur de Rosny, montre qu'elle perdit alors beaucoup de précieux ornements.

Au XVIIe siècle, elle s'enrichit d'un somptueux jubé de

marbre blanc et de stalles nouvelles ; au XVIII$^e$, on ajouta quatorze chapelles.

De tout cela, il ne subsiste à peu près rien.

En 1797, l'église fut vendue et démolie ; ses pierres servirent de matériaux de construction pour les nombreuses maisons qui s'élevèrent depuis lors dans la ville, à laquelle le camp de Boulogne avait rendu la prospérité.

En 1827, il restait encore tout un bas-côté de la nef, que Mgr Haffreingue fit démolir pour édifier l'église actuelle.

La cathédrale d'Arras était une des plus belles œuvres du style gothique primitif, contemporaine de la cathédrale de Noyon, qui lui ressemble et qu'elle surpassait ; comparable à celle de Soissons et procédant de celle de Tournai.

L'état actuel de la science ne permet plus d'accepter la thèse que le regretté Terninck avait trouvé tant d'arguments pour défendre, et selon laquelle le monument détruit sous le Consulat aurait été le même qui fut consacré en 1030. De la cathédrale romane, il reste au musée des chapiteaux et des arcatures de corniche retrouvés dans des fouilles, et dont les plus anciens remontent tout au plus au début du XII$^e$ siècle. Leur style est rude, et l'on comprend qu'à peine achevée, la cathédrale romane ait été reconstruite. En effet, celle qui subsista jusqu'après la Révolution avait dû être commencée vers le milieu du XII$^e$ siècle, comme le montre son style, analogue à celui des cathédrales de Laon et de Noyon, et comme le prouve aussi la cathédrale danoise de Roeskilde. Celle-ci est copiée non, comme on l'a dit, sur le transept de la cathédrale de Tournai, mais assez manifestement sur celle d'Arras, inspirée elle-même de Tournai. Elle fut commencée par l'évêque Absalon, c'est-à-dire entre 1158 et 1191, et continuée en 1280 par son neveu Pierre, élevé à Paris dans l'abbaye de Sainte Geneviève, sous un abbé Etienne qui devint évêque de Tournai. Le plan semble avoir été originairement analogue à celui de Notre-Dame de Paris, des églises de Deuil, de Conflans, de Mantes, de Gonesse, de

Domont, de la cathédrale de Nicosie en Chypre, qui s'inspire de celle de Paris.

Le chœur avait un déambulatoire sans chapelles. Cette particularité se revoit encore dans l'église à demi ruinée de Saint-Pierre de Doullens, du XIII<sup>e</sup> siècle, qui a des colonnes couplées, comme l'ancien déambulatoire d'Arras.

Ces colonnes couplées se retrouvent à Térouane, à Saint-Omer, à Deuil, à la cathédrale de Sens et à Saint-Jacques de Reims, mais à Arras, elles avaient plus d'élégance que nulle part ailleurs, avec leurs fûts élancés formés de deux grandes pièces de pierre de Tournai, que reliait une bague centrale d'un profil très pur, et que couronnait un chapiteau bas très évasé, orné de quatre exubérantes volutes de feuillage. Un tableau ancien de la cathédrale permet d'apprécier l'ensemble de ces colonnes ; des chapiteaux et des bases conservés au musée montrent la beauté du détail. Les chapiteaux rappellent d'une façon frappante ceux du sanctuaire justement célèbre de Saint-Leu d'Esserent, sur les bords de l'Oise.

A l'intérieur, la cathédrale d'Arras avait, comme celles de Noyon et de Laon, trois étages de galeries latérales, bas-côtés, tribunes et triforium, et trois étages de fenêtres. L'arc en plein-cintre s'y mariait de même au tracé brisé, généralement réservé aux arcs qui devaient offrir plus de résistance. Les fenêtres étaient en plein cintre sans exception, celles du déambulatoire toutes simples ; celles des tribunes et du vaisseau central accostées d'arcatures, souvenir d'une ordonnance fréquente à l'époque romane dans les Ecoles germanique et normande. Les fenêtres hautes s'encadraient avec leurs arcatures sous un grand arc en plein-cintre ou surbaissé ; celles des tribunes sous un arc tréflé surmonté d'un pignon aigu. Le tableau de la cathédrale et le modèle en relief cédé récemment par le Musée des Invalides à la ville d'Arras nous montrent très nettement cette suite de frontons qui décoraient chaque travée des tribunes et qui est très particulière.

Au XIV<sup>e</sup> siècle, c'eût été là une forme tout à fait usuelle ; au XIII<sup>e</sup>, une disposition assez ordinaire, mais au début de la période gothique, c'est une grande exception ; je n'en connais d'analogues qu'à l'abbaye cistercienne anglaise de Fountain et je n'en ai vu d'antérieure que dans la nef de la cathédrale anglaise de Durham. Or, la cathédrale de Rœskilde reproduit dans son chevet toute l'ordonnance extérieure de celle d'Arras. Par malheur, on a supprimé dans une restauration récente les pignons des tribunes que l'on a pris pour un remaniement postérieur, mais les traces en sont visibles. Ceux de Durham sont également noyés aujourd'hui dans une maçonnerie plus récente.

L'élévation intérieure de la cathédrale de Rœskilde semble être également une copie un peu lourde de celle d'Arras. Au lieu des sveltes arcades du déambulatoire, elle a des baies sans grâce, portées sur des colonnes romanes lourdes et trapues que le constructeur a voulu utiliser dans un pays sans pierre, car toute la cathédrale est en brique, à part les colonnes et les colonnettes des tribunes.

Les étages des tribunes, du triforium et la voûte ont beaucoup plus d'élégance et montrent jusqu'à un certain point l'effet que pouvait faire la cathédrale d'Arras.

Cette dernière avait aussi une crypte de transition, une partie de nef fort belle du XIII<sup>e</sup> siècle et une façade à deux tours dont l'une seulement avait pu être achevée tant bien que mal au XV<sup>e</sup>.

Le trop petit nombre de débris conservés au Musée et dans le parc de la Préfecture montre que le soin du détail valait l'élégance des proportions.

Un chapiteau de portail de 1200 environ, les restes d'un montant orné de caissonnements de feuillage d'une belle ampleur du même style que N.-D. de Paris, montrent une grande ingéniosité, en même temps qu'une souplesse et une grâce exquises.

L'église était riche en détails : on connait par des

dessins ses beaux autels du XIIIe siècle, celui des reliques était surmonté d'un baldaquin et entouré de six colonnes de bronze surmontées d'angelots ; on connaît le beau tabernacle du même temps, en forme de tourelle analogue à celles des escaliers de l'autel de la Sainte Chapelle.

Beaucoup d'autres curiosités se voyaient dans le chœur, comme ce lutrin de bronze où le livre était tenu non par l'aigle éployée de saint Jean, mais par l'ours de saint Vaast. Piganiol de la Force l'a décrit ; il a remarqué aussi comme une œuvre rare et magnifique le pavement du chœur, en pierre blanche incrustée de mastic noir, figurant des scènes de l'Ancien et du Nouveau Testament et des allégories. C'était un pavement du genre de ceux qu'on voit encore à Notre-Dame de Saint-Omer et qu'on retrouve à Saint-Bertin, à la cathédrale de Térouanne et à Mont-Saint-Eloi. Il en existait un semblable à Saint-Nicaise de Reims.

Ce procédé a passé avec le style gothique du Nord de la France en Italie : les pavements qu'on admire à San Miniato, au baptistère de Florence et surtout à la cathédrale de Sienne sont imités de l'art français comme cette cathédrale elle-même.

De la cathédrale de Térouanne, on ne savait rien jusqu'à ces dernières années. Deux vues générales de la ville au XVIe siècle retrouvées l'une à Londres, l'autre dans les Archives du Pas-de-Calais, publiées par M. Jules-Marie Richard, puis par M. l'abbé Bled, avaient donné certains indices précieux ; avec un tableau conservé à Hampton-Court et qui montre le monument sur son autre face, ces dessins permettent de restituer l'élévation extérieure ; pour certains détails de l'élévation intérieure et pour le plan, nous sommes renseignés par les fouilles qu'a entreprises la généreuse initiative du propriétaire, M. Félix de Bayenghem.

C'est le 4 avril 1898 que ces travaux furent commencés, par le sanctuaire de l'église ; aujourd'hui, le chœur et le transept ont été fouillés. Je ne puis vous parler de cette œuvre de résurrection sans adresser en même temps un hommage ému à la mémoire d'un confrère et d'un compatriote cher à beaucoup d'entre nous, M. Félix de Monnecove, qui après avoir le plus ardemment conseillé les fouilles, les a suivies jusqu'à la fin de sa vie avec passion, mais avec une passion bien exempte de jalousie, car c'est à lui que j'ai dû d'être appelé depuis 1899 à les étudier à mon tour, et je serais un ingrat si je n'adressais ici un souvenir attristé et reconnaissant, au vieillard érudit et charmant que nous ne saurions oublier.

Vous savez quelle a été la générosité de M. de Bayenghem, qui vient de donner au nouveau musée archéologique de Saint-Omer, toute une salle de sculptures et d'inscriptions trouvées à Térouanne. Dans cette salle, vous pouvez vous faire une idée des divers styles du monument détruit en 1553.

Cet édifice n'avait rien d'antérieur au XIIe siècle. Les parties plus anciennes étaient sous la terre depuis cette époque, et se composent de très peu de chose.

La cathédrale relevée après le passage des Normands en 998, n'a pas laissé de traces ; de celle que Jean de Commines reconstruisit et consacra en 1108, il était resté un fragment de fondation d'absidile et deux gros chapiteaux d'un style très lourd, tout à fait analogues à ceux de l'église de Boulogne, contemporaine à deux ans près. Cette église devait être peu monumentale, car dès 1131, le bienheureux Milon, successeur de Jean de Commines, entreprit de la rebâtir.

L'art faisait alors des progrès énormes et rapides, et Milon semble avoir été un grand amateur de belle architecture ; il était, du reste, grand ami d'un homme qui s'entendait en cette matière, Suger, cet Audomarois qui avait fait son domaine hors de sa province.

Le bienheureux Milon appartenait à l'Ordre de Prémontré et fut abbé de Dommartin, où l'on éleva, de 1125 à 1163, la plus belle église du Nord de la France. Il fut aussi le fondateur de l'abbaye de Selincourt, qui semble avoir eu beaucoup d'analogie avec Dommartin.

Ces détails sont importants à noter pour l'étude de l'œuvre de Milon à Térouanne. En effet, le sanctuaire qu'il commença à réédifier en 1131 et qu'il consacra en 1133 avait le plan très particulier de celui de Dommartin, consacré trente ans plus tard, et auquel il a pu servir de modèle; d'autre part, le déambulatoire de Térouanne était voûté selon le système gothique, dont Suger donna la première application intégrale qui nous reste dans celui de Saint-Denis, construit de 1137 à 1140.

Non seulement l'édifice de Milon ressemblait à ces deux monuments célèbres, mais il les devançait.

Le plan était emprunté à l'école germanique; les cinq chapelles du déambulatoire étaient empâtées dans un énorme mur demi-circulaire où elles formaient une suite de niches.

L'emploi des voûtes d'ogives dès l'origine est démontré par l'orientation des bases de piliers qu'on y a retrouvées.

Ce morceau devait être achevé en 1133, quand le sanctuaire fut consacré et doté de la relique de l'évêque saint Maxime enlevée à Boulogne.

Cette translation était un fait important, car les Boulonnais protestaient alors contre la réunion de leur diocèse à celui de Térouanne, et allaient, après la mort de Milon, saisir le Saint-Siège de cette revendication. Leur reprendre la relique d'un ancien évêque était un acte significatif, et le désir de l'installer plus tôt à Térouanne dut ne pas être étranger à la précipitation que Milon apporta dans sa consécration.

La sculpture du chœur qu'il bâtit semble avoir été simple; il nous reste d'une porte latérale un chapiteau à grandes feuilles lisses et des gorges avec fleurettes en pointe de diamant; les colonnettes des fenêtres avaient des bases lourdes mais une palmette romane provenant d'une archivolte et retrouvée récemment est d'un très beau style. Un peu plus tard, vers le temps de la mort de Milon, qui eut lieu en 1159, on travaillait encore au sanctuaire de Térouanne, comme le montrent des chapiteaux plus riches, mais aussi un peu mous. La nef de la vieille église romane devait subsister alors ; elle a probablement disparu au XIII⁰ siècle. Une des causes de la lenteur des travaux fut la pénurie de matériaux.

Au début, Milon s'était empressé d'utiliser les débris de ruines romaines qui jonchaient encore le sol. Dans les fondations, il avait utilisé comme de grandes pierres, des blocs artificiels, fragments d'aires en béton de mortier et de brique pilée, retirés de quelque salle de thermes ; les belles pierres de taille, à plus forte raison, avaient été recueillies, et l'une d'elles, placée sous un pilier au sud du sanctuaire, n'était autre que la belle inscription dédicatoire à Gordien III, la seule inscription qui actuellement donne le nom de la *Civitas Morinorum*. Elle avait sans doute orné le piédestal d'une statue de cet empereur sur le forum de Térouanne.

Une autre pierre, énorme celle-là, porte une suite de caissons à ornements de feuillage. Les constructeurs du XII⁰ siècle utilisèrent ce débris gallo-romain et le retaillèrent en partie pour en faire le bas du pivot de l'escalier du gros clocher qui s'élevait au nord du transept.

Ces pierres et quelques autres étaient d'autant plus précieuses que les Romains les avaient amenées de très loin : elles sortent, en effet, des carrières de Marquise.

Mais bientôt, la sécurité et la prospérité qui renaissent au XII⁰ siècle amènent des progrès de tout genre et l'on se met à faire comme les Romains. A partir de la seconde moitié du XII⁰ siècle, les constructeurs de Térouanne font, eux aussi, venir leurs pierres des carrières de Marquise et de celles de Tournai. Par la mer, par l'Escaut et par l'Aa, les transports purent se faire sans trop de difficultés et continuèrent jusqu'au XIV⁰ siècle. Au cours du XIV⁰ siècle, on recommença à se contenter de la craie du pays ; la guerre de Cent Ans avait détruit toute sécurité sur les routes de terre et d'eau.

L'importation de la pierre de Tournai a duré plus longtemps, on la trouve jusqu'au cours du XV⁰ siècle, mais dans les tombeaux et les dallages seulement.

Les premiers essais d'architecture gothique que Milon et son ami Suger construisirent à Térouanne et à Saint-Denis n'étaient pas des œuvres solides, et un siècle ne s'était pas écoulé, qu'il fallut presque reconstruire les deux églises.

A Térouanne comme à St-Denis, il ne resta du sanctuaire du XII⁰ siècle que le déambulatoire. Le vaisseau central, du moins dans le transept, paraît n'avoir pas été voûté.

En 1206, on procédait à la consécration de la chapelle Saint-Antoine, dépendant du chœur : c'était peut-être une des grandes chapelles carrées qui s'ouvrent d'une part sur le déambulatoire, et de l'autre sur le transept comme à N.-D. de Saint-Omer et à Sainte-Walburge de Furnes, mais peu après, revenant sur l'œuvre accomplie, on reprenait le sanctuaire de fond en comble et l'on rétrécissait le transept, sans doute pour le voûter. Ces travaux furent accomplis de 1230 à 1250, sous l'épiscopat de Pierre Doy, et de 1270 à 1280 sous l'évêque Louis des Murs.

Les arcades du déambulatoire furent reconstruites avec leurs supports. C'était, comme à Arras, des colonnes couplées en pierre de Tournai, mais beaucoup mois légères. Les fûts mesuraient 69 centimètres de diamètre, ces colonnes reposaient sur un gros mur continu de fondation, large de 3 m. 20 à sa partie supérieure et s'élargissant en gradins. Au-dessus des arcades, un triforium bas, en pierre de Marquise, se composait de petites baies en plein cintre denté reposant sur des colonnettes trapues et sur des piédroits garnis de crochets comme ceux des baies des tours de Notre Dame de Paris ; des écoinçons de feuillage accompagnent le cintre de quelques-unes de ces ouvertures. Au-dessus, venaient des fenêtres, puis une très belle corniche à crochets de feuillage.

Les pignons du transept ne furent achevés que vers 1300.

Celui du nord avait une rose encadrée dans une grande baie en tiers-point dont l'archivolte était sculptée à feuillages ; celui du sud, plus récent, était entièrement ajouré d'un grand portail, le morceau le plus riche de l'église, construit sous Louis des Murs, de 1270 à 1280, et d'une immense verrière qui portait déjà le style du XIV$^e$ siècle.

Le clocher attenait à l'angle nord-ouest du transept ; sa base remontait à la seconde moitié du XII$^e$ siècle, et sa partie supérieure au XV$^e$ ; il n'avait pas de flèche, mais une terrasse et des clochetons d'angles, comme les tours des églises de Saint-Omer.

Le grand portail était la partie la plus riche de l'église ; nous savons qu'il était dû à Louis des Murs, c'est-à-dire élevé de 1270 à 1280.

Il formait le fond de la place du marché, sur laquelle l'évêque Jean de Tabary fit élever, au début du XV$^e$ siècle, une élégante fontaine gothique. Ce portail était tout en pierre de Marquise.

Comme les grands portails de la cathédrale de Reims, qui sont du même temps, celui de Térouanne avait un tympan vitré, ce qui avait forcé le sculpteur à confiner sur le linteau et à reporter à la pointe du fronton les personnages de la scène du Jugement dernier. Le Christ juge, entre la Vierge et saint Jean, conservé à Notre-Dame de Saint-Omer sous le nom de « Bon Dieu de Térouane » était planté sur la pointe du fronton, devant la grande verrière. La distance à laquelle se voyait ce groupe excuse la médiocrité de son exécution. Les voussures étaient ornées de figurines dans des niches, et aux montants s'adossaient de grandes statues.

On sait que le tout fut démonté et porté à Saint-Omer, mais qu'y sont devenus ces morceaux, c'est une énigme qu'il serait bien intéressant de résoudre. Il semble, en tous cas, que le démontage ait été fait un peu rudement ou après que le portail était déjà mutilé ; des débris de voussures se retrouvent sur place.

Comme la cathédrale de Boulogne, celle de Térouanne n'avait pas de portail occidental ; la nef, de longueur égale au chœur, venait buter dans les bâtiments de l'évêché qui l'entouraient au sud et à l'ouest. Elle avait été commencée au XIIIe siècle, terminée au XVe ou XVIe. Bien qu'elle fût courte, l'ensemble de l'église mesurait plus de cent mètres de long.

Dans l'intérieur, on admirait de nombreux ornements ; des vitraux du XIIIe siècle, les uns à figures et le plus grand nombre à rinceaux de grisaille ; des autels richement sculptés, des tombeaux et le somptueux pavement du chœur.

Selon l'usage, un autel des reliques occupait le fond de l'abside, en arrière du maitre-autel.

Le maitre-autel datait du milieu du XIIIe siècle et se composait d'une table portée sur une seule colonne courte.

L'autel des reliques s'élevait sur un emmarchement aux angles duquel se dressaient quatre colonnes de laiton portant des angelots selon l'usage consacré depuis le XIIIe siècle.

Les bases de pierre et les scellements de ces colonnes ont été retrouvés (Il semblerait que ces bases soient du XIVe ou XVe siècle).

Quant à l'autel lui-même, il aurait été plus ancien, d'une date voisine de 1280 à 1320, comme en font foi ses débris.

C'était un coffre de pierre de Marquise orné de douze arcatures tréflées arrondies encadrant des figures d'apôtres fines et élégantes, dont les têtes ont été détruites, mais dont les draperies ont un style excellent.

Excellent aussi est le style d'une petite tête d'évêque du même temps et de la même pierre, qui paraît provenir d'un retable analogue à ceux de Saint-Denis et de Saint-Germer, et une tête de femme en craie peinte du XIIIe siècle, moitié de grandeur naturelle, peut passer pour un chef-d'œuvre. Elle est voisine de la Vierge du jubé de Chartres.

Des retables des chapelles ou des clôtures du chœur proviennent des suites d'arcatures et de dais des XIVe et

XVᵉ siècles, finement travaillés en pierre tendre et richement peints et dorés.

Un fragment de moulure et un beau crochet de feuillage en laiton peuvent provenir d'un lutrin ou d'un chandelier pascal du XVᵉ siècle ; on les a retrouvés au bas du clocher.

De nombreux débris de vitraux à sujets ou en grisaille décorative des XIIIᵉ et XIVᵉ siècles se trouvent dans le sol.

Le dallage du sanctuaire de la cathédrale de Térouanne était particulièrement intéressant. Il fut, du reste, célèbre depuis le temps où l'évêque Louis des Murs le fit exécuter, de 1270 à 1280, jusqu'à la ruine de Térouanne, dont les églises voisines, celle de Blaringhem spécialement, profitèrent pour s'emparer d'une partie de ces belles dalles.

Ces dalles sont en pierre de Marquise incrustée de mastic bistre ; leur dessin représente en silhouette et au trait toutes sortes de figures, d'*histoires*, comme on disait alors, de l'Ancien et du Nouveau Testament, ainsi que des symboles, des sujets de genre et des caricatures.

On peut les ramener à quatre variétés : de grandes dalles sont historiées d'une composition centrale formant un médaillon, semblable à ceux des vitraux du même temps. L'encadrement du médaillon porte une inscription explicative ; dans les angles, se logent des écoinçons de feuillage ou de petits animaux. C'est sur des dalles de ce genre qu'étaient retracées les histoires d'Adam, de Noé, de Joseph, l'Annonciation, la Résurrection.

Noé construisant l'arche, un des morceaux les moins mutilés, est d'un dessin presque identique au même sujet traité en bas-relief à la même date sur le soubassement du grand portail de Bourges.

La plupart des inscriptions sont des versets de la Bible : *et induit eos tunicis pelliceis*, d'autres étaient votives comme le prouve le fragment : *in onorem*.

Un second type de dalles forment des panneaux carrés moyens contenant des sujets profanes, comme la taille de la vigne, ou fantastiques, comme la sirène et divers autres monstres.

Parmi ces derniers, le plus curieux est l'Evêque de Mer, bien connu des bestiaires, mais très particulier ici : il reproduit, dans un dessin au trait d'une maîtrise admirable, le type d'un satyre antique, mais avec l'arrière d'un lion et non d'une chèvre. Cet être bizarre tient d'une main la crosse épiscopale et de l'autre un poisson. Il est permis de se demander si cette caricature n'est pas un sarcasme à l'adresse des Boulonnais, qui protestaient, sans succès d'ailleurs, contre la suppression du siège épiscopal dont Térouanne les avait dépossédés.

Un troisième type de dalle est triangulaire et de petites dimensions. Les quatre qui ont été trouvées ont des sujets analogues aux précédents : un portefaix, un satyre qui danse en jouant du biniou, deux oiseaux à queue de serpent greffés sur une seule tête de veau.

Une dernière variété formait des bandes d'encadrement, ornées de rinceaux de pampres ou d'acanthe d'un très beau style.

Le sol de la cathédrale a livré quelques tombeaux, mais la plupart étaient presque détruits et complètement bouleversés et pillés. Il faut citer une dalle de pierre de Tournai du XIVe ou XVe siècle, incrustée d'une plaque de laiton où est gravé un écu à deux lions rampants accostant une colonne, c'est le motif du fronton du trésor d'Atrée à Mycènes transformé ici en pièce héraldique. Citons encore une tombe d'évêque du XVe siècle reconnaissable à sa mitre sur un coussin ; le monument, tout en pierre de Tournai, était entouré d'arcatures à petits personnages ; citons enfin la tombe de Jean de Magnicourt, chapelain mort en 1291. Son épitaphe est complète. Dans une autre tombe ont été trouvés des galons d'or tissés, à dessin représentant des griffons affrontés accostant des thyrses et encadrés de couronnes. C'est un travail du XIVe siècle de style oriental.

Quelques graffites peuvent se lire sur des pierres de parement : ce sont des noms : Meurel Evrart, Guy Duclos, Upen.

De l'examen rapide des trois cathédrales, qui étaient loin d'être les seuls grands édifices de ce département, il ressort que les régions assez disparates très arbitrairement groupées aujourd'hui sous le nom de Pas-de-Calais, ont été aussi riches que nulle autre partie de la France en belle architecture du Moyen-Age, et que cette architecture était nettement française : le style tudesque ne commençait à se mêler à l'art français que vers Douai, Cambrai, Valenciennes, Lille, Bailleul, Tournai et Dunkerque.

Il faut encore observer que le style de la sculpture varie non seulement de technique, mais de style avec la matière : la craie était taillée par les artistes du pays, mais les pierres dures de Marquise et de Tournai se sculptaient dans ces deux villes : on évitait, en effet, de transporter un poids mort. C'est donc aux ateliers de Marquise qu'il faut faire honneur des sculptures de Térouanne et des beaux dallages de cette église ou de celles de Saint-Omer.

Les monuments que nous avons perdus sont d'autant plus regrettables qu'ils fournissaient une gamme complète de l'art français du Moyen-Age : le style roman du XIIe siècle, influencé par l'école normande était représenté à Boulogne mieux encore qu'il ne l'est aujourd'hui à Lillers ; Dommartin avait la plus belle des églises de transition et Térouanne un des plus anciens morceaux de ce style ; Arras un des plus anciens et des plus purs exemples du style gothique parfait, Térouanne une merveille de l'art du XIIIe siècle ; Boulogne un chœur complet du commencement du XIVe, époque dont il nous reste si peu aujourd'hui. Les ravages du vandalisme nous ont surtout laissé des monuments du XVe et du XVIe siècle qui n'étaient pas, hélas ! la meilleure part de nos trésors.

Mais lorsqu'on a perdu des amis, ceux qui nous restent

deviennent plus chers ; et les monuments conservés dans nos pays doivent être considérés comme deux fois précieux. Aimez-les et respectez-les ; que nous sachions à la Commission des Monuments historiques que dans cette région du Nord on possède autant de goût que de sagesse et que si l'on abat de vieux remparts ce ne soit plus désormais en Avignon.

Tout au contraire, tâchez de nous demander bientôt le classement du clocher de Guarbecques et du château de Boulogne si éloquemment réclamé par mon ami Rodière. Je ne puis vous promettre qu'une voix pour ces classements, mais je puis vous certifier qu'en présence des vues des monuments, cette voix, quelque humble qu'elle soit, trouvera de l'écho (1).

*M. SÉNART remercie le Conférencier en ces termes :*

Mesdames, Messieurs,

Vous aviez ces temps-ci joui, dans le cadre le plus attrayant, des manifestations variées de l'activité contemporaine ; vous aviez constaté dans une exposition très ample combien restent florissantes parmi vous les aspirations d'art ; l'orateur que vous venez d'applaudir si justement, a voulu, lui, faire revivre pour vous quelques nobles créations de l'activité et de l'art de vos pères. Aucune étude ne pouvait mieux répondre à l'objet que se proposait l'Académie d'Arras. Vous ne me pardonneriez pas de ne point remercier en votre nom le savant habile dont vous avez recueilli les enseignements avec un intérêt si vif.

C'est bien l'œuvre essentielle de la science historique de renouer en toutes choses la chaîne des développements. Ainsi

(1) Ce double classement a été obtenu, en effet, en juillet 1905.

elle fait en quelque sorte palpiter dans la vie actuelle l'âme des générations évanouies. Par là, par bien d'autres côtés encore, elle dépasse singulièrement le rôle de simple curiosité où des esprits frivoles peuvent seuls prétendre la confiner.

Par ses découvertes et par sa méthode elle nous apprend que, pas plus que la nature, l'histoire ne procède par sauts, que les théories absolues et les ordonnances systématiques, éclatent, impuissantes, au contact de la vie réelle ; que les améliorations durables s'obtiennent par une série de modifications lentes ; que, en dépit des constructions présomptueuses et des systèmes impatients, c'est le passé qui incessamment enfante le présent, sans ruptures brusques ; qu'un équilibre harmonieux ne peut enfin résulter que du libre jeu de forces indépendantes. Ainsi, et de toutes manières, elle nous enseigne la modération et la sagesse, le respect affectueux du passé et la tolérance. Ce sont des enseignements qui sont toujours bien opportuns.

Rien d'ailleurs plus que l'étude attentive de l'histoire n'est propre à susciter des dévouements utiles. Comment l'exploration passionnée de ce qui a été ne préparerait-elle pas la volonté au souci ardent de ce qui doit être ? La curiosité du passé éclaire l'amour du présent et le fortifie.

C'est pourquoi, au spectacle du labeur industriel, il était naturel d'associer quelque aperçu du labeur scientifique. La pensée de l'Académie a été comprise et appréciée dans votre ville. La présence à nos côtés de M. le Maire d'Arras en est un témoignage particulièrement précieux.

Cette pensée, la conférence si curieuse, si documentée que nous venons d'entendre, la couronne dignement. Je n'en saurais faire un meilleur éloge. Il ne me reste qu'à souhaiter qu'elle laisse ici des germes féconds, et que de votre sol généreux et robuste lève une moisson de plus en plus riche de savoir méthodique et de haute culture.

# TABLE DES MATIÈRES

Pages
- 5 Noms des adhérents au Congrès des Sociétés savantes. — Académie d'Arras, 7-11 juillet 1904.
- 10 Programme général du Congrès de 1904.
- 13 Discours d'ouverture par M. le baron Cavrois de Saternault, Président de l'Académie d'Arras.
- 21 *De l'influence de l'Exposition régionale sur les travaux académiques de l'année*, par M. V. Barbier, secrétaire-général du Congrès.
- 27 *La Capitale poétique de la France au XIII<sup>e</sup> siècle*, par M. H. Potez, docteur ès-lettres, membre résident de la Société d'Agriculture, Sciences et Arts de Douai.
- 41 *La Renaissance d'Artois et Boullenois*, par M. Parenty, lauréat de l'Institut.
- 59 *Caractères français de l'œuvre du peintre Jean Bellegambe*, par M. Levé.
- 65 *Un collaborateur oublié de Dumont-d'Urville, le lieutenant de vaisseau Marescot-Duthilleul*. — Notice biographique par M. E. T. Hamy, membre de l'Institut.
- 81 *Les caractères architectoniques de l'église de Wismes*, par M. l'abbé Michaux.
- 93 *Projet de fédération d'histoire locale entre les Sociétés savantes de la région du Nord*, par M. l'abbé Th. Leuridan, archiviste du diocèse de Cambrai, Président de la Société d'études.
- 103 *Rapport sur les travaux de la Société d'études de la Province de Cambrai*, par M. Edm. Leclair, secrétaire.
- 109 *Etudes d'histoire provinciale à Rome*, par M. Henry Dubrulle.
- 113 *Les Sociétés savantes de la Région du Nord et leurs travaux historiques*, par M. L. Quarré-Reybourbon, I. ⊕, Président de la Société des Sciences et Arts de Lille.

119 *Projet de fédération amicale des Sociétés savantes de province*, présenté au nom de la Société dunkerquoise, par M. le docteur Lancry, ancien interne des hôpitaux de Paris.

123 *Les Sources et l'auteur du Coutumier d'Artois*, par M. P. Collinet, professeur à la Faculté de droit de l'Université de Lille, membre de la Commission historique du département du Nord.

129 *Quelques mots sur l'emploi du français provincial dans le langage populaire artésien*, par M. Ed. Edmont.

145 *Extraits des travaux sur les voyages à Dunkerque du Premier Consul en l'an XI et de Napoléon Ier en 1810*, par M. Paul Nancey, sous-préfet, membre de la Société dunkerquoise.

169 *Le général Deplanque (1820-1889), sa carrière militaire et sa correspondance*, par M. Th. Pruvost.

187 *Origine des communes et hameaux du Pas-de-Calais d'après la forme primitive de leur nom*, par M. le comte de Loisne, membre non résident du Comité des travaux historiques et scientifiques et de la Commission des Monuments historiques du Pas-de-Calais.

249 *L'Enquête industrielle de 1781-1782 dans l'Intendance de Flandre et Artois*, par M. A. de Saint-Léger, professeur d'histoire des Provinces du Nord de la France à l'Université de Lille.

265 *Mon Enquête sur la Colonne milliaire de Devernia* (Desvres — Pas-de-Calais), par M. Alph. Lefebvre.

271 *Rapport sommaire sur les Monuments historiques classés et à classer du département du Pas-de-Calais*, par M. Roger Rodière.

## SÉANCE DE CLOTURE

285 Allocution de M. le baron Cavrois de Saternault.

286 Discours de M. Sénart, membre de l'Institut.

291 Conférence de M. Enlart. — *Nos Cathédrales disparues.* — Térouanne — Arras — Boulogne.

311 Remerciements de M. Sénart.

www.ingramcontent.com/pod-product-compliance
Lightning Source LLC
Chambersburg PA
CBHW071332150426
43191CB00007B/714